Damals nach der DDR
Geschichten von Abschied und Aufbruch

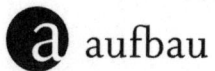 aufbau

Inhalt

Mit 25 Abbildungen
© LOOKS Distribution GmbH

Dieses Buch basiert auf Interviews, die Ulrike Biehounek,
Jan Peter und Ariane Riecker für die gleichnamige Fern-
sehproduktion, eine Koproduktion von MDR, RBB,
France Televisions, NHK und LOOKS, geführt haben.
Die Redaktion der Fernsehserie verantworteten Ulrich
Brochhagen und Wolfgang Fandrich vom MDR sowie
Jens Stubenrauch vom RBB.

ISBN 978-3-351-02722-3

Aufbau ist eine Marke der
Aufbau Verlag GmbH & Co. KG

1. Auflage 2010
© Aufbau Verlag GmbH & Co. KG, Berlin 2010
Einbandgestaltung hißmann, heilmann, hamburg
Repro NOTICA Christoph Anzeneder
Druck und Binden CPI – Clausen & Bosse, Leck
Printed in Germany

www.aufbau-verlag.de

Damals nach der DDR

Geschichten von Abschied und Aufbruch

aufgezeichnet
von Simone Schmollack
und Katrin Weber-Klüver

 aufbau

Vorwort

Als am 9. November 1989 die Mauer fiel, konnte niemand absehen, wie schnell die DDR auseinanderbrechen und wie sich das Verhältnis der beiden deutschen Staaten entwickeln würde. Kein Jahr später war die Deutsche Demokratische Republik Geschichte, ihr Beitritt zur Bundesrepublik am 3. Oktober 1990 formal vollzogen. Wir waren Zeugen eines historisch einmaligen Vorgangs geworden: Ein Staat hatte aufgehört zu existieren, seine Bürger waren über Nacht einem bestehenden, vollkommen anderen Staat beigetreten.

Den historischen Donner von Wende und Wiedervereinigung begleiteten Millionen persönlicher Geschichten von Menschen in Ostdeutschland, deren Alltag ins Wanken geriet und deren Zukunft plötzlich ungewiss war. Wucht und Geschwindigkeit des Wandels waren vor allem in den ersten Jahren nach der Wiedervereinigung enorm. Manchen Menschen ging das zu schnell. Sie überkam das Gefühl, von den großen Ereignissen geschluckt und nur noch Zuschauer im eigenen Leben zu sein. Alles, was ihnen bislang Vertrauen und Sicherheit gegeben hatte, hörte auf zu existieren. Vor ihren Augen vollzog sich mit der Wiedervereinigung etwas, das viele zwar gewollt hatten, aber jetzt nicht mehr verstanden. Mit der Wirklichkeit der Bundesrepublik Deutschland jenseits verklärender Fernsehbilder mussten sich die Menschen erst einmal vertraut machen. Während sie das taten, verloren viele ihre Arbeit, gründeten einige Unternehmen, wurden Verbrechen der Staatssicherheit enthüllt, aber es entbrannte auch Wehmut nach der Vertrautheit des verlorenen Lebens in der DDR.

In diesem Buch erinnern sich Ostdeutsche – und einige Westdeutsche – zurück an die Zeit nach der Maueröffnung. Sie erzählen, wie ihnen das Leben teilweise entglitt oder wie sie es nach ihrem Willen formten. Es sind Geschichten von Erfolg und Scheitern, von Befremden und Annäherung, von Hoffnung und Angst, von Resignation und Aufbruch. Es geht um persönliche und zugleich exemplarische Erlebnisse in einer unvergleichlichen historischen Situation. Es sind Geschichten, die zeigen, wozu Menschen in Extremsituationen fähig sind.

Der Zeitausschnitt, der mit diesen Geschichten dokumentiert wird, ist mit Bedacht gewählt: Die Ereignisse rund um den Wendeherbst 1989 stehen nur noch im Hintergrund. Ausgelotet wird die Zeit der Beschleunigung, vor allem die frühen 1990er Jahre. Hierin stimmen die Befunde der beratenden Historiker mit den Auswertungen der Interviews überein, die Grundlage der Geschichten dieses Buches sind.

Die Erzählungen vergegenwärtigen in acht Kapiteln, in welcher Weise das Ende der DDR zum persönlichen Wendepunkt für alle Ost- und manche Westdeutschen wurde. Die subjektiven Erinnerungen zeigen, was Menschen zwischen Spreewald und Salzwedel, Passee und Leipzig passierte, nachdem der allgemeine Jubel über den Mauerfall verklungen war und eine Zeit abenteuerlichen Alltags und alltäglicher Abenteuer begann, die nun selbst schon wieder Geschichte sind.

Über eintausend Zeitzeugen wurde befragt, um die exemplarische Auswahl der vorliegenden Porträts treffen zu können. Die diesem Buch zugrundeliegenden Interviews fanden im Rahmen der sechsteiligen TV-Produktion »Damals nach der DDR« statt, einer internationalen Koproduktion von

MDR, RBB, France Televisions, NHK und der Produktions-
firma LOOKS. Die Gespräche wurden von den Autoren Ulrike
Biehounek, Jan Peter und Ariane Riecker geführt. Die Redak-
tion der Fernsehserie verantworteten Ulrich Brochhagen und
Wolfgang Fandrich vom MDR sowie Jens Stubenrauch vom
RBB.

I. Beschleunigter Zusammenbruch

Schon bevor die DDR als Staat Geschichte ist, gibt sie im Juni 1990 ihre Währung auf und führt die D-Mark als Zahlungsmittel ein. Das entspricht zwar dem Wunsch vieler Ostdeutscher, doch die Währungsunion beschleunigt den ökonomischen Absturz des Landes, das gerade noch als zehntgrößte Volkswirtschaft der Welt gegolten hat. Nun zeigt sich, dass diese wirtschaftliche Stärke eine Schimäre war. Ebenfalls im Juni 1990 beschließt die Volkskammer die Einsetzung der Treuhandanstalt, die nun unter großem Zeitdruck volkseigene Betriebe (VEB) privatisiert – oder gleich ganz abwickelt.

Binnen kurzer Zeit sind von den mehr als 8000 Betrieben 5000 bankrott. Viele kämpfen jedoch noch Jahre ums Überleben, mal an der Seite, mal gegen die neuen Besitzer und Investoren. Und überall verlieren Menschen ihre bis zum Mauerfall sicher geglaubten Arbeitsplätze.

In Radeberg hält Gunter Roßberg spontan eine Rede an seine Kollegen, weil er sich jenseits aller wirtschaftlichen Depressionen auf den Tag der offiziellen Wiedervereinigung, den 3. Oktober 1990, freut. In Leipzig kann die Produktionsleiterin Margot Siedow nicht fassen, dass ihre seit Jahrzehnten erfolgreiche Eisproduktion gegen die Westkonkurrenz chancenlos ist. In Chemnitz kämpft der Betriebsratsvorsitzende Freimut Aurich gegen die Abwicklung einer traditionsreichen Bohrwerk-Produktion, bis er gemeinsam mit

99 Kollegen den Betrieb selbst übernimmt. Zugleich weiß der Treuhand-Entsandte Bernd Capellen aus dem Rheinland gar nicht, wo und wie er mit seiner Arbeit beginnen soll.

»Nutzen wir die einmalige Chance«

oder Wie Gunter Roßberg der Zusammenbruch der Robotron Elektronik in Radeberg nicht davon abhielt, eine hoffnungsvolle Rede auf die Wiedervereinigung zu halten

Wir produzierten zur Wendezeit bei Robotron Fernsehgeräte, deren Qualität wirklich sehr gut war. Aber unsere Geräte kosteten 4000 bis 5000 Ostmark. Wir machen Fernseher für Millionäre, haben wir immer gesagt. Als nun 1990 das Westgeld kam, war der Absatz gefährdet. Unsere Produktionskosten waren einfach zu hoch. Und wir waren für die drüben auch Konkurrenz. Wir hätten ja bei uns in der Robotron mit entsprechenden Investitionen die Produktion wesentlich steigern können. Aber das wollte man vielleicht gar nicht.

1990 ging es also in Teilen der Betriebe mit der Kurzarbeit los. Die Leute sind montags noch gekommen und haben auf neue Nachrichten gewartet, aber es kamen keine, und dann sind sie eben wieder nach Hause gegangen. Das war die sogenannte Kurzarbeit null. Aus unserer Familie traf es als ersten unseren Sohn, der hatte Werkzeugmacher gelernt und war dann Konstrukteur. Im Herbst 1990 erfuhr er, dass er entlassen wird. Als er uns das erzählte, waren wir alle geplättet. Anfang Oktober, kurz vor der offiziellen Wiedervereinigung, wussten wir schon: In 14 Tagen ist es aus, er bekommt die letzte Gehalts- oder Kurzarbeitszahlung und dann muss er zum Arbeitsamt. Das belastete uns schon, aber die Freude über die Wiedervereinigung und die Hoffnung, dass es doch irgendwie weitergeht, dass nicht alles den Bach runtergeht, waren größer. Wir sahen das sehr optimistisch.

Am 2. Oktober dachte ich: Morgen ist die Wiedervereinigung, und was machen wir im Betrieb? Ich fragte rum, aber niemand hatte etwas geplant. Da habe ich überlegt, ob wir nicht was im Betriebsfunk machen sollten.

Der Betriebsfunk war in der DDR ein Organ der Parteileitung. Und in einem großen Betrieb wie unserem mit großem Speisesaal und Klubhaus hielt zum Beispiel die Kreisparteileitung Versammlungen ab. Ich war lange Zeit dafür zuständig gewesen, die Technik aufzubauen, aber nur aufzubauen, danach am Regiepult den Knopf auf laut und leise drehen, das durfte ich nicht. Das haben Techniker, die, na sagen wir: linientreuer waren als ich, übernommen.

Die wollten beim Betriebsfunk früher nicht jeden dabeihaben, wer kein Genosse war, war nicht gern gesehen. Nun hätte ich sagen können, ich arrangiere mich total oder sage mich von den Westverbindungen los, die ich hatte. Aber das wollte ich nicht tun, und deswegen hatte ich 1987 diesem Druck von außen, diesem freiwilligen Zwang nachgegeben und gesagt, dass ich diese Arbeit nicht mehr machen möchte. Aber schon im Spätsommer 1989 nutzte ich meine alten Beziehungen zum Betriebsfunk aus, um über die Anlage Demonstrationen anzusagen und zur Teilnahme aufzurufen. Bei uns im Betrieb war um zehn vor vier Feierabend, und wenn die Demonstration montags um 17 Uhr war, dann setzte sich eine geschlossene Kolonne mit Autos in Richtung Dresden in Bewegung.

Und so fiel mir am 2. Oktober wieder der Betriebsfunk ein. Aber die anderen drückten sich alle. Die Firma Bosch sollte einen Teil von Robotron übernehmen und manche sagten deshalb: »Nee, wir gehen ja zu Bosch, und wir wollen nicht politisch agitieren im Werk.« Und einer sagte: »Nee, ich habe so was noch nie gemacht.« Und ein anderer: »Nee, warum soll ich das machen, das könnte doch Probleme geben.« Ob denen die Angst im Nacken saß, dass so ein

Gunter Roßberg, damals Angestellter bei Robotron

Engagement wie in der Vergangenheit Konsequenzen haben könnte – ich weiß es nicht. Es gab auch eine richtige Redakteurin beim Betriebsfunk, die war von der Parteileitung und nach wie vor im Dienst, aber die hat sich auch gedrückt. Am Ende stand ich alleine da.

Was blieb mir übrig, da musste ich es eben machen. Ich nahm einen DIN-A4-Bogen und brachte ein paar Sätze aufs Papier. Und die jungen Burschen im Funk sagten: »Beeil dich, um viertel neun machen wir dicht.« Da war ich ganz schön im Stress, rannte hektisch zu meiner Frau, die in einer Baracke in der Nähe war, und bat sie, das schnell mal durchzulesen, was ich aufgeschrieben hatte. Sie sagte: »Ja, kannste so lassen.«

Weil ich schon die Durchsagen wegen der Demos gemacht hatte, war es mir nicht ganz fremd, vor dem Mikrofon zu sitzen. Aufgeregt war ich aber doch. Nach den ersten drei Sätzen sagte der Techniker: »So geht das nicht, trink noch mal einen Schluck.« Ich machte es noch mal von vorne, und dann wurde diese Rede über den Sender gejagt:

Elf Monate nach den Novemberereignissen '89 feiern wir morgen die Vereinigung der Deutschen in einem demokratischen Staat. Gewaltlos, aber gewaltig ist die unendliche Trennung überwunden worden. Was für 100 Jahre geplant war, ist in wenigen Wochen zusammengebrochen. Jetzt stehen wir auf der untersten Stufe eines neuen Anfangs. Hinter uns liegt ein Abgrund und vor uns ein noch schwieriger Anfang. Nutzen wir die einmalige Chance für ein geeintes und freies Deutschland. Nicht die D-Mark ist jetzt das Wichtigste. Einigkeit und Recht und Freiheit sind das Unterpfand für eine glückliche Zukunft. Heute soll denen Dank ausgesprochen werden, welche aktiv an der Umgestaltung mitgewirkt haben. Das sind die Bürgergruppen, die Zwei-plus-Vier-Verhandlungspartner, die Regierungen in den Vereinigten Staaten, Warschau und Moskau, und auch Berlin, Paris und Bonn. Nicht alles ist erreicht, aber vieles gewonnen worden. Reichen wir aber auch denen die Hand, welche jetzt gewillt sind, ehrlich an einem guten Deutschland in einem freien Europa mitzuarbeiten. Verdrängen wir den Frust gegen alles Alte, üben wir keine Rache, sondern üben wir Gerechtigkeit gegen alle, die persönliche Schuld auf sich geladen haben. Denn eine gute Demokratie kann nur gedeihen, wenn wir die Vergangenheit ehrlich bewältigen. Jeder sollte Angst und Misstrauen abbauen, aber aufmerksam helfen, dass sich die unseligen Diktaturen von 1933 bis '89 nicht wiederholen. Freuen wir uns über das Erreichte und bauen wir gemeinsam und optimistisch an einer gemeinsamen Zukunft. Ich wünsche uns allen einen besinnlichen Feiertag und einen hoffnungsvollen Anfang.

Ihr Gunter Roßberg

Danach war ich erst mal dankbar, dass alles so gut über die Bühne gegangen war. Ohne Störung. Und ein kleines bisschen stolz war ich auch. Später bedankten sich einige Kollegen bei mir. Da war noch viel Euphorie überall. Mir

Produktionsstrecke bei Robotron/Radeberg in den 80er Jahren

ging es ja auch so. Ich war sehr euphorisch wegen der Wiedervereinigung. Ich hatte die DDR einfach so satt. Wir haben nicht gehungert, wir haben auch nicht schlecht gelebt, so ist das nicht. Aber es war ein Einigeln, und das hat mich angekotzt. Dass man sich nicht frei bewegen konnte, nicht das Buch kaufen, das man haben wollte, nicht fahren konnte, wohin man wollte. Dass man gegängelt wurde im Betrieb, dies darfste sagen und das darfste nicht sagen. Diese vielen Alltagsprobleme, und dann waren wir ja auch nicht blind, wir merkten ja, dass unsere Städte immer mehr verfielen. Ich dachte mir, schlimmer kann es nicht mehr werden. Es kann nur besser werden. Dass es sehr schwierig werden würde, davon war ich überzeugt. Ich kannte unsere Produktion, ich wusste, wo wir stehen; und wie wirtschaftsstark die westdeutschen Betriebe waren, wussten wir auch. Die brauchten uns nicht als Produzenten, sondern als Konsumenten.

Aber an diesem Tag vor der Wiedervereinigung waren meine Frau und ich ganz glücklich. Wir haben uns gefreut auf den 3. Oktober und am Abend haben wir sogar eine Flasche Sekt aufgemacht. Als wir um Mitternacht ins Bett gingen, sagten wir: Nun schlafen wir hier ins neue Deutschland rein.

Gunter Roßberg, geboren 1938 in Greifenhagen, ist inzwischen Rentner.

»Ich bin nicht so der große Revoluzzer«

oder Wie Freimut Aurich trotzdem Widerstand
leistete, um einen Betrieb zu retten, der gute
Produkte, aber keine Lobby hatte

Der VEB Werkzeugmaschinenfabrik Union war ein Unternehmen, das von jeher einen großen Anteil seiner Produktion ins NSW, also ins nichtsozialistische Wirtschaftsgebiet, exportierte. Auch das Wirtschaftssystem der BRD war uns ja nicht unbekannt, und wir wussten nach der Wende, dass es auf uns übertragen werden würde. Weil größere Entlassungswellen absehbar waren, wollten wir – auch als die Gesetze der BRD bei uns noch nicht galten – Mitbestimmung ausüben. Da es in die alten Strukturen kein Vertrauen mehr gab, gründeten wir ein Konstrukt, das wir Interessensvertretung der Werktätigen nannten. Es durfte noch nicht Betriebsrat heißen, aber es wurde von der Geschäftsführung als solcher anerkannt. Ich war durch meine Arbeit schon in vielen Gremien und Abteilungen des Betriebes bekannt, und so wurde der Wunsch an mich herangetragen, den Vorsitz zu übernehmen. Ich habe nicht lange gezögert. Mir schien es notwendig, von Anfang an ein Gegengewicht zu den mit brachialer Gewalt einsetzenden Gesetzen des Marktes aufzubauen.

Wir wussten, dass wir bei unserer sehr hohen Beschäftigtenzahl einen ziemlichen Aderlass vor uns hatten. In den beiden Betrieben in Chemnitz und Gera hatten wir 2400 Beschäftigte. In mehreren Stufen wurde das auf 138 Beschäftigte zurückgefahren, also sehr drastisch. Da war die Stimmung logischerweise sehr aufgebracht. Man muss aber

auch sagen: In der allerersten Phase gab es für viele Maß-
nahmen noch Verständnis, weil man ja wusste, dass es in
einem DDR-Betrieb Funktionen gab, die nicht mehr gebraucht wurden. Wenn beispielsweise die Betriebsferien-
heime abgewickelt wurden, mussten die Leute dort etwas
anderes tun. Manche wurden in Nachfolgeeinrichtungen
vermittelt, aber oft gelang das nicht. Auch dass die Betriebs-
küche oder die Wacheinheit an andere Firmen gingen, war
noch verständlich. Aber dann begann ein Abbau, der mit
dem Zurückfahren der Produktion zu tun hatte, weil die
BRD-Betriebe, die uns übernommen hatten, die Glöckner
AG aus Duisburg und die Schiess AG aus Düsseldorf, offensichtlich nicht daran dachten, unsere Produkte gezielt
weiterzuentwickeln. Auf dem Westmarkt galten unsere
Erzeugnisse dann relativ schnell als veraltet. Und in der
DDR als einem weiteren Vertriebsgebiet lag die Wirtschaft
ohnehin am Boden, dort hat in dieser Phase niemand investiert. Wir versuchten, mit den Konzernleitungen in Kontakt
zu treten, um zu verhindern, dass wir als verlängerte Werk-
bank betrieben wurden, denn zunächst gab es Bestrebun-
gen, nur noch die Produktion bei uns zu belassen. Uns war
klar, dass das einen Tod auf Raten bedeutet hätte. Deshalb
verwandten wir viel Energie darauf, das zu verhindern.

Auf den Verkauf des Unternehmens selbst hatte man als
Mitarbeiter überhaupt keinen Einfluss. Die Konzerne, die
uns übernehmen wollten, machten schon jahrelang mit uns
Geschäfte, kannten den Betrieb deshalb sehr gut und wussten, was sie sich damit einhandeln. Wir fühlten uns ohn-
mächtig, wie ein Boot, das in eine Stromschnelle fährt. Man
kann die Entwicklung nicht aufhalten, sondern nur versuchen, den Felsen auszuweichen und den bestmöglichen Weg
hindurch zu finden. Dennoch hatten wir am Anfang, da wir
der erste Werkzeugmaschinenbetrieb Ostdeutschlands waren, der privatisiert wurde, sogar ein Gefühl des Stolzes.

Man sagte sich: Schließlich wird nicht der Schrott zuerst gekauft, sondern die Leckerbissen. Es galt einfach, das Wirtschaftssystem, das uns übergestülpt wurde, anzunehmen und im Rahmen der Handlungsspielräume, die wir dadurch bekamen, und auf der Basis der Erfahrungen, die wir im eigenen Unternehmen hatten, das Beste daraus zu machen.

Und dann kam 1992 der erste Schließungsbeschluss. Unsere neuen Eigentümer waren unsere direkten Mitwettbewerber gewesen. Ihr Interesse bestand also darin, sich unsere Produktion entweder einzuverleiben oder einfach vom Markt zu nehmen. Wir versuchten, als Erstes auf den Aufsichtsrat der Schiess AG, die das bestimmende Unternehmen in den Eigentümerkreisen war, Einfluss zu nehmen. Wir machten Vorschläge, wie sich das Unternehmen entwickeln ließe. Schließlich kamen wir ja nicht aus dem luftleeren Raum, wir hatten über viele Jahrzehnte erfolgreich Bohrwerke vertrieben, das verlernt man nicht plötzlich. Man hörte uns freundlich an, aber die Stilllegung wurde trotzdem beschlossen.

Eines Abends hatten wir eine Sitzung des Betriebsrates und ein Kollege, der gar nicht im Betriebsrat war, kam hinzu. Er hatte sich Gedanken gemacht, wie jeder andere auch, was zu tun sei, und sagte nun: »Passt auf, jetzt müsst ihr einfach das Heft des Handelns in die Hand nehmen.« Mir hat sich das tief eingeprägt, weil ich selbst nicht den Mut hatte, diesen Vorschlag zu unterbreiten. Dieses einen Anstoßes hatte es für mich bedurft. Wir hatten nichts Schlimmeres als die Stilllegung des Betriebs zu befürchten. Und so fingen wir an, die Besetzung des Betriebs zu organisieren.

Es kostete mich große Überwindung, zu dem Geschäftsführer, mit dem ich viele Jahre zusammengearbeitet hatte, zu sagen: »Ab jetzt ist Schluss, der Betrieb ist zu, du kommst nicht mehr in dein Büro, du hast hier im Augenblick nichts mehr zu suchen. Jetzt haben wir hier das Ruder übernommen.« Emotional war mir das zuwider. Ich bin nicht so der große Revoluzzer, sondern mehr der sachliche Agierer. Aber hier half sachliches Agieren nicht mehr. Es war aber nur der erste Schritt, der kompliziert war. Ich fand mich schnell in diese Rolle hinein und hatte sehr breite Unterstützung in der Belegschaft.

Es ging auf die Weihnachtszeit zu, dritter, vierter Advent. Jeder wollte lieber zu Hause sein, doch wir mussten die Produktion fortführen und zugleich das Unternehmen besetzen. Letzteres übernahmen diejenigen Kollegen, die gerade Freischicht hatten. Wir verschlossen ringsum alle Tore, zwei Tore brauchten wir als Ein- und Auslass. Die wurden rund um die Uhr bewacht. Davor hatten wir brennende Koksfeuer, wo man sich auch warm halten konnte.

Wenn ich mich richtig erinnere, hat die gesamte Besetzung zweieinhalb Wochen gedauert. Am 24. Dezember in den Vormittagsstunden kam die Nachricht aus Düsseldorf, dass Verhandlungen aufgenommen werden. Da konnten wir die Besetzung beenden. Wir waren alle sehr glücklich, dass wir am Heiligen Abend zwar übermüdet, aber bei der Familie waren.

Die Eigentümer und wir haben uns dann gegenseitig diese Woche zwischen den Festen gegönnt und im Januar die Verhandlungen begonnen. Die ganze Aktion war für uns ein Signal, dass es nicht ganz sinnlos ist, wenn eine Belegschaft aufbegehrt und versucht, das Schicksal in die eigenen Hände zu nehmen.

Wir verhandelten dann, wie es am Standort Chemnitz weitergehen sollte. Es gab Einschnitte, teils Personalabbau, teils die Einführung neuer Produkte. Das gefiel uns zwar nicht, weil es nicht zu unserem Selbstverständnis als Bohrwerkshersteller passte, aber es sicherte Arbeitsplätze. Und doch war alles nach wie vor ungewiss. Wir konnten nicht mehr selbst bestimmen, welche Produkte entwickelt wurden. Das war von der Konzernzentrale ferngesteuert, und wir waren nicht sicher, ob unser Angebot auf dem Weltmarkt absatzfähig sein würde. Und es zeigte sich: Das war es nur begrenzt. Es gelang nicht, die falschen Entwicklungen in der Produktion zu korrigieren. Unsere Argumentation war: Das Bohrwerk ist zwar inzwischen ein Nischenprodukt, aber es gibt immer spezifische Anwendungen im Maschinen- und Anlagenbau. Und deshalb wollten wir diese Bohrwerke so gut wie möglich und so preiswert wie möglich produzieren, um die wenigen, die auf dem Weltmarkt noch gebraucht wurden, möglichst aus Chemnitz zu liefern. Unsere neuen Besitzer interessierte das damals nicht. Das vorhandene Wissen wurde noch ausgenutzt, doch es wurde nichts Neues hinzu gebracht. So etwas geht nur kurze Zeit. Auf einem guten Namen können sie sich nicht allzu lange ausruhen, dann ist es ein schlechter Name.

Dann wurde eine unserer Mütter, die Schiess AG, von der Bremer Vulkan Verbund AG übernommen. Die Bremer Vulkan – um im Familienslogan zu bleiben – war nun also unsere Großmutter. Die Zielsetzung blieb, das Produktprogramm der Konzerne in Form von kleinen Bearbeitungszentren abzurunden. Die Beteiligungsunternehmen entsandten ihre Geschäftsführer nach Chemnitz, und man begann, ein neues Werk in Chemnitz zu bauen. Doch 1996, justament als der Grundstein für diese Halle gelegt wurde, kam die Insolvenz der Bremer Vulkan. Sofort war das Vertrauen der Banken erschüttert. Auch für uns gab es keine Kredite mehr, von einem Tag auf den anderen waren wir insolvent. Wahrscheinlich sind die Banken es ihren Eigentümern schuldig, in so einer Situation den Geldhahn zuzudrehen. Aber es ist wirklich schlimm, wenn Sie die ganze Zeit ein treuer Kunde dieser Häuser waren und einiges an Kreditzinsen und so weiter eingespielt haben, und dann sagt man Ihnen plötzlich: Nö, mit dir wollen wir nicht mehr. Zumal klar war, wenn die Bank diese Kredite nicht aufrechterhält, bedeutet das Zahlungsunfähigkeit und Arbeitslosigkeit für die Verbliebenen, es waren ja ohnehin nur noch 138 Arbeitsplätze.

Wir entschlossen uns also erneut zu handeln und besetzten den Betrieb ein zweites Mal, um zu verhindern, dass Maschinenanlagen, aber insbesondere auch Know-how, Konstruktionsunterlagen, Kundenlisten und so weiter aus dem Betrieb entfernt würden. Die damaligen Geschäftsführer waren alle von den Mutterkonzernen eingesetzt. Nach der Eröffnung der Gesamtvollstreckung nahmen wir Kontakt mit dem Insolvenzverwalter auf, um mit ihm die bestmöglichen Lösungen für die Union auszuloten.

Wir versuchten, das Wirtschaftsministerium in Dresden zu sensibilisieren, nicht ein weiteres sächsisches Unternehmen sang- und klanglos aufzugeben. Die IG Metall kam, um uns zu unterstützen. Wir informierten uns bei Wirtschaftsberatern, wie ein Konkursverfahren abläuft, welche Möglichkeiten man da hat.

Unsere einzige Idee war: Es soll nicht den Bach runtergehen. Wir haben über Jahrzehnte erfolgreich Bohrwerke produziert, warum sollen wir jetzt auf einmal, nur weil unsere Konzern-Großmutter Konkurs gegangen ist, dazu nicht mehr in der Lage sein? Als wir feststellen mussten, dass niemand diese Meinung teilen wollte, gründeten wir eine Projektgruppe. Frühere Kollegen, die arbeitslos waren, kamen in ihrer freien Zeit unter Führung des Betriebsrates ins Unternehmen und entwickelten in dieser Projektgruppe eine Konzeption zu Produktion und Vertrieb von Bohrwerken am Standort Chemnitz.

Wir erstellten Kosten-Nutzen- und Marktanalysen, weil es zunächst mal zu beweisen galt, dass das Bohrwerk als konstruktive Lösung nicht tot ist, sondern in einer Nische gute Überlebenschancen hat. Wir baten Vertreter um Analysen, besuchten Messen und machten dort Erhebungen. Nach einigen Wochen hatten wir ein dickes Papier erstellt, das aus unserer Sicht schlüssig belegte, dass es nach wie vor möglich ist, unabhängig von den Eigentumsverhältnissen am Standort Chemnitz Bohrwerke zu entwickeln.

Nun mussten wir jemanden finden, der sagt: Das ist ganz toll, das machen wir jetzt gemeinsam. Gemeinsam bedeutete für uns, dass derjenige, auf den wir zielten, die Führung übernehmen und das Geld mitbringen sollte, zumindest den Bankkredit. Wir fuhren zu Industriellen, mit denen wir schon in Geschäftsbeziehungen standen, und ernteten in aller Regel viel Lob: Das hätten wir euch gar nicht zugetraut. Wunderbar. Das ist ja wirklich schlüssig. – Nur machen wollte es niemand.

Und der Insolvenzverwalter, mit dem wir viele konstruktive Gespräche hatten, war nun auch gehalten, dieses Verfahren zu einem Abschluss zu bringen. Er war uns wohlgesonnen und sagte: »Jetzt lasst euch schnell etwas einfallen.« Da war die Not groß.

Eines Nachts sehr spät, ich glaube, nach der zweiten Flasche Rotwein, fragte dann einer in die Runde: »Was wäre denn, wenn wir das selbst machen?« Diese Idee schien uns so verrückt, wir mussten alle herzlich lachen. Aber es ging uns nicht aus dem Kopf. Wir befragten Leute, die es wissen mussten. Und es stellte sich tatsächlich heraus, so ganz verrückt war die Idee gar nicht. Man konnte sie zumindest weiterverfolgen.

Der Bevollmächtigte der IG Metall in Chemnitz, Sieghard Bender, hat uns in dieser Zeit sehr unterstützt und Kontakte hergestellt. Wir waren ja völlig unbeleckt und mussten uns erst das theoretische Rüstzeug besorgen. Also suchten wir die Hilfe von Unternehmensberatern, Juristen, Notaren etc. p.p. Wir wollten das Unternehmen komplett selbst übernehmen. Wir mussten es einfach allein tun.

Wir fragten den Verwalter der Gesamtvollstreckung, ob er überhaupt bereit wäre, uns Teile der Konkursmasse zu verkaufen. Wir sprachen mit dem sächsischen Wirtschaftsministerium und Finanzministerium, ob sie für Teile des von uns benötigten Kapitals eine Landesbürgschaft übernehmen würden. Und wir mussten eine Bank finden, die willens war, einen solch seltsamen Klienten bei sich aufzunehmen.

Mit Hilfe gezielter Öffentlichkeitsarbeit brachten wir die Bank, die das alte Unternehmen mit in den Konkurs begleitet hatte, dazu, sich mit uns zusammenzusetzen. Wir rückten die Rolle dieser Bank beim Konkurs des alten Unternehmens ins Licht der Öffentlichkeit, und nach wenigen Tagen hatten wir einen Termin mit dem Direktor.

Jetzt galt es, die Bedingungen auszuformulieren – ein komplizierter Prozess. Alle Beteiligten, also Wirtschaftsministerium, Finanzministerium, die Bank, die Treuhandgesellschaft und der Verwalter verwiesen immer auf die jeweils anderen. Jeder sagte: Na ja, wir könnten uns das vorstellen, aber vorher brauchen wir die verbindliche Zusage der übrigen Beteiligten. Das war wirklich ein Affentanz, bis es auf Initiative des Wirtschaftsministeriums gelang, alle in Dresden an einen Tisch zu bringen.

Und da hieß es dann: Ja, wenn ihr euch schon so ein Projekt vornehmt und euch das zutraut, dann müsst ihr das beweisen, indem ihr nicht nur Verantwortung übernehmt, sondern auch ins Risiko geht. Und da die Herren natürlich mit großen Zahlen zu operieren gewohnt sind, boten sie an, sich zu beteiligen, wenn auch die Belegschaft mindestens eine Million D-Mark ins Unternehmen steckt.

Ich dachte, das war's dann. Woher sollten wir eine Million nehmen? Wir brachen die Verhandlungen natürlich trotzdem nicht ab, sondern baten um Bedenkzeit. Dann fuhren wir nach Chemnitz zurück.

Rechnerisch war es ziemlich simpel. Wir waren noch 138 Beschäftigte, eine Million – das bedeutete für jeden um die 7000 D-Mark. Ziemlich viel Geld. Da hatte Sieghard Bender die Idee, mit dem Gesamtvollstreckungsverwalter der alten Union zu sprechen, weil ein Großteil der Beschäftigten Forderungen aus Sozialplanmitteln hatte. Und siehe da, der Verwalter konnte zusichern, dass er den Sozialplan zu erheblichen Teilen würde bedienen können. Und er war willens, an alle Beschäftigten, die aus der alten Union ausgeschieden waren, 60 Prozent der Sozialplanmittel, die jedem individuell zustanden, vorab auszuschütten. Das machte es den Betroffenen – auch mir – leichter, das Geld aufzubringen.

Wir sprachen mit allen Beschäftigten. Permanent hielten wir Betriebsversammlungen ab, um über die neue Konstruktion zu informieren, wir führten auch sehr viele Einzelgespräche. Es gab ziemlich schnell eine breite Zustimmung, in der Größenordnung 60 Prozent. Da galt es nun auch noch die anderen zu überzeugen. Das waren teilweise sehr lange und häufig komplizierte Gespräche. Es zeigte sich, dass es für 38 Leute nicht in Frage kam, ins Risiko zu gehen, weil sie kurz vor der Rente standen oder so hoch qualifiziert waren, dass sie leicht eine andere Tätigkeit finden konnten.

Es gab auch Kollegen, die schon wollten, bei denen aber die Ehefrauen nicht überzeugt waren, zum Beispiel weil sie von der Abfindung lieber einen Kühlschrank gekauft hätten oder weil ihnen die Anlage zu unsicher war. Da sind wir dann mit den Kollegen nach Hause gegangen und haben mit der kompletten Familie gesprochen.

Als wir am Ende durchzählten, waren es exakt 100 Kollegen, die mittun wollten. Das machte das Rechnen leicht. Jeder hatte 10000 D-Mark auf den Tisch zu legen. Einige mussten das komplett privat aufbringen, die haben teilweise Autos verkauft, Häuser beliehen, die Oma angepumpt. Es gab vier Mitarbeiter, die wollten, aber beim besten Willen nicht konnten. Für diese vier haben wir unter uns gesammelt, um ihnen mit einem zinslosen Kredit zu ermöglichen, Anteile an der Union zu zeichnen.

Das Projekt hatte inzwischen einen gewissen Charme entwickelt. Was wir bislang für unmöglich hielten, war jetzt so weit voran getrieben, dass es zwar noch nicht realisiert, aber doch immerhin möglich schien. Da hat keiner mehr gesagt, na gut, wir haben es versucht, aber jetzt haben wir Angst, jetzt wollen wir nicht mehr. Zumal die Alternative klar war: sofortige Arbeitslosigkeit – und das in Chemnitz mit seinen zu dieser Zeit 19 Prozent Arbeitslosenquote und einem im Niedergang begriffenen Maschinenbau.

Ich selbst schwankte damals immer zwischen hoffnungsfrohem Gemüt, weil der Stern der Möglichkeit am Firmament stand, das Unternehmen weiterzuführen, aber auch dem Zweifel nach Gesprächen, in denen Leute sagten: Nö, das ist uns zu riskant. Jedes Gespräch hat meine Gemütslage beeinflusst.

Den großen Durchbruch oder besser: das Gefühl eines großen Durchbruchs hatte ich am Tage der Gründung der Gesellschaft, als alle 100 Gesellschafter vor dem Notar ihre Unterschrift geleistet hatten. Ich hatte privat ein paar Flaschen Sekt mitgebracht, und wir stießen mit so komischen dickwandigen Wassergläsern, die in der Kantine rumstanden, an. Ich fand, man müsse die Gründungsversammlung als wirklich bedeutendes Ereignis verinnerlichen. Das kam auch gut an bei den Kollegen. Ich erinnerte mich an ein Zitat von Brecht und sagte: Die Mühen der Gebirge liegen hinter uns, vor uns liegen die Mühen der Ebene. Will heißen, es wird genauso anstrengend, die Anstrengungen werden nur andere sein. Wir mussten nun nicht mehr irgendwelche Ministerien, Banken etc. überzeugen, sondern ganz einfach die Arbeit machen, von der wir behauptet hatten, dass wir sie gut verstehen.

Am Tag nach der Gründung, nach dem formellen Schritt, dem Einzahlen des Geldes, mussten wir beweisen, dass unsere Konzeption funktioniert. Es war auch deshalb eine komplizierte Situation, weil alle am 23. September 1996 ihre 10000 D-Mark einzuzahlen hatten, aber längst nicht jeder damit auch einen Arbeitsplatz hatte. Es galt das Prinzip, dass es eine strikte Trennung zwischen dem Gesellschaftsrechtsverhältnis und dem Arbeitsrechtsverhältnis gibt, also man ist Gesellschafter, gut, aber man ist damit noch nicht Angestellter. Es gab zwar das Versprechen, möglichst alle Gesellschafter einzustellen, aber eben entsprechend der betrieblichen Notwendigkeiten. Zunächst wurden nur wenige Mitarbeiter eingestellt: ein Geschäftsführer, zwei Vertriebsmitarbeiter, ein Einkäufer, drei Konstrukteure, das war im ersten Monat die Personalliste der Union. Alle anderen durften zwar ihr Geld einzahlen, blieben aber weiter arbeitslos.

Ich wurde im Januar 1997 eingestellt, einfach, weil man mich dann brauchte. Fünf Monate später konnte auch der letzte der Gesellschafter wieder beschäftigt werden. Das war noch mal ein Augenblick, in dem ich sehr aufgeatmet habe. Es wäre doch fast undenkbar gewesen, einen, den ich überzeugt hatte, die Gesellschaft zu gründen, dann nicht einzustellen. Und so war dann der Juni 1997 der Monat, in dem alle Versprechen eingelöst waren.

Ich war mir immer relativ sicher gewesen, dass ich wieder im Betrieb arbeiten würde. Ich war ja ohnehin jeden Tag im Unternehmen, infolgedessen war es für mich gar nicht vorstellbar, dass es mal irgendwann ohne mich gehen würde. Aber für andere war es durchaus nicht so selbstverständlich. Sie vertrauten auf das Versprechen. Das ist eine starke

Antriebskraft: Wenn 100 Leute auf ihr nacktes Versprechen hin 10 000 D-Mark auf den Tisch legen und diese Gründung vollziehen, dann fühlen sie sich in der Pflicht, ihr Versprechen einzulösen.

Für mich war das eine sehr arbeitsreiche, aber auch eine sehr glückliche Zeit, denn wenn Sie wissen, dass die Alternative gewesen wäre, zu Hause zu sitzen und die Balkonkästen zu pflegen und einmal im Monat zum Arbeitsamt zu laufen, dann ist es natürlich eine sehr viel glücklichere Fügung, im Unternehmen tätig sein zu können. Hinzu kam, dass dies eine sehr schöpferische Phase war. Alles was den ostdeutschen Betrieben sonst von Konzernen übergestülpt wurde, galt es selbst zu finden. Wir hatten zwar Lehrbücher, aber kein unmittelbares Vorbild. Alles war möglich.

Zum Beispiel hatten wir vor der Gründung einen Rechenfehler begangen und nun stellte sich heraus, dass wir keinen Flächentarif zahlen konnten, weil in der Zeit, in der wir das Unternehmenskonzept erstellten, die IG Metall einen Tarifsprung gemacht hatte. Den hatten wir übersehen. So haben wir gemeinsam mit der IG Metall einen eigenen Firmentarifvertrag geschaffen, der zunächst circa zwölf Prozent unter dem Flächentarifvertrag lag. Zugleich machten wir aus der Not eine Tugend und änderten die Sachen, die uns am Flächentarifvertrag nicht gefielen. Zum Beispiel wird dort das Weihnachtsgeld abhängig vom Gehalt gezahlt. Wir fanden aber, dass das Kind vom Geschäftsführer kein größeres Auto zu Weihnachten bekommen muss als das Kind vom Dreher. Also haben wir solche sozial unterlegten Zahlungen in absoluten Zahlen in unseren Tarifvertrag aufgenommen. Es gibt noch viel mehr Eckpunkte, die wir verbessert haben. Gleichzeitig haben wir aber auch die Steigerungsmöglichkeiten der Löhne und Gehälter fixiert, und binnen einiger Jahre waren wir am Flächentarifvertrag dran und teilweise leicht drüber. Das war einfach ein anderes Arbeiten, als wenn Sie von einem Konzern gelenkt werden. Ich empfinde das rückblickend als eine wirklich glückliche Zeit.

Aber dieses Wirtschaftssystem ist nicht dazu angetan, dass man irgendwann sagen kann: Jetzt haben wir's geschafft. Man kann zwar immer Etappen schaffen, aber wenn man sagt: Wir haben es geschafft, jetzt können wir alle viere grade sein lassen, ja, dann hat man schon verloren. Der Markt muss ständig bearbeitet werden. Es muss ständig Neues konstruiert werden, und wenn Sie den Anspruch haben, mit ihren Erzeugnissen auf Weltniveau mitzubestimmen, dann müssen sie permanent daran arbeiten. Geht gar nicht anders, insofern kann man irgendwann mal kleine Erfolge feiern, aber dann sollte man möglichst schnell wieder dazu übergehen zu sagen: Jetzt haben wir einen Teil geschafft, jetzt gilt es noch viel mehr zu schaffen. So sehe ich das.

Freimut Aurich, geboren 1953 in Chemnitz, arbeitet heute als IT Manager bei der Union und ist immer noch Betriebsratsvorsitzender.

Die Mitarbeiterbeteiligungsgesellschaft verkaufte im Dezember 2009 ihre Anteile und wird voraussichtlich bis Dezember 2010 abgewickelt sein. Die Anteile an der Union liegen jetzt zu 80 Prozent bei einem niederländischen Finanzinvestor und zu 20 Prozent beim neuen Geschäftsführer Gerhard Glanz.

»Ihr seid Plattmacher«

oder Wie der Düsseldorfer Unternehmensberater
Bernd Capellen im Auftrag der Treuhand
in Sachsen-Anhalt Ostbetriebe abwickelte

Fünf, sechs Stunden hatte ich geschätzt. Am Ende waren es
neun. So lange brauchte ich damals mit dem Auto von
Düsseldorf nach Halle. Und als ich dann endlich in der
Treuhandniederlassung angekommen war, wollte ich meine
Frau zu Hause anrufen. Aber die Sekretärin lachte nur und
sagte: »Da müssen wir erst mal versuchen, eine Verbindung
aufzubauen.« Nach zwei Stunden klappte es, und ich konnte
meiner Frau sagen, dass ich gut angekommen war im Osten.

Ja, so war das damals, als ich im Februar 1991 in Halle ankam, um für die Treuhand DDR-Betriebe in private Hände
zu überführen. Ein Jahr wollte ich bleiben. Am Ende war ich
über drei Jahre dort.

Ich war damals selbständiger Unternehmensberater, und
ein Vorstandsmitglied einer Kölner Bank fragte mich, ob ich
in den Osten gehen würde. Die Bank suchte jemanden, der
beurteilen konnte, ob die Firmen dort sanierungsfähig waren oder nicht, ob man denen Kredite geben konnte. Das
klang verlockend und aufregend. Kurze Zeit später kam
dann jemand von der Treuhand zu mir und sagte: »Wir würden Sie auch gern engagieren.« Da sagte ich zu, es war ja absolut lukrativ, nicht nur finanziell. Ich dachte, es kann nicht
schlecht sein für den Lebenslauf, wenn da steht: Hat bei der
Treuhand Hunderte von Firmen verkauft. Dass man das
besser nicht sagte, wusste ich damals noch nicht.

Es gab 15 Niederlassungen, ich konnte mir aussuchen, wo

ich arbeiten wollte. Sollte es Suhl sein oder lieber Rostock? Von Suhl hatte ich nur gehört, die Stadt gehörte zum Tal der Ahnungslosen. Die Gegend wurde so genannt, weil man dort kein Westfernsehen empfangen konnte. Da wollte ich nicht hin, da hätte ich ja nichts mehr mitgekriegt. Ich entschied mich für Halle. Industriestandort, Flughafen, super, dachte ich. Ich setzte mich in meinen roten Mercedes und fuhr los. Das mit dem Auto war keine gute Idee, es dauerte nämlich nicht lange, bis es lauter Beulen hatte. Nach einer Betriebsversammlung in Halle-Neustadt, auf der ich den Leuten sagen musste, dass die Hälfte von ihnen entlassen wird, gingen ein paar raus und schlugen und traten auf mein Auto ein. Danach nahm ich mir einen Mietwagen.

Ich war der erste Wessi in der Niederlassung in Halle und total naiv, als ich dort ankam. Ich war ja nur die westdeutschen Verhältnisse gewohnt und musste mich ganz schön umgucken. Das fing mit dem Telefon an und endete bei Korruption und Kriminalität. Einmal wollte ich in Berlin in der Treuhandzentrale anrufen, aber nicht von Halle aus, sondern von Leipzig, weil ich da am nächsten Tag zu tun hatte. Ich notierte mir die Nummer, aber meine Sekretärin sagte: »Die Nummer geht nicht von Leipzig.«

»Wieso denn nicht?«

Sie sagte: »Berlin hat von jeder Stadt aus eine andere Vorwahl.« Die Hauptstadt hat von überall eine andere Vorwahl? So was hatte ich vorher noch nie gehört. Aber so war das im »wilden Osten«.

Eigentlich sollte ich die Firmen danach beurteilen, ob sie sanierungsfähig waren oder nicht. Wir versuchten, die Firmen nach Branchen zu ordnen, es waren ungefähr 8 000 Unternehmen. Und die brauchten alle Geschäftsführer, Anstellungsverträge, GmbH-Verträge, Satzungen. Ich wurde immer dorthin geschickt, wo es gerade brannte oder besonders großen Ärger gab. Die Presse spielte eine wichtige

Rolle. Und wenn in einer Boulevardzeitung ein großer Artikel über eine Firma stand, klingelte bei mir das Telefon: »Fahren Sie mal da hin und schauen, was wirklich los ist.« Am Ende habe ich 585 Firmen betreut. In einem Zeitungsartikel wurde ich »Sheriff« genannt.

Ich musste auch für Direktoren ehemaliger DDR-Betriebe einspringen. Wenn die sich verständlicherweise schwertaten damit, ihren Leuten zu sagen, dass die Treuhand entschieden hat, das Werk dichtzumachen oder Mitarbeiter zu entlassen, dann hab ich das schon mal übernommen. Das kam natürlich nicht gut an. Immer hieß es: Ihr macht die Firmen kaputt! Ihr seid Plattmacher! Einmal bekam ich sogar ein Glas Cola ins Gesicht.

Ich hatte in einem Restaurant zu Abend essen wollen und landete an einem Tisch, an dem schon vier oder fünf Leute saßen, eine private Runde. Sie unterhielten sich über irgendeine Wirtschaftsnachricht, die gerade durch die Medien geisterte. Es war nicht alles richtig, was da geredet wurde. Ich wusste aber, wie es wirklich war, und das sagte ich auch. Als ich irgendwann zugeben musste, dass ich von der Treuhand bin, nahm eine Frau ein Glas mit Cola und schüttete es mir ins Gesicht. Ich hab's hingenommen. Ich verstand ja auch den Frust der Leute. Oft wurde mit einem Schlag die ganze Familie arbeitslos. Ich erinnere mich an eine Kündigungsliste in einem großem Unternehmen, bei dem sollten Hunderte Leute entlassen werden. Ich guckte die Liste durch, die Namen waren zum Glück alphabetisch geordnet, und sah, dass vier gleiche Nachnamen untereinander standen. Ich fragte nach und man sagte mir, das seien Vater, Mutter und zwei Söhne. Wenn ich das nicht zufällig entdeckt hätte, wären die alle auf der Straße gelandet. Wir fanden eine andere Lösung.

Die DDR-Industrie war sehr marode, die Maschinen völlig veraltet. Ich war schockiert, als ich das alles mit eigenen

Bernd Capellen, damals bei der Treuhand

Augen sah. Dabei hieß es doch immer, die DDR sei die zehntbeste Wirtschaftsnation. Jede westdeutsche Berufsgenossenschaft hätte wahrscheinlich jeden zweiten ostdeutschen Betrieb stillgelegt, und zwar sofort.

Auch die Umwelt war total hinüber. Ich besaß Anzüge für Halle und Anzüge für Düsseldorf. Die Anzüge für Halle hingen am Wochenende immer auf dem Balkon zum Lüften, die stanken total nach Braunkohle. Am Anfang fiel mir der strenge Geruch im Osten noch stark auf, irgendwann bemerkte ich ihn dann gar nicht mehr. Aber meine Frau verzog immer die Nase, wenn ich zu Hause ankam.

Wenn es mal einen Industriezweig oder eine Firma mit Zukunft gab, dann stimmte irgend etwas anderes nicht. Nehmen wir nur mal das Beispiel einer Schuhfabrik in Weißenfels. Die Maschinen dort waren nicht schlecht, und die Manager dieser Firma sagten selber immer, dass das schon etwas wird, wenn man da einen richtigen Designer reinsetzte und jemanden, der etwas vom Geschäft verstand. Einmal unterhielt ich mich mit einem Geschäftsführer, dabei sah ich seine Schuhe und dachte: Die sind ja richtig schick, ich glaube, ich kaufe mir noch ein paar Schuhe in Weißenfels. Ich hatte den Gedanken kaum zu Ende gedacht, da sagte der Geschäftsführer: »Unsere Schuhe gefallen mir nicht.« Ja, gibt's denn so was? Wie kann ein Geschäftsführer so etwas sagen? Das war ganz klar die falsche Person an der Stelle.

Ich hatte auch mit RFT, der Rundfunk- und Fernmelde-Technik, zu tun. Das war ein riesiger Herstellerverbund verschiedener Unternehmen für Nachrichtentechnik in der DDR. Es gab Gerüchte, dass da Millionengeschäfte laufen. Die RFT-Halle lag auf dem Weg zum Flughafen, also fuhr ich da hin, um einfach mal reinzuschauen. Ich war nicht willkommen, die Sekretärin sagte: »Wir sehen keinen Grund, mit der Treuhand Gespräche zu führen.« Ich versuchte noch klarzumachen, dass die Treuhandanstalt nicht ganz unwichtig sei, aber das Gespräch wurde abgebrochen. Ein paar Tage später fuhr ich noch einmal hin, diesmal mit einer Justitiarin, die sich auskannte mit dem Einigungsvertrag und allem, was da dranhing. Jetzt war auch der Geschäftsführer da, und sogar der zweite Geschäftsführer, beide hatten leichte Alkoholfahnen. Der Erste wollte immer rauchen, aber die Justitiarin, eine absolute Nichtraucherin, verbot ihm das Rauchen.

Ich fragte: »Na, wie laufen denn so die Geschäfte?«

Und der antwortete so komisch, erzählte irgend etwas von einem westdeutschen Unternehmer, mit dem er gut zusammenarbeite, der würde die Fernseher und all das Zeug kaufen. Was das denn für eine Firma sei, wollte ich wissen. Er nannte einen Namen, aber ich kannte die Firma nicht.

Ich sagte: »Zeigen Sie mir doch mal eine Rechnung.«

Er gab mir die erste Rechnung, und da stand groß drauf: Ohne Postzulassung. Damals gab es eine Zulassungsnummer für elektrische und elektronische Geräte, die vom Fernmeldetechnischem Zentralamt nach einer technischen

Prüfung vergeben wurde. Ohne diese Nummer durfte man kein Radio und keinen Fernseher in Betrieb nehmen, die Nummer war die Garantie dafür, dass das Gerät die anderen nicht stört.

Da sollten 30 oder 40 Millionen DM über den Tisch gehen, und das alles ohne Postzulassung! Der Geschäftsführer sagte nur: »Ach, das spielt hier keine Rolle.« Ich ließ mir die Liste zeigen mit den Geschäften, die RFT mit dieser Firma gemacht hatte. Als ich sah, was für imposante Beträge da geflossen waren, wurde ich doch stutzig und ließ mir alle Unterlagen geben.

Bei einigen Rechnungen war die Mehrwertsteuer ausgewiesen, bei anderen nicht. Einmal entdeckte ich, dass eine Rechnung zweimal ausgeschrieben worden war, einmal mit Mehrwertsteuer und einmal ohne. Einige Rechnungen legte ich der Steuerfahndung in Saarbrücken vor, daraus wurde dann ein Riesenverfahren.

Täglich, ja fast stündlich, kamen dann neue Hiobsbotschaften. In der Inventurliste beispielsweise waren massenweise Geräte durchgestrichen. Ich fragte: »Was ist denn hier passiert?«

»Die sind verbrannt.«

»Wie verbrannt?«

»Na, eben verbrannt, abgefackelt.«

Da hatte eine große Lagerhalle gebrannt und alles, was drin war, ist mit verbrannt. Und die verkohlten Geräte wurden nicht etwa aufgehoben für die Brandgutachter, sondern direkt entsorgt. Da war also nichts mehr zu prüfen. Das war schon ziemlich kriminell.

Überhaupt ging es nicht überall sauber zu, es gab viel Kriminalität zu jener Zeit. Aber ich glaube, die Gauner, die vom Westen in den Osten gegangen sind, waren in der Minderheit. Es war eher so, dass sich im Osten viel kriminelles Potential ansammelte, weil die Strukturen es einem leichtmachten. Die Treuhand wurde ja immer kritisiert dafür, dass sie korrupte Mitarbeiter hatte. Aber in Wirklichkeit waren das gar nicht so viele. Obwohl es durchaus verführerisch war, es gab ja kein Controlling.

Ich habe einige Machenschaften aufgedeckt. Manche sagten, ich hätte ein Händchen dafür. Manchmal war es aber auch gar nicht so schwer, in den einfachen Unternehmen war die Wirtschaftskriminalität relativ einfach gestrickt.

Manchmal hatte ich trotzdem Angst um mein Leben. Als Ostern 1991 der Treuhandchef Detlev Karsten Rohwedder ermordet wurde, hatte ich schon ein richtig ungutes Gefühl. Ich wohne ja auch in Düsseldorf, wo der Mord passierte. Und ich dachte: Wenn das die Stasi war, dann weiß ich nicht, ob ich am Wochenanfang wieder nach Halle fliege.

Gefährlich waren auch manche Westdeutsche, die eine Firma hatten, die aber nicht gut lief, mit massenweise offenen Rechnungen und so. Wenn wir dann entschieden, dass sie die Ostfirma nicht kriegen, die sie gerne haben wollten, hätten die doch alles Mögliche fertiggebracht.

Aber ich habe auch lustige Geschichten erlebt, auch wenn das natürlich nicht amüsant war, sondern hochdramatisch. Eine Firma aus Wittenberg oder Weißenfels, so genau weiß ich das nicht mehr, wollte auf sich aufmerksam machen. Und das taten die Leute dort dann mit einer eindrucksvollen Aktion. Die Mitarbeiter mauerten einfach die Tür in dem Hochhaus zu, in dem die Treuhand ihren Sitz hatte. Zugemauert und sogar ein bisschen verputzt. Und dann hängten die auch noch ein Plakat mit dem Namen der Firma auf, die das war.

Ich war glücklich, dass ich zu diesem Zeitpunkt nicht in dem Gebäude war. Aber alle meine Kollegen, die freitags nach Hause wollten, saßen da drin fest und kamen erst am Samstagmorgen nach Hause. Und der Geschäftsführer des Unternehmens hatte die Schlagzeile, die er wollte.

Einmal legte ich eine ganze Stadt lahm, allerdings ohne Absicht. Es konnte schon mal passieren, dass jemand von uns Treuhandmitarbeitern etwas tat, was nicht richtig war. Ich hatte immer die Worte von Birgit Breuel, der Treuhandchefin, im Ohr.

»Meine Herren«, hatte sie gesagt, »Sie müssen täglich entscheiden. Entscheiden Sie, das ist das Wichtigste. Und versuchen Sie, den Prozentsatz an falschen Entscheidungen möglichst gering zu halten.«

Und einmal entschied ich eben falsch. Es ging um die Gummiwerke in Ballenstedt. Das Unternehmen brauchte dringend viel Geld, und das auch noch schnell. Es stellte Transportbänder her, die es in die Sowjetunion verkaufte, das war ein Supergeschäft damals. Das Werk hatte viel investiert und obendrein einen wahnsinnigen Energieverbrauch. Es wurde sogar überlegt, die Firma an ein florierendes Unternehmen im Westen zu verkaufen. Aber die Firmenleitung dort schmunzelte darüber, was in Ballenstedt hergestellt wurde und in welchem Umfang. Das können wir locker selbst, sagte das Westunternehmen. Ballenstedt war nicht zu halten, beim besten Willen nicht. Das Werk war ein absoluter Cash-Fresser.

Das wusste ich schon, als ich dort hinfuhr. Ich schaute mir das trotzdem alles noch mal an und entschied dann: Morgen ist Schluss. Die Direktoren waren verständlicherweise sauer. Und dann stellten sie die üblichen Fragen: Was machen wir mit unseren Mitarbeitern? Was machen wir mit den Maschinen? Und was mit dem Bestand im Hoflager? Und dann fragte einer: »Sollen wir wirklich alles abstellen, was zum Unternehmen gehört?«

Ich sagte: »Ja, alles.«

»Auch unser Kraftwerk?«

»Ja, natürlich, auch das Kraftwerk«, sagte ich.

Danach fuhr ich zum Flughafen, es war Freitag, ich wollte

nach Hause. Da kam der Anruf: Ich sollte mich sofort bei der Treuhandzentrale melden, und was ich denn da in Ballenstedt angestellt hätte. Ich wusste gar nicht, was gemeint war, ich hatte überhaupt kein schlechtes Gewissen, und rief an. Halb Ballenstedt sei ohne Strom, hörte ich, es funktionierte keine Ampel, keine Straßenbeleuchtung, die Heizungen seien ausgefallen. Das Kraftwerk, das ich hatte abstellen lassen, versorgte den gesamten Ort. Das wusste ich nicht, das hatte mir niemand gesagt. Also fuhr ich zurück und ließ das Ding wieder in Betrieb nehmen.

Die Zeit in Sachsen-Anhalt hat mich geprägt. Ich habe viel gelernt, zum Beispiel nicht mehr so burschikos umzugehen, mit dem Leben, mit den Leuten. Die Zeit hat mich vor allem geschult im Umgang mit Menschen. Ich bin sensibel geworden. Vielleicht ist das auch eine Frage des Alters, aber ich habe jeden Tag gesehen, wie viele Leute entlassen wurden. Das steckt man nicht so einfach weg. In Westdeutschland wird man ja relativ gut aufgefangen, wenn eine Firma Personal abbaut, es gibt Abfindungen und Sozialpläne. Das gab es alles damals im Osten überhaupt nicht. Aber ich bin froh, diese Zeit persönlich miterlebt zu haben.

Bernd Capellen, geboren 1950 in Wuppertal, ist heute Unternehmensberater in Düsseldorf.

»Unser Eis war eine Klasse besser«

oder Wie Margot Siedow daran verzweifelte,
dass nur noch Äußerlichkeiten zählten

Wir haben 1989 in Leipzig im Betrieb viel über die Wende gesprochen, darüber, was uns wohl alles passieren könnte. Aber auf die Idee, dass unser Eis mal nicht mehr gegessen werden würde, sind wir überhaupt nicht gekommen. Unsere Eisproduktion war ja immer gefragt gewesen, jedes Stück war im Handumdrehen weg. Das war schon so gewesen, als Eis-Maier noch ein Privatunternehmen war, und das blieb auch so, nachdem der Betrieb 1972 verstaatlicht und dann dem VEB Backwarenkombinat Leipzig angegliedert wurde. Und plötzlich standen wir da, und die Leute wollten unser Eis nicht mehr, in den Kaufhallen wurde es nicht mehr verkauft. Von heute auf morgen waren wir weg vom Fenster. Alles was wir gemacht hatten, war auf einmal nicht mehr schön genug. Die bunt eingewickelten Produkte aus dem Westen wie das Eis von Schöller machten sich in den Kaufhallen breit. Unsere Verpackung fiel nicht so ins Auge. Man hätte sie aufpeppen müssen mit einer tollen Farbe, aber das war auch schwierig. Wir haben zwar später noch neues Verpackungspapier anfertigen lassen in Belgien, aber das reichte einfach nicht an die Verpackungen der anderen ran.

Wir hatten unsere eigenen Tiefkühltruhen und versuchten, die in die Kaufhallen reinzustellen. Aber die schoben die Tiefkühltruhen meist so, dass immer etwas anderes vor unseren stand und man gar nicht rankam an unser Eis.

Wir stellten auch Eisstände auf. Die Stadt Leipzig wies

uns Standorte zu. Aber wenn wir mit unseren Sachen irgendwo hinkamen, stand Schöller immer schon da. Die waren immer einen Tick schneller. Einen Stand hatten wir vor dem Zoo. Wir dachten, wegen der vielen Kinder, die unser Eis ja kannten, würden wir dort sicher gut verkaufen. Aber das war nicht der Fall. Die Leute tigerten alle zu Schöller, an unserem Eisstand war es immer leer. Unsere Verkäuferin hatte ein richtiges Mundwerk und pries das Eis den ganzen Tag an: »Hier, kaufen Sie von Eis-Maier!« Es brachte alles nichts. Die Leute sagten immer wieder, nein, wir gehen da rüber und kaufen das von Schöller. Die waren ja auch preiswerter als wir. Wir verkauften das Eis für 35 und 45 Pfennig. Und die hatten Eis schon für 30 Pfennig. Das war zwar nur ein kleiner Unterschied, aber er spielte eine Rolle. Wir konnten nicht billiger verkaufen, da hingen ja auch die Kosten dran. Außerdem stand der Preis nun einmal auf der Verpackung drauf, wir konnten ja nicht plötzlich den Preis aus dem Papier rausmachen. Und so schnell hätten wir keinen neuen Druck gekriegt. Das war alles nicht einfach. Aber es war auch von der Stadt Leipzig nicht fair, uns einfach den Platz in der Nähe dieses anderen Eisstandes zuzuweisen. Die Stadt hätte das besser aufteilen und die Standorte weiter voneinander entfernt bestimmen müssen.

Was für Eis drin war in der Verpackung, das spielte damals keine Rolle. Die Leute sagten, sie hätten unser Eis so lange gegessen, jetzt wollten sie etwas Neues. Obwohl vom Geschmack, das muss ich nach wie vor sagen, war unser Eis wirklich eine Klasse besser. Wir haben alles noch mit der Hand eingerührt, nichts verfälscht. Wir haben zwar ein kleines bisschen Aroma drangemacht, aber immer so, dass es die Geschmacksrichtung Vanille oder Erdbeere traf. Wir haben keine Farbzusätze benutzt. Bei Schöller waren die überzeugt, dass Farbe den Leuten in die Augen sticht. Und das stimmt ja auch, das haben wir im Nachhinein festgestellt.

Aber wir weigerten uns, unser Produkt so zu verfälschen. Man schmeckte das, wenn Farbstoff dran war, und das hatte dann eben keinen guten Geschmack mehr.

Dann riefen uns also die Kaufhallen an, dass unser Eis nicht mehr geht. Ich fuhr auch selbst zu Verkaufsstellen. Das war immer deprimierend, wenn ich dort mit den Leitern sprach und ihnen vorhielt, dass sie nicht fair sind uns gegenüber.

Ich sagte: »Sie haben doch das Eis früher auch von uns abgenommen.«

Und die antworteten: »Wir haben 40 Jahre ihr Eis gegessen, jetzt nehmen wir das andere Eis.«

Also schnappten wir unser Zeug und gingen wieder. Wir lagerten es dann erst mal bei uns im Kühlhaus. Und wenn das voll war, dann mussten wir es in die Schweinemästerei bringen, nach Lindenthal. Denn wenn das Eis einmal aufgetaut war, dann durfte es nicht mehr verkauft werden. Also blieb uns nur die Möglichkeit, es in die Schweinemästerei zu geben oder auf die damalige Mülldeponie auf dem Scherbelberg zu fahren, zum Einstampfen. Das mussten wir mit vielen Produkten machen. Das war furchtbar, wirklich.

Wenn ich später manchmal in Leipzig unterwegs war und ging in die Kaufhalle, wo noch etliche von den alten Verkäuferinnen waren, sagten die oft: »Mensch, wenn wir jetzt euer Eis noch hätten, jetzt würde das wieder gehen.« Ja, aber da war es leider zu spät. Alle haben sich blenden lassen von den Westprodukten, habe ich ja selbst auch.

Manchmal kaufe ich mir heute noch Eis von Schöller oder Langnese. Zu Hause lege ich das in eine kleine Petrischale, lasse es auftauen und gucke mir die Konsistenz an. Da sage ich mir: Um Gottes willen, was haben sie da bloß wieder alles reingetan. Oder wenn ich ein Eis esse, irgendein Stieleis, das ist dann so fest und so hart, das ist doch gar kein Eis mehr, das ist doch nichts mehr zur Erfrischung. So etwas

Der »Rundgefrierer« der Firma Eis-Maier

fehlt heute. Aber das hat damals keiner begriffen. Und jetzt ist es zu spät.

Dabei habe ich noch lange Hoffnung gehegt, ich habe immer gedacht, na ja, vielleicht gibt es doch noch mal eine Chance. Wir hatten so tolle Sorten. Auch für Diabetiker haben wir viel produziert. Auf dem Diabetikerbecher war ein einfacher grauer Deckel, auf den wurde per Hand »Diabetiker« draufgestempelt. Die Verpackung war bei den anderen viel, viel schöner.

Als wir das Eis also nicht mehr loswurden, mussten wir uns was anderes einfallen lassen. Wir produzierten bei Eis-Maier Stileis, aber auch Haushaltspackungen mit Vanille und Erdbeere, so dass man die Sorten kombinieren konnte. Wir versuchten dann, große Haushaltspackungen herzustellen für die Verkaufsstellen und für Gaststätten zum Selberportionieren. Die Gaststätten nahmen das am Anfang noch ab, aber bald war auch da Feierabend. Auch denen war die Verpackung nicht schön genug.

Dann stellte uns Schöller eine Maschine zur Verfügung; ich vermute, das war eine ausgediente. Mit der machten wir Waffeltüten, das war damals sehr aktuell. Aber so eine Waffeltüte sollte oben eine schöne Blume haben. Und unsere Blume sah, wenn man den Deckel runtergehoben hat, nie so schön aus wie die von Schöller. Ich glaube, die wollten gar nicht, dass wir da eine ordentliche Blume rauskriegen aus den Waffeltüten.

Schöller versuchte ja auch, den Betrieb zu übernehmen, also Eis-Maier bei sich einzugliedern. Herr Schöller war selbst in Leipzig und guckte sich unseren Betrieb an. Aber er ist dann abgesprungen, die Treuhand hätte wohl auch nicht mitgemacht. Die waren immer dagegen. Auch bei einem dänischen Hersteller, der sich für uns interessierte, der den Betrieb weitergeführt hätte. Ich denke, das hatte alles damit zu tun, dass Schöller nicht wollte, dass wir auf dem Markt bleiben.

Wir waren ja eine echte Konkurrenz für die. Denn umsonst haben die von Schöller nicht unser Eis gegessen. Jedesmal, wenn einer bei uns war, hat der unser Eis gegessen. Auch der Schöller selber, wenn der da war, und er war angenehm überrascht, so ein Produkt bei uns zu kriegen.

Unser Eis war einfach besser, weil wir Naturprodukte verwendeten. Wir haben mit Ei gearbeitet, wir haben mit Milchpulver gearbeitet, wir haben mit Sahne gearbeitet, wir haben mit Butter gearbeitet, wir haben eingekochtes Erdbeermark als Zusatz genommen und ein ganz, ganz kleines bisschen Farbstoff. Unser Eis war, das muss ich immer wieder sagen, super. Und jeder, der jetzt die Wahl hätte, der würde sicherlich zu unserem Eis greifen, wenn wir noch am Markt wären.

Wir versuchten dann uns über Wasser zu halten, indem wir Produkte herstellten, die nichts mit Eis zu tun hatten. Es entstand die Idee, Hefeklöße nach alten Hausfrauenrezepten zu machen. Wir machten den Teig mit der Hand, ohne Maschine. Wir hatten zwar einen Kneter, aber die Hefeklöße, die mussten immer genau 40 Gramm schwer sein und die 40 Gramm musstest du eben per Hand abwiegen. Dann ließen wir die Klöße gehen und legten sie anschließend ins Kühlhaus, bis sie gefroren waren. Am nächsten Tag wurden sie in Handarbeit verpackt. Damit waren zehn Leute beschäftigt, mehr waren wir schon nicht mehr in der Produktion. Aber unterm Strich kam nichts dabei raus. Ich hatte mir das schon gedacht, die anderen sind da garantiert wieder schneller. Und das war auch so. Außerdem machten wir noch Pizzateig, der ging am Anfang sehr gut, weil von solchen Produkten noch nicht so viel auf dem Markt war. Aber wir konnten nicht billig genug produzieren.

Zur Wendezeit hatten wir noch ungefähr 50 Produktionsarbeiter, doch schon bald wurden die ersten entlassen. Wenigstens bekamen die alle noch ihre Abfindung. Ich gehörte zu den Letzten, die 1993 die Kündigung bekamen, ohne Abfindung. Die Entlassungen wurden von heute auf morgen bekanntgegeben. Es war wirklich beschämend. Ich hätte es gerechter gefunden, wenn man mit mir frühzeitig darüber geredet hätte. Und nicht erst, als es zu Ende ging. Schließlich habe ich da viele Jahre gearbeitet, ich war Meisterin und Produktionsleiterin.

Ich war an dem Tag die Erste, die zum Chef reinmusste und die Kündigung bekam. Die anderen waren anschließend dran. Die Stimmung war natürlich gedrückt unter den paar Leuten, die noch da waren. Wir hatten uns immer noch Hoffnung gemacht, dass vielleicht doch noch der Tag kommt, an dem es heißt, es geht weiter. Denn die Fräser haben ja noch gestanden, und unsere Mixküche war auch noch so intakt, dass man hätte sagen können: Vielleicht passiert doch noch mal was. Als ich am letzten Tag nach Hause ging, habe ich meinen Kittel im Schrank hängen lassen. Ich hoffte immer noch, dass es vielleicht ein Zurück gibt.

Dass man so mit seiner Arbeit verbunden ist, können viele nicht verstehen, selbst mein eigener Mann kann das nicht. Aber ich habe meinen Beruf mit Leib und Seele gemacht und meine ganze Kraft da reingesetzt. Da stellt man sich den Abgang einfach anders vor. Mir geht das heute noch nahe.

Angefangen hatte ich bei Eis-Maier im April 1965. Ich sah eine Annonce in der Zeitung und dachte, das schaue ich mir mal an. Mein Sohn war damals erst zwei Jahre alt und bei Eis-Maier hatten sie einen Betriebskindergarten, das war natürlich sehr gut. Es gab einen Zweischichtbetrieb und eine Nachtschicht. Ich wurde für den Zweischichtbetrieb eingestellt, und mein Sohn ging in den Kindergarten, das war zwar eher ein Aufbewahrungsort, aber der war in unmittelbarer Nähe auf dem Gelände.

Die Arbeit war anfangs noch sehr primitiv, fast alles wurde in Handarbeit gemacht. Es gab kleine Formen, da waren die Stiele mit Vanilleeis drin, »Leichenfinger« nannten wie die. Es waren immer 25 Stück an einer Form, und die Form wurde in Schokoladenmasse getaucht, das mussten wir alles selber anrühren. Als ich das zum ersten Mal gesehen habe, dachte ich: Um Gottes willen, das schaffst du nie. Es gab einen Tisch mit Papier drauf, da musstest du jedes Eis mit der Hand rollen. Aber es machte Spaß und es schmeckte auch und deshalb dachte ich, na ja, hier hältst du es eine Weile aus. Wenn dann die Sommersaison vorbei war, so Ende August/Anfang September, wurde aussortiert, wer bleiben durfte über den Winter und wer nicht. Ich durfte jedes Jahr bleiben und habe mich hochgearbeitet, bin Brigadier geworden, dann haben wir einen neuen Betrieb aufgebaut, da war ich als Meister eingesetzt. Da hatten wir nun ganz tolle Bedingungen, vor allem einen Rundgefrierer, der kam aus Dänemark. Im Rundgefrierer lief alles automatisch. Schwierig war es mit dem Zählautomaten, der war nicht so funktionsfähig, der war schlechter, als wenn die Frauen das selbst gezählt hätten. In zwei Schichten produzierten wir täglich 130 000 Stieleis.

Die Dänen, mit denen wir zusammenarbeiteten, waren nach der Wende ganz überrascht, dass wir so lange mit dem Rundgefrierer produziert hatten. Aber wir hatten gar keine Wahl. Ersatzteile waren ja in der DDR ein Problem. Das ging nur so: Gibst du mir dies, gebe ich dir das. Einer meiner Kollegen ließ sich immer etwas einfallen, da wurden Ersatzteile auch selbst gebaut, außerdem hatte er auch die nötigen Verbindungen. Und ich war immer sehr hinterher, dass jede Kleinigkeit saubergemacht wurde.

Schon 1990 kam der Rundgefrierer weg. Ich stand oben im ersten Stock am Fenster und sah zu, wie einige Schlosser den zerlegten. Dann wurde er nach Polen transportiert, um da weiter Eis herzustellen. Das war furchtbar. Ich hatte den Rundgefrierer ja in den 60er Jahren mit aufgebaut, und nun wurde nicht mal bekanntgegeben, dass der wegkam. Mein

Direktor hielt es nicht für nötig, mir zu sagen, dass der Rundgefrierer abgebaut wird. Das war ein ganz schlimmes Gefühl für mich. Immerhin war das ein Lebenswerk, was man da aufgebaut hat. Als der Rundgefrierer aufgeladen wurde, flossen Tränen. Der Rundgefrierer war das Leben von Eis-Maier, kann man sagen. Als der abtransportiert wurde, da ahnte ich, dass es kein Zurück mehr gab.

Margot Siedow, geboren 1942 in Liegnitz (Schlesien), ist inzwischen Rentnerin.

II. Die kleinste Einheit

Die Wiedervereinigung findet nicht nur auf der politischen Bühne statt, sondern auch in der Küche. Frauen und Männer aus Ost und West treffen aufeinander und finden sich exotisch und anziehend, sie sind sich fremd, aber gerade das macht den besonderen Reiz von Ost-West-Beziehungen aus. Die deutsch-deutsche Einheit wird in der Liebe leichter errungen als im Bundestag.

In diesem Kapitel erzählen Frauen und Männer, wie es ist, sich ineinander zu verlieben und feststellen zu müssen, dass man zwar die gleiche Sprache spricht, sich aber oft gar nicht versteht: So begibt sich Stefan Burdinski, Optiker aus Schwaben, auf eine Reise durch den Osten, weil er nach einem Auftritt in einer Partnersuchsendung im Fernsehen jede Menge Zuschriften von Frauen erhalten hat. Erstaunt trifft er alleinerziehende Mütter, die weniger einen Liebhaber als einen Versorger suchen. Andere Geschichten enden glücklich: Die 19-jährige Ostberliner Studentin Silke Schmidtchen verliebt sich zwei Jahre vor dem Mauerfall in einen 16-jährigen Schüler aus dem Westen. Als sich die Grenze öffnet, ist das für die junge Frau gleichermaßen Schock und Befreiung. Und die Magdeburgerin Birgit Fahrtmann lernt bei der Arbeit einen Rheinländer kennen. Die beiden finden gegen alle Widerstände in ihren Freundeskreisen und gegen die Abwehr ihrer Kinder zusammen.

»Chaos im Kopf«

oder Wie die Ostberlinerin Silke Schmidtchen sich
mit 19 in einen 16-jährigen Schüler aus Westdeutschland verliebte

Als ich in den 80er Jahren an der Humboldt-Universität
studierte, musste man nach dem ersten Studienjahr einen
Arbeitsdienst leisten. Ich hatte das Glück, an der Haupt-
pforte als Pförtner eingesetzt zu werden. Unser wichtigster
Auftrag lautete, niemanden in das Gebäude zu lassen, der
da nicht reingehörte, vor allem keine Touristen. Eines Tages
im Juli 1987 stand ein junger Mann vor mir, der sich die Uni
angucken wollte. Ich dachte mir gleich: Der ist aus dem
Westen. Das sah man schon an der Kleidung. Und spätestens als ich ihn abwies und er nach der Begründung fragte,
wusste ich Bescheid. Ein DDR-Bürger hätte sofort kehrt-
gemacht.

Da gerade Mittagszeit war und ich Langeweile hatte, fingen wir an zu schwatzen. Er hieß Jan, war zu Besuch in
Westberlin und machte einen Tagesausflug. Er war das erste
Mal im Osten und fragte mir Löcher in den Bauch. Wir
tauschten unsere Adressen aus und verabredeten uns für
den gleichen Tag, weil ich ihm ein bisschen was von Berlin
zeigen wollte. Doch er kam viel zu spät zu dieser Verab-
redung, da war ich schon weg. Drei oder vier Wochen später
bekam ich eine Postkarte aus Südfrankreich von ihm. Und
ich schrieb ihm aus meinem Urlaub in Schwerin zurück. So
fing es an. Als wir uns kennenlernten, war ich 19, und Jan
war 16, ich fand ihn nett, mehr nicht. Wir schrieben uns
lange Briefe, zuerst viel über politische Themen, dann im-

mer mehr über Persönliches. Wir haben uns, kann man sagen, postalisch ineinander verliebt.

Im Oktober '88 kam Jan wieder nach Ostberlin. Diesmal zeigte ich ihm tatsächlich Berlin, wir unternahmen viel miteinander, redeten lange, waren an der Ostsee. Als wir uns nach den paar Tagen verabschiedeten, sprachen wir es zwar noch nicht aus, aber es war klar, dass das nun mehr war als eine Brieffreundschaft.

Die Abschiede damals waren fürchterlich. Meistens begleitete ich Jan zur Friedrichstraße, zum Tränenpalast, der heißt ja nicht umsonst so. Das war schrecklich, weil die Abstände, in denen wir uns sehen konnten, sehr lang waren. Er lebte im Rheinland und ging noch zur Schule. Jedes Mal, kurz bevor er nach Berlin kam, dachte ich, es wäre besser, wenn er nicht käme, weil ich schon wieder Angst hatte vor dem Abschied. Aber wenn wir uns wiedersahen, war da kein Zweifel mehr, da war klar, dass es einen Weg für uns geben musste, egal wie.

Meine Mutter bekam das alles von Anfang an mit. Sie bemerkte ja, dass ich immer auf den nächsten Brief lauerte, dass die Telefonrechnungen immer höher wurden. Ich musste meiner Mutter nichts erzählen. Sie wusste, was los war. Für sie war das schlimm. Aber das hatte nichts mit Jan zu tun, sondern mit ihrer eigenen Erfahrung.

Meine Eltern hatten sich 1959 kennengelernt und 1960 verlobt. Mein Vater kam aus Reinickendorf, also Westberlin, meine Mutter aus Prenzlauer Berg, also Ostberlin. 1961, am 12. August, fuhr meine Mutter mit ihrer Mutter zu meinem Vater nach Westberlin, weil sie gemeinsam Urlaub machen wollten. Meine Mutter flog am nächsten Morgen früh von Tempelhof nach Hannover, um meinen Vater da zu treffen, weil sie nicht mit ihm zusammen mit dem Auto die Transitstrecke durch die DDR fahren durfte. Als meine Großmutter wieder nach Ostberlin wollte, war die Grenze zu. Sie konnte natürlich zurück. Meine Mutter überlegte im Westen, am Timmendorfer Strand, einige Tage, was sie machen sollte. Sie ging dann zurück. Die genauen Gründe kenne ich gar nicht. Ich denke, sie hat wie viele gedacht, die Mauer würde nicht lange bleiben.

Eine Zeitlang konnte mein Vater sie nicht mehr besuchen, weil Westberlinern die Einreise nicht gestattet war. Sie machten es deshalb wie andere Pärchen auch: Mein Vater fuhr mit dem Auto nach Helmstedt und machte in Michendorf an der Raststätte Halt, auf DDR-Gebiet. Da konnte er meine Mutter für eine Stunde treffen. Dann fuhr er weiter bis Helmstedt, machte kehrt und auf dem Rückweg trafen sie sich noch mal für eine Stunde. Das ging so, bis mein Vater im Februar '62 eine Möglichkeit fand, einen westdeutschen Pass zu bekommen, so dass er wieder in die DDR einreisen durfte. 1968 wurde ich in Ostberlin geboren.

Meine Eltern hatten lange versucht, irgendwie zueinander zu kommen, aber nach meiner Geburt beschlossen sie, sich zu trennen. Nach den Grundlagenverträgen 1973 bekam meine Mutter die Ausreisegenehmigung, die sie lange Zeit zuvor beantragt hatte, aber da wollte sie nicht mehr. Sie hatte inzwischen einen anderen Mann kennengelernt, ein Studium begonnen. Der Kontakt zu meinem Vater blieb trotzdem immer sehr eng. Er besuchte uns häufig. Meine Eltern haben bis zu seinem Tod im Jahr 2000 regelmäßig telefoniert, auch ich hatte viel Kontakt zu meinem Vater. Trotzdem blieb für mich als Kind der Westen eine fremde Welt, es war für mich unvorstellbar, dass es ein anderes Leben gab, obwohl wir so enge Beziehungen zur Westverwandtschaft hatten.

Dass sich nun mit Jan und mir die Geschichte einer aussichtslosen Ost-West-Beziehung noch einmal wiederholte, war für meine Mutter schwer auszuhalten. Sie wollte nicht, dass ihre Tochter den gleichen Kummer durchlitt wie sie.

Dazu kam die Angst, dass ich in den Westen gehen würde. 1989 war das ja gar nicht so unwahrscheinlich.

Jan informierte sich damals auch über Möglichkeiten, in die DDR überzusiedeln. Aber ich sagte zu ihm: »Vergiss es, das ist Wahnsinn, das schaffst du nicht.« Die einzige Möglichkeit war, dass ich in den Westen ging. Aber legal, ich wollte meine Familie weiter sehen können. Im Frühjahr '89 beschlossen wir deshalb zu heiraten. Ich wollte erst noch mein Studium zu Ende machen, um einen besseren Start zu haben im Westen. Das wäre 1990 gewesen.

Und dann kam der 9. November. Ich war an dem Abend zu Hause mit meiner Mutter, meinem Stiefvater und meinem Stiefbruder. Wir sprachen über den neuen Reisegesetzentwurf. Und wir dachten, vielleicht könnten wir Anfang nächsten Jahres einen Antrag stellen und zu Besuch in den Westen fahren. Dann sahen wir die berühmte Pressekonferenz und mein Stiefbruder sagte: »Mensch, vielleicht fahren wir ja noch vor Weihnachten.«

Sofort zur Grenze aufzubrechen, erschien uns unsinnig. Schabowski hatte zwar »sofort« gesagt, aber es hieß auch, dass man nur auf Antrag reisen konnte. Wir machten zunächst den Fernseher aus, und erst als wir ihn später wieder anstellten, sahen wir Reporter, die im Westen hinter den Grenzübergängen standen und warteten, dass die Leute aus dem Osten rüberkamen. Ich dachte im ersten Augenblick, worauf warten die denn, da kommt doch keiner. Und dann sahen wir die Bilder von der Bornholmer Straße, wo die Schlagbäume ja zuerst hochgingen. Ich kann noch nicht mal sagen, dass ich mich doll gefreut hätte. Ich war fassungslos, das beschreibt es vielleicht am besten. Es war, als würde mir einer den Boden unter den Füßen wegziehen. Ich versuchte natürlich sofort Jan anzurufen. Doch die Telefonleitungen waren in der Nacht völlig zusammengebrochen. Ich glaube, Jan führte eine Strichliste, er versuchte 223-mal, bei mir

Silke Schmidtchen und Jan Möllmann heiraten 1992

anzurufen. Und wenn einer mal durchgekam, war beim anderen besetzt. Nachts um halb drei erreichten wir uns endlich.

Er fragte ganz aufgeregt: »Wann kommst du denn?«

Und ich sagte: »Ich weiß nicht, vielleicht nächste Woche oder in zwei Wochen.«

Ich hatte das alles noch gar nicht begriffen. In dieser Nacht gingen alle einfach rüber, aber was würde danach kommen?

Am Abend hatte mein Stiefvater gesagt, er würde gern am nächsten Tag mit mir nach Westberlin fahren. Aber er musste dann kurzfristig nach Weimar, und allein hatte ich keinen Mut zu gehen. Stattdessen ging ich zur Meldestelle, um einen Reiseantrag zu stellen. Als ich dort früh um acht ankam, war da schon eine riesige Schlange, zweimal ums Haus rum. Die Leute waren alle total aufgeregt. Manche waren in der Nacht schon im Westen gewesen. Und es fuhren dauernd hupende Trabis vorbei mit dieser Sonderausgabe der Bildzeitung im Fenster »Die Mauer ist weg« und so. Es war eine komische Stimmung. Hinter mir standen ein paar Handwerker und unterhielten sich. Sie überlegten, ob überhaupt noch jemand an ihrem Arbeitsplatz sei. Und einer sagte: »Kutte ist noch da.«

Da kam von hinten ein Mann, und sie schrieen: »Ach, Kutte ist auch hier, jetzt ist gar keiner mehr auf Arbeit.«

Ich glaube, an diesem Tag stand die Produktion in der ganzen DDR mehr oder weniger still. Und die Beamten von der Meldestelle, die wussten auch nicht genau, was sie tun sollten. Es gab die wildesten Gerüchte über Visa. Schließlich kam jemand durch die Warteschlange und sagte, wer in den Westen wolle, bräuchte einen Reisepass, den müsste man erst mal beantragen. Und dazu bräuchte man ein Passbild. Wer nicht sofort in den Westen wolle, der solle sich bitte einen Antrag mitnehmen und Anfang nächster Woche wiederkommen. Also nahm ich mir einen Antrag mit und fuhr nach Hause. Irgendwann stellte sich dann heraus, dass man gar keinen Pass brauchte, nur das Visum.

Ich war gar nicht so verrückt darauf, gleich loszufahren. Ich bin sehr ängstlich, und das war alles so fürchterlich aufregend. Bei mir war einfach Chaos im Kopf.

Ich entschloss mich dann, am 16. November, also eine Woche nach der Maueröffnung, zu Jan zu fahren. Da konnte ich an der Uni ein bisschen was schieben und freimachen. Meine Freundinnen begleiteten mich zum Fahrkartekaufen. Vor uns in der Schlange stand eine Frau, die schwatzte die ganze Zeit: »Ich komm gerade aus Hamburg, ich war da zu Besuch, und ich wollte so gerne noch, und das hab ich nicht geschafft und jetzt fahr ich gleich wieder hin …«

Als sie dran war und gefragt wurde, wohin sie wolle, sagte sie: »Wohin will ich denn? Oh Gott.«

Wir mussten ihr helfen: »Sie wollten nach Hamburg.«

»Ach richtig, ja, nach Hamburg will ich.« Alle waren völlig aufgelöst und wussten gar nicht, wohin mit sich.

Meine Freundinnen begleiteten mich zum Tränenpalast am Bahnhof Friedrichstraße. Zum ersten Mal ging ich da durch, wo ich mich sonst immer verabschieden musste. Es war ein sehr seltsames Gefühl, plötzlich durch die Absperrung gehen zu können. Ich hatte mir immer vorgestellt, wie es dahinter wohl aussieht. Ich war ja jeden Tag am Bahnhof Friedrichstraße in die S-Bahn gestiegen und hatte hinter der Wand die anderen Züge gehört. Nun war ich natürlich viel zu früh da und musste mich noch ewig auf dem Bahnhof rumtreiben. Dass er nicht besonders schön war, hatte mir Jan schon erzählt. Man hatte auch schon gehört, dass es viele Obdachlose gab, die sich da mit Schnaps versorgten. Aber so dreckig und runtergekommen und viel schmuddliger als auf der Ostseite hatte ich es nicht erwartet. Da war ich ziemlich schockiert.

Mein Zug war voll besetzt. Ich hatte mir eine Zeitung mitgenommen, aber im Abteil war an Lesen gar nicht zu denken, weil jeder erzählte. Ich war, glaube ich, die Einzige aus dem Osten in diesem Abteil. Die anderen, Westberliner und Westdeutsche, fragten mich natürlich aus, wie ich mich fühlte, aber das konnte ich gar nicht sagen. So verging die Zeit relativ schnell. In Hannover stieg ich um. Der InterCity war nicht ganz voll und ich kam dazu, in meiner *Berliner Zeitung* zu lesen. Ein Stückchen weiter saß jemand, der las die *Frankfurter Allgemeine* und guckte so auf meine Zeitung, schließlich fragte er, ob ich aus der DDR käme. Dann schlug er vor, die Zeitungen zu tauschen, er wollte gerne mal eine Ostzeitung lesen. So kam ich zu meiner ersten *Frankfurter Allgemeinen*.

Die Angst davor, was da auf mich zukam, wurde immer größer. Am liebsten wäre ich umgekehrt. Ich wusste, dass Jan und seine Mutter mich vom Bahnhof abholen würden, davor hatte ich eine Heidenangst: Zum ersten Mal würde ich meiner potentiellen Schwiegermutter begegnen und das unter diesen Voraussetzungen. Als ich ausstieg, stand Jan da und umarmte mich und sagte: »Wie schön.«

Und ich sagte: »Ja, ist gut, jetzt bin ich da.«

Ich war ganz nüchtern, gar nicht euphorisch, dazu war ich viel zu aufgeregt. Jans Mutter und ich gaben uns höflich die Hand. Ich war sehr verunsichert, und sie wusste auch nicht richtig, was sie mit mir anfangen sollte.

Zu Hause bei Jan setzten wir uns zum Abendessen an den Tisch. Jans Bruder kannte ich schon, meinen Schwiegervater sah ich zum ersten Mal. Es war relativ schnell zu merken, dass ich mehr über den Westen wusste als sie über den Osten. Sie wussten wenig über unser tägliches Leben. Meine Schwiegermutter erklärte mir zum Beispiel, was eine Spülmaschine ist. Und ich sagte: »Wir haben so was zwar nicht, aber ich hab's in der Werbung schon gesehen.« Als mein Schwager mir etwas über Automarken erzählen wollte, da sagte ich: »Ja, ja, kenn ich. Ich habe Werbung gesehen und Filme, und außerdem: Peugeot und Golf gibt's bei uns auch, wenn auch wenige.« Sie meinten das nett, mir diese Dinge zu erklären, aber es war eben gar nicht nötig.

Andere Verwandte von Jan wunderten sich, dass ich Englisch studierte, um Englischlehrerin zu werden. Sie dachten, im Osten würde kein Englisch gelernt, das gäbe es nur für höhere Bonzen oder die Stasi. Da gab es schon mächtige Vorurteile, bei denen ich immer wieder schlucken und mir sagen musste, die meinen das nicht persönlich, das ist einfach Unkenntnis. Die Familie war auch erstaunt, dass ich Kiwis kannte. Die gab es im Osten tatsächlich nicht, aber ich hatte ja einen Vater im Westen, der uns Obst mitbrachte.

Ich erinnere mich auch noch, dass meine Schwiegermutter völlig anders kochte, als ich es gewöhnt war. Im Osten war es üblich, das Gemüse ganz weich zu kochen. Bei meiner Schwiegermutter war alles sehr al dente. Da dachte ich zunächst, ist das jetzt Rohkost? Im Laufe der Zeit habe ich mich daran gewöhnt, heute koche ich auch anders als früher.

Silke Möllmann lebt heute mit ihrer Familie in Berlin

Ich fühlte mich bei Jan am Anfang sehr fremd. Die gingen ganz anders miteinander um, als ich es von zu Hause gewöhnt war. Aber das ist nicht so sehr ein Ost-West-Unterschied, sondern einfach eine Frage von Temperament und Persönlichkeit. Für Jan war es auch komisch, mit mir in dieser Umgebung umzugehen. Man verhält sich ja anders bei den Eltern zu Hause. Zwar hatten wir uns unheimlich viel geschrieben und mitgeteilt, auch über unsere Familien. Aber dennoch gab es Momente, in denen ich dachte: Ups, warum reagiert er jetzt so? Das kenne ich gar nicht von ihm. Aber hier bei seiner Familie war er eben noch der Sohn, der zur Schule ging.

Ich war froh, als wir an diesem Abend endlich alleine waren und ich nicht mehr darüber nachdenken musste, wie ich mich benehmen sollte.

Als Jan zwei Jahre zuvor das erste Mal bei meiner Familie zu Besuch gewesen war, hatten wir einen Spaziergang zum Müggelturm gemacht. Ich rannte in zügigem Tempo hoch, Jan lief hinterher und sagte: »Na warte, bis du mal in den Westen kommst, dann schlepp ich dich auf den Kölner Dom.«

Und ich antwortete: »Kannste machen.«

Das war ja außerhalb jeder Möglichkeit. Und nun fuhren wir doch nach Köln zum Dom. Das war so fern, als wenn dir einer sagt, dass du auf den Mars fährst. Und als ich plötzlich da oben stand, wurde mir klar, es hat sich alles verändert.

Als ich zurück nach Ostberlin musste, waren wir zwar traurig, weil wir uns für ein paar Wochen nicht sehen würden, aber es gab nicht mehr diese Aussichtslosigkeit. Wir wussten, es gibt ein Wiedersehen, und es gibt eine Perspektive. Ich war auch froh, wieder nach Hause zu fahren und diese Anspannung loszuwerden. Ich freute mich, wieder im vertrauten Umfeld zu sein und alles erzählen zu können.

Im Mai 1990, direkt nach seinem Abitur, zog Jan zu mir nach Berlin. Wir bezogen eine Wohnung in Prenzlauer Berg. Es war klar, dass wir zusammenbleiben würden. Obwohl wir nicht mehr heiraten mussten, damit ich die Ausreisegenehmigung bekam, machte Jan mir noch einmal einen Antrag. Und so beschlossen wir, zu heiraten, gerade wegen unserer Geschichte, weil man sich auf so etwas ja mit größerer Ernsthaftigkeit einlässt, als wenn man sonst mit 19 jemanden kennenlernt und sagt: »Ach, ich guck mal, vielleicht ist es fürs Leben, vielleicht auch nicht.« Bei uns war das von Anfang an eine ernsthafte Sache, und sie hat bis heute gehalten.

Silke Möllmann, 1968 geborene Schmidtchen, lebt mit ihrem Mann Jan und ihrer 1998 zur Welt gekommenen Tochter Luisa in Berlin und arbeitet bei der Stadtverwaltung.

»Ich war einfach der neue Freund von Karin«

oder Wie der Schwabe Stefan Burdinski
durch den Osten reiste und eine Frau suchte

Nach der Wende strahlte der Mitteldeutsche Rundfunk einige Jahre lang jeden Samstag die Sendung *Je t'aime – Wer mit wem?* aus. Das war so eine Verkupplungsshow, in der man sich eine Frau oder einen Mann suchen konnte. Es war ganz einfach: Man fuhr nach Leipzig ins Studio, wurde geschminkt und frisiert und musste in die Kamera sagen, wer man ist, was man macht und was man für einen Partner sucht.

Ich hab das 1993 gemacht. Ich hatte keine Frau zu dieser Zeit und dachte mir, warum soll ich es nicht mal übers Fernsehen probieren? Ist doch vielleicht nicht die schlechteste Art, jemanden kennenzulernen.

Ich komme aus Schwaben, wohnte damals aber in Westberlin und war gerade mit meinem Fachschulstudium zum Augenoptikermeister fertig. Zunächst glaubte ich natürlich nicht daran, dass das mit dem MDR klappt, dass ich wirklich eingeladen werde. Denn immer wenn ich den Abspann der Show sah und der Moderator sagte, wenn man mitmachen wolle, dann könne man einfach anrufen, dachte ich: Na, da melden sich sowieso Zigtausende, da hast du doch gar keine Chance. Aber einmal rief ich an, ganz spontan, einfach so, und schon ein paar Tage später wurde ich zurückgerufen: »Wir drehen in Leipzig. Haben Sie Lust herzukommen?« Ja, was soll ich sagen, da habe ich die Chance ergriffen und mich auf dieses Abenteuer eingelassen.

Ich bin nicht besonders groß, 1,63. Selbst kleine Frauen wollen eigentlich immer große Männer, 1,75 sollten sie mindestens sein. Da kann ich nicht mithalten. Ich war immer auf den sogenannten zweiten Blick angewiesen, dass eine Frau mich näher kennenlernt.

Ich habe es oft erlebt, dass eine Frau erst später zu mir sagte: »Mensch, Stefan, du bist ein ganz interessanter Typ, das hätte ich ja gar nicht gedacht.«

Für meinen Auftritt im MDR habe ich mich nicht sonderlich vorbereitet, ich setzte mich einfach vor die Kamera und erzählte drauflos. So schlecht kann das nicht gewesen sein. Denn nach ein, zwei Wochen bekam ich einen Stapel Briefe. Ausschließlich von Ostfrauen. Ich habe nicht bewusst nach einer Ostfrau gesucht, mir war es eigentlich egal, woher die Frauen kamen. Ich hatte auch keine genaue Vorstellung, wie Ostfrauen so sind. Nur äußerlich hat man damals Ostfrauen auf den ersten Blick erkannt: Sie trugen Pfennigabsätze und Klamotten aus Kunstleder.

Leider war kein Brief dabei, der irgendwie herausragte, der mir besonders gut gefiel. Die Frauen schrieben eigentlich alle das Gleiche: »Lieber Stefan, ich habe deinen Spot gesehen, und ich würde dich gern kennenlernen.«

Ich entschied mich, alle zu treffen. Am Ende habe ich so zwanzig Frauen besucht. Ich nahm mir einen Mietwagen und fuhr durch die neuen Bundesländer. Von einer Frau zur anderen. Ich war in Dresden, in Zeitz, in Leipzig und noch in vielen anderen Städten. In einer einzigen Woche habe ich zwanzig Frauen kennengelernt, alle aus dem Osten. Die hatten mir geschrieben, nachdem sie meinen Spot im Fernsehen gesehen hatten.

Im Nachhinein denke ich: Was für eine Schnapsidee! Aber eigentlich war es auch ganz gut. Wann lernt man schon in so kurzer Zeit so viele Menschen kennen? Es war fast wie eine soziologische Studie.

Stefan Burdinski, 1993 Kandidat bei der MDR-Sendung
»Je t'aime – wer mit wem?«

Die Treffen haben sich fast alle ähnlich abgespielt: Wir trafen uns zum Kaffee, redeten ein bisschen – wer bist du, wer bin ich, was stellst du dir vor. Meist liefen zwei Kinder um den Tisch herum. Die Frauen waren alle alleinerziehend, manche mit einem Kind, aber die meisten hatten zwei Kinder. Ich fragte: »Und? Was machst du so beruflich?« Und bekam fast immer zur Antwort: »Ich bin Mutter, ich bin zu Hause mit meinem Kind.«

Das hat mich völlig überrascht, das hatte ich nicht erwartet. Ich hatte das Gefühl, die Frauen suchten keinen Partner, keinen Mann, sondern einen Ernährer.

Manchmal fragte ich auch weiter: »Als ich vorhin am Marktplatz war, da hab ich gesehen, dass ein Rechtsanwalt gerade ein Büro aufgemacht hat. Wäre das nicht vielleicht eine Chance für dich?« Aber meist antworteten die Frauen nur: »Ach, ich weiß auch nicht. Ich warte jetzt erst mal ab, bis das Arbeitsamt mir einen Job zuteilt.« Das hat mich nicht nur erschüttert, sondern regelrecht frustriert. Ich fuhr nach Berlin zurück, ohne eine Frau gefunden zu haben. Dabei hätte das alles gut gepasst. Ich war fertig mit dem Studium und war bereit für eine Familie. Wenn du jetzt keine Familie gründest, dachte ich, dann wird es zu spät.

Aber vielleicht lag es auch ein wenig an mir. Ich habe mir meinen Spot vor kurzem noch mal angesehen und dachte mir dann selbst: Mannomann, da kommst du ganz schön straight rüber. So nach dem Motto: Hey, hier bin ich, der tolle Optiker, der tolle Wessi, der große Verdiener. Ich hatte aber auch das Gefühl, dass viele Ostfrauen gezielt nach einem Westmann suchten. Vielleicht weil sie insgeheim hofften: Der ist bereits etabliert, und der hat Geld.

Dann hat es aber doch noch geklappt mit einer Frau, einer Ostfrau. Und wieder über das Fernsehen. Ein Berliner Regionalsender strahlte damals Tag und Nacht eine Partnersendung aus. Und da ich ja schon einmal den Mut für so etwas gehabt hatte, dachte ich, das könnte ich ruhig noch mal machen. Dieser Spot lief vier Wochen lang. Immer wieder und immer zu verschiedenen Tageszeiten. Der Sender sammelte vier Wochen lang Adressen von Interessentinnen und schickte mir die Kontakte in der fünften Woche zu.

Diesmal wollte ich eigentlich auch wieder alle Frauen treffen. Aber da ich von einigen die Telefonnummer hatte, rief ich sie erst einmal an. Bei zwei oder drei Frauen merkte ich schon am Telefon, dass wir nicht zueinander passten. Das hört sich jetzt alles so nach Supermarkt an: Ich schaue mir alle Frauen an und suche mir die Beste raus. Aber schließlich ist das eine Entscheidung fürs Leben. Und mit Karin hat es ja dann auch geklappt.

Schon als wir uns das erste Mal sahen, funkte es. Wir trafen uns am Roten Rathaus, tranken einen Kaffee und machten eine Spreerundfahrt. Es war ganz anders als bei den Frauen in Sachsen. Karin und ich hatten keine Distanz, wir waren uns von Anfang an vertraut und kamen sehr schnell überein, dass wir es miteinander versuchen wollen. Allerdings hatte Karin eine große Tochter, die sie sicherheitshalber noch mal fragen wollte. Also telefonierten wir nach zwei Tagen wieder miteinander, und Karin sagte: »Alles klar, meine Tochter hat zugestimmt.« Später erfuhr ich, dass Mutter und Tochter den Spot zusammen gesehen hatten und die Tochter zur Mutter gesagt hatte: »Mama, das wäre doch ein Mann für dich.«

Ich wurde damals oft gefragt, ob ich einen Unterschied zwischen Ost- und Westfrauen entdecken könne. Grundsätzlich habe ich da keinen festgestellt. Es gab Mentalitätsunterschiede, ja. Die machten sich vor allem im Umgang mit der Familie oder mit Freunden bemerkbar. Karin hatte eine engere Bindung zu ihren Freundinnen. Die Westfrauen, die ich kenne, waren alle überhaupt nicht so eng mit ihren Freundinnen.

Ich habe mir das immer mit der Vergangenheit in der DDR erklärt, die hat wohl irgendwie zusammengeschweißt. Auch nach der Wende trafen sich Karin und ihre Freunde öfter zum Kaffee und sprachen über die Vergangenheit. Ich saß oft dabei und hörte zu. Viel sagen konnte ich ja nicht, es war schließlich nicht meine Geschichte. Hätte ich auch nicht gut gefunden, wenn ich da was kommentiert hätte. Von Karins Freunden und ihrer Familie wurde ich ganz normal aufgenommen, es spielte keine Rolle, dass ich aus dem Westen kam. Ich war einfach der neue Freund von Karin.

Wir zogen zusammen, nach Marzahn in einen dieser Zehnstöcker. Zuerst kam unser Sohn, und als der da war, waren wir uns schnell einig, dass er nicht allein aufwachsen sollte.

Unsere Tochter wurde dann aber in Baden-Württemberg geboren. Denn als klar war, dass unsere Familie noch ein wenig größer würde, wollten wir aus Berlin rausziehen.

Aber das klappte nicht, also machte ich den Vorschlag, nach Eningen in Schwaben zu ziehen, in das Haus meiner Eltern.

Meine Frau hat sich schnell in Baden-Württemberg eingelebt, obwohl sie mit ihrer »Berliner Schnauze« immer mal wieder aneckte. Das Schnoddrige und Koddrige an Karin mochten die Schwaben nicht. Vielleicht lehnten viele Karin auch ab, weil sie generell Vorurteile gegenüber dem Osten hatten. Wenn ich in solche Diskussionen verwickelt wurde, versuchte ich immer, die Debatte auf eine sachliche Ebene zu bringen, und sagte dann: »Es gibt weder *den* Ossi und noch *den* Wessi.«

Unsere Beziehung hat leider nicht gehalten. Wir lebten zehn Jahre zusammen, doch im Laufe der Zeit verstanden wir uns immer weniger. Dann hatten wir zwei Jahre lang Rosenkrieg. Heute können wir wieder ganz normal miteinander reden, manchmal trinken wir auch ein Bier zusammen und die Kinder sind jedes zweite Wochenende bei mir.

Es soll ja Westmänner geben, die sich bewusst eine Ostfrau nehmen. Ich glaube, viele Westmänner denken, Ostfrauen seien nicht so selbstbewusst und nicht so anstrengend wie Westfrauen. Aber für mich war das kein Grund. Ich wollte einfach nur eine Frau.

Stefan Burdinski, geboren 1963 in Reutlingen, hat heute ein Geschäft für Brillen und Uhren in Eningen.

»Wir sind glücklich wie am ersten Tag«

oder Wie die Magdeburgerin Birgit Farthmann
einen Rheinländer traf, sich in ihn verliebte und
ihn heiratete

Einige haben damals geunkt: Das geht doch nicht gut, das kann gar nicht gutgehen. Die Unkenrufe kamen vor allem aus dem Osten, aus Magdeburg, da, wo ich herkomme. Aber jetzt sind wir schon fast achtzehn Jahre zusammen, mein Mann und ich. Naja, es war ja auch eine schwere Zeit damals. Wir waren beide verheiratet und hatten Kinder in der Pubertät. Mein Mann kommt aus dem Rheinland, ich komme aus Sachsen-Anhalt. Kurz nach der Wende, als wir uns kennenlernten, waren Ost-West-Beziehungen noch nicht so normal wie heute, ihnen haftete etwas Exotisches an. Aber wir haben es geschafft, und wir sind immer noch sehr glücklich. Das Kribbeln von damals, aus unserer Anfangszeit, das ist immer noch da. Ich kriege sogar jetzt, wenn ich das erzähle, eine Gänsehaut. Wenn ich mal eine Nacht weg bin, dann erscheint meinem Mann diese Zeit so lang wie vierzehn Tage. Sagt er. Und das glaube ich ihm. Mir geht es nämlich genauso.

Angefangen hat alles mit einer Anzeige. Ich war medizinisch-technische Radiologieassistentin in den Pfeifferschen Stiftungen in Magdeburg, einem Krankenhaus der evangelischen Diakonie. Zur Wendezeit war ich dort stellvertretende Chefin in der Röntgenabteilung. Mein Leben war eigentlich gut, ich war zufrieden mit meiner Arbeit, und ich hatte ein normales Familienleben, mit meinem damaligen Mann und mit meinem Sohn. Es hätte so weitergehen können. Aber dann las ich im Januar 1991 eine Annonce: »Repräsentantin für Medizinprodukte gesucht«. Aufgegeben von Konica, dem japanischen Unternehmen für Fotowirtschaft. Die deutsche Dependance befindet sich in Hohenbrunn bei München und hat schon damals neben Farbfilmen Kameras, Minilabs, medizinische Bildsysteme und digitale Editier- und Speichertechnologien hergestellt.

Und die suchten nun jemanden für die Gebiete Sachsen-Anhalt und Brandenburg. Der sollte unbedingt aus dem Osten sein, deshalb hatten sie auch in einer »Ostzeitung« inseriert. Das klingt interessant, dachte ich. Ich wollte nicht raus aus meinem Fach, aber etwas Neues hätte mich schon gereizt. Warum also nicht einfach bewerben? Mehr als ablehnen können die mich ja nicht, dachte ich.

Ich schickte meine Unterlagen hin und schon nach kurzer Zeit wurde ich zu einem Bewerbungsgespräch eingeladen. Die bezahlten mir das Flugticket und holten mich am Flughafen ab. Da befand ich mich nun inmitten einer Welt, die mir bis dahin vollkommen fremd war. Allein diese Businessmänner im Flieger, die ihre *Frankfurter Allgemeine Zeitung* so breit lasen, dass ich ihnen am liebsten angeboten hätte, die zweite Seite für sie festzuhalten.

Aber der damalige Konica-Chef war Gott sei Dank kein typischer Wessi, so wie ich sie mir immer vorgestellt hatte und wie ich sie auch hin und wieder erlebt hatte: straight, im dunklen Zwirn, geradlinig, genau. Nein, mein Chef war anders. Er war ein junger, zugänglicher, dynamischer Mann mit guten Umgangsformen. Das Bewerbungsgespräch verlief relativ entspannt. Ich war ganz unverstellt und habe ganz normal auf alle Fragen geantwortet. Mein erstes Vorstellungsgespräch bei einer Westfirma, das hatte ich mir wahrlich anders vorgestellt.

Natürlich wurde meine Herkunft thematisiert, das hatte ich auch nicht anders erwartet. Aber es ging vor allem um

74

meine fundierte Ausbildung, die ich in der DDR erhalten hatte. Der Chef sagte: »Wir könnten auch jemand aus den alten Bundesländern in den Osten schicken, aber das wollen wir nicht.« Die wollten jemanden, der was vom Fach versteht und die Region kennt.

Ich war – neben einer anderen Kollegin – deutschlandweit die einzige Frau in dem Unternehmen im Außendienst. Die Westmänner stellten sich die typische Ostfrau als trutschiges Hausmütterchen vor, in Kittelschürze und ahnungslos. Aber dann kam ich: Ich bin ja recht groß und wusste auch, wie ich mich zur Wehr setzen konnte. Aber bald vergingen die Vorurteile gegenüber dem Osten. Es war auch gar nicht so viel Zeit, das Leben im Osten ständig zu thematisieren. So ein Vertriebsleben ist anders als ein gewöhnlicher Arbeitsalltag: Man geht nicht nach acht Stunden nach Hause und versorgt dann die Familie. Ich saß viel im Auto und fuhr herum, von einer Klinik zur anderen, mit meiner neuen Visitenkarte in der Hand. Wenn ich unterwegs war, habe ich eigentlich immer gearbeitet und hatte kaum Freizeit.

Einmal war ich in den Peifferschen Stiftungen, bei meinem alten Arbeitgeber, und ich bot Konica-Filme an. Meine Exkollegen probierten sie aus und fanden sie gut. In dieser Zeit war auch schon mein jetziger Mann in der Klinik. Er arbeitete auch als Vertreter, aber in einer anderen Firma. Ich kriegte schnell mit, dass da Konkurrenz kam, und auch er hatte von mir gehört. Wir wussten also voneinander, ohne uns gesehen zu haben. Dann schrieben wir uns Briefe. Er pochte darauf, dass seine Firma schon länger Vertragspartner sei, ich verteidigte meine Stellung. Kurz darauf telefonierten wir. Das erste Mal sahen wir uns im September 1991 im Interhotel in Magdeburg. Erst sprachen wir über die Arbeit, danach lud er mich zum Essen ein.

Er war ein typischer westdeutscher Vertreter: gut gekleidet, gepflegt, sympathisch, er hatte eine angenehme Aussprache. Er wusste, wie man mit Frauen umgeht. Das merkte ich sofort. Damals dachte ich gar nicht so sehr über die Unterschiede zwischen Ost- und Westmännern nach, ich unterschied eher zwischen verschiedenen Männertypen. Und da schnitt er schon verdammt gut ab. Mich faszinierte, wie engagiert er in seinem Job war.

Von da an sahen wir uns öfter. Wir hatten gemeinsame Kunden, die wir zusammen besuchten, wir schlenderten über den Weihnachtsmarkt in Halle oder trafen uns in Leipzig.

Oft riefen wir uns an: »Wo bist du gerade? Wollen wir uns nachher auf einen Kaffee treffen? Oder haben wir Zeit für ein Abendessen?« Und dann ging es relativ schnell.

Für ein Treffen in Leipzig kaufte ich mir ein weißes Strickkleid, der letzte Schrei damals. Ich genoss es sehr, wieder als Frau umworben zu sein. Ich war zwar nicht unglücklich mit meiner Familie, aber nach 18 Jahren Ehe war die große Leidenschaft verflogen.

Ich erlebte plötzlich so viel Neues, und ich ließ zu, was mir geschah. So entfernten mein damaliger Mann und ich uns Stück für Stück voneinander. Schließlich hatten wir kaum noch gemeinsame Erlebnisse, weil ich so selten zu Hause war. Aber erst im Frühjahr darauf erzählte ich meinem Mann, dass ich mich verliebt hatte. Er war empört: »Du kannst doch nicht einfach die Familie verlassen.« Und als er dann mitkriegte, dass es ein Wessi war, rastete er regelrecht aus. Er war zwar schon in der DDR selbständig, aber seit der Wende musste er sich vollkommen umstellen, er musste Klinken putzen und Aufträge ranholen. Das war nicht so einfach. Er sagte immer, die Wessis zögen uns über den Tisch. Und dann verließ ihn auch noch seine Frau wegen eines Wessis!

Es ging sehr laut zu bei uns damals, ich ertrug das kaum noch, brauchte Abstand und zog aus. Mein jetziger Mann hatte sich zu diesem Zeitpunkt bereits von seiner Frau getrennt und sich eine Wohnung in Berlin gemietet. Ich nahm meine Sachen und zog zu ihm. Mein Sohn war 18 und machte eine Ausbildung in der Nähe von Berlin. Ich dachte: Ach, das ist alles gar nicht so schlimm, mein Kind ist in meiner Nähe, dann können wir uns ja öfter sehen. Ich hatte nicht damit gerechnet, dass mein Sohn die Trennung nicht verstand, mir an allem die Schuld gab und sich von mir distanzierte. Irgendwann warf mein erster Mann meine restlichen Sachen aus dem Fenster, aus dem vierten Stock mitten auf die Straße.

Mein neuer Mann brachte seine pubertierende Tochter mit. Das war hart: Ich verlor mein eigenes Kind und bekam dafür ein fremdes. Die Tochter hatte zudem ein Problem mit mir, vor allem, weil ich aus dem Osten kam. Sie hatte merkwürdige Vorstellungen von Ostfrauen, sie dachte offenbar: So 'ne Ostfrau kann nicht kochen, die kann eigentlich gar nichts. Sie war es gewohnt, dass Mütter zu Hause sind. Aber ich war voll berufstätig und machte den Haushalt so nebenher: Wäsche, Aufräumen, schnell mal was einkaufen. Ein großes Konfliktpotential. Ich stand unter permanenter Anspannung damals. Ich glaube, in dieser Zeit bin ich um zehn Jahre gealtert.

Nach zwei Jahren zog etwas Ruhe ein. Die Zeit überstanden wir nur, weil wir uns trotz allem liebten. Für uns war die Hauptsache, dass wir einander hatten. Im September 2000 haben wir geheiratet.

Irgendwann begannen wir darüber nachzudenken, die Vertriebsreisen aufzugeben und ein kleines Hotel zu eröffnen. Wir wollten nicht mehr so viel unterwegs sein. Jeden Sonntag lasen wir den Immobilienteil der Zeitungen und fanden auch bald ein Grundstück in der Nähe von Berlin, auf dem wir bauen konnten. Der Kauf war nicht ganz einfach, wir kannten uns überhaupt nicht aus mit Krediten,

Bauvorschriften, Ausnahmeregelungen, Anwälten. Wir hatten etliche schlaflose Nächte und ständig Termine. Dass wir das Grundstück kauften, das Hotel eröffneten und dass es immer noch funktioniert, hat viel mit meinem jetzigen Mann und seiner Herkunft zu tun: In dieser Zeit merkte ich, dass er aus dem Westen kam, er hatte ein Urvertrauen gegenüber unserem Projekt. Das war neu für mich. Aber ich vertraute ihm. Und das war gut so. Wir sind glücklich wie am ersten Tag.

Birgit Farthmann, geboren 1956 in Magdeburg, betreibt noch heute mit ihrem Mann ein Hotel im brandenburgischen Caputh.

III. Die neue Freiheit

Sobald abzusehen ist, dass die beiden deutschen Staaten eine gemeinsame Zukunft haben werden, setzt die Ostwanderung des politischen und juristischen Apparats der Bundesrepublik ein. Anfang 1990 sind vielerorts westdeutsche Parteipolitiker unterwegs, um vor der ersten und zugleich letzten freien Wahl zur Volkskammer im März Wahlkampf zu machen. Später folgen Beamte, um den Beitritt zur Bundesrepublik zu organisieren, Juristen, die anklagen, aufklären und abwickeln.

In diesem Kapitel erzählen vier Männer, was sie dazu trieb, sich in den Einheitsprozess einzubringen. Da ist Dirk Roßmann, der eigentlich Unternehmer ist, aber einen politischen Anspruch hat. Er findet, Ostdeutschland braucht gute Lektüre statt Publikationen der Rechtsradikalen. Im Januar 1990 verteilt er *Spiegel*-Hefte in Leipzig.

Der Jurist Christoph Schaefgen und Hartmut Grübel, Beamter im Bonner Forschungsministerium, haben unmittelbar mit dem Einigungsprozess zu tun: Grübel wird nach Berlin geschickt, um die Akademie der Wissenschaften abzuwickeln und die Grundlage für eine neue Wissenschaftslandschaft zu schaffen. Der Berliner Generalstaatsanwalt Schaefgen lässt SED-Chef Erich Honecker und Stasi-Chef Erich Mielke anklagen. Der Jurist weiß, dass die Strafen für die früheren DDR-Oberen in den Augen der Opfer eine Farce sind, aber er kann den Rechtsstaat nicht aushebeln.

Kurt-Dieter Grill ist überzeugter Christdemokrat. Anfang 1990 weitet er seinen Wahlkampf in Niedersachsen aus und fährt mit der Parteiprominenz in grenznahe Städte der DDR. Anders als die Westdeutschen sind die Ostdeutschen noch neugierig auf die Politikerauftritte vor Ort.

»Das ist doch so kostbar«

oder Wie der niedersächsische Drogerieketten-
unternehmer Dirk Roßmann im Januar 1990
auf einer Montagsdemo in Leipzig den *Spiegel*
verteilte

Am Ende stand ein alter Mann auf dem Platz und sammelte
ein paar zerrissene Seiten auf. Ich fragte: »Was machen Sie
denn da?«

»Ich hab nichts bekommen«, sagte er.

Da gab ich ihm das letzte Heft, das ich hatte.

Er sagte: »Meine Brille ist kaputtgegangen.«

Ich drückte ihm zwanzig Westmark in die Hand, da hat
er geweint. Das war im Januar 1990. Ich war von Burgwedel bei Hannover, wo der Stammsitz meiner Drogeriekette ist, nach Sachsen gefahren. In meinem Auto hatte ich
Hefte des Nachrichtenmagazins *Der Spiegel*. Die verteilte
ich auf einer Montagsdemo in Leipzig auf dem Karl-Marx-
Platz.

Wie ich auf diese absurde Idee kam? Ganz einfach. Ich
saß zu Hause vor dem Fernseher und verfolgte, was da in
und mit der DDR passierte. Im Dezember 1989 verteilten
Rechtsradikale aus dem Westen irgendwelche rechten Pro-
spekte. Das darf doch nicht wahr sein, dachte ich. Da muss
man doch was machen. Ende '89 gab es keine westlichen
Medien im Osten. Und das Erste, was die Ostdeutschen
zu sehen bekamen, waren Schriften von Rechtsradikalen.
Das ärgerte mich wahnsinnig. Ich überlegte, was man tun
könnte, und kam auf die Idee mit dem *Spiegel*.

Ich rief in Hamburg im Verlag an und fragte: »Sie haben
doch immer so ungefähr 20 000 Remittenden. Das sind die

Hefte, die nicht verkauft werden und an den Verlag zurückgehen.

»Ja«, sagten die beim *Spiegel*: »Aber was wollen Sie denn damit?«

»Geben Sie mir die Dinger, die bringe ich in die DDR, nach Leipzig.«

»Das geht nicht«, sagten die *Spiegel*-Leute: »Das ist streng verboten. Die kriegen Sie doch auch gar nicht rüber.«

»Das lassen Sie mal meine Sorge sein«, antwortete ich.

Anfang '90 wurden an den Grenzübergangsstellen vor allem Lkw kontrolliert, aber keine Pkw. Das wusste ich und dachte: Das wäre doch gelacht, wenn wir die *Spiegel*-Hefte nicht in den Osten kriegten. Und so bepackten Kollegen und Freunde an einem Sonntag im Januar in Burgwedel ungefähr 20 Autos mit den Heften, insgesamt 20 000 Stück. Dann fuhren wir los.

Wir hatten einen leeren Ford Transit vorgeschickt, der wurde erwartungsgemäß kontrolliert. Aber er war ja leer, und so konnte er weiterfahren. In Leipzig packten wir die Hefte aus den Pkw in den Ford Transit, wir konnten ja nicht mit zwanzig Autos mitten auf den Platz fahren.

Die Demo begann immer abends gegen sechs Uhr. Gegen fünf versammelten sich die ersten Menschen auf dem Platz, halb sechs waren es dann schon ungefähr 20 000, und um sechs 120 000. Der Platz füllte sich in Minutenschnelle.

Wir fuhren mit dem Ford Transit auf den Platz, da stand ein Ü-Wagen des Fernsehens der DDR 1 und dahinter ein zweiter Ü-Wagen vom Fernsehen der DDR 2. Die ARD war mit einem großen Sattelschlepper da, das ZDF auch. Wir stellten uns mit unserem Ford einfach dahinter. Wahrscheinlich wunderten sich alle, was *Rossmann* da wollte. Das Firmenlogo prangte ja an beiden Seiten ganz groß am Auto. Aber uns fragte niemand, warum wir da standen, und da begannen wir, die Hefte zu verteilen.

In nicht mal einer halben Stunde waren alle Hefte verteilt. Die Leute rissen sie uns förmlich aus den Händen. Ich bekam's mit der Angst zu tun, die Leute drängelten und schubsten, um ein Heft zu bekommen. Meine Frau hielt das nicht aus und kroch unters Auto. Ich kletterte aufs Dach. Brillen gingen zu Bruch und Armbanduhren wurden abgerissen. Aber ansonsten war es friedlich, niemand hat geprügelt oder drauflosgeschlagen. Manche steckten sich ein Heft unter den Pullover, einige rissen einfach an dem, was sie zu fassen kriegten. Da gingen natürlich einige Hefte kaputt.

Als ich oben auf dem Autodach stand, kletterten ein paar Leipziger mit rauf und halfen mir, die Magazine zu verteilen. *Der Spiegel* war etwas ganz Besonderes für die Leute in der DDR, wie ein kostbarer Schatz. Und als die Demo vorbei war und sich der Platz allmählich leerte, sah ich diesen alten Mann, der ein paar herausgerissene Seiten aufhob und glattstrich. Das berührte mich zutiefst.

Er sagte: »Und das lesen Sie jede Woche?«

»Ja«, antwortete ich, »Was mich so interessiert.«

»Wieso nur das, was Sie interessiert? Sie müssen doch alles lesen!«

Ich sagte, ich könnte nicht alles lesen, dazu hätte ich gar nicht die Zeit.

»Aber das ist doch so kostbar«, sagte er: »Das muss man doch alles lesen.«

Zwei Wochen später wiederholten wir die Aktion. Diesmal ganz offiziell mit Lkw und Hebebühne. Das war schon viel entspannter. Und wiederum zwei Wochen später kamen dann die großen Verlage und verteilten ihre Publikationen. Wenn man so will, haben die meine Idee übernommen. Aber ich war der Erste, und es war ein großes Abenteuer.

Warum ich das getan habe? Ja, warum eigentlich? Ich war nie Mitglied einer Partei, aber politisch war ich immer engagiert. Ich komme aus kleinen Verhältnissen. Meine Eltern betrieben eine kleine Drogerie. Daraus wurde später die *Rossmann*-Kette. Heute gehöre ich zu den sehr reichen Menschen in der Bundesrepublik. Ich habe viel gearbeitet, aber ich hatte auch jede Menge Glück. Und davon möchte ich ein wenig zurückgeben.

Ich bin kein Gutmensch oder so etwas Ähnliches, eigentlich bin ich sogar ein großer Egoist: Ich lebe streng nach dem Bibelgebot »Liebe deinen Nächsten so wie dich selbst«. Ja, ich sehe zu, dass es mir gut geht. Das heißt für mich aber auch, eine Balance zu finden zwischen dem eigenen Glück und dem Glück der anderen. Ich konnte ein riesiges Vermögen und eine großartige Firma aufbauen, dabei haben mir viele Menschen geholfen. Nun empfinde ich eine Bringschuld.

Im April 1990 organisierte ich einen Sonderverkauf unserer Drogerieprodukte in Wittenberge, einer mittelgroßen Stadt in Brandenburg. Das war zwei Monate vor der Währungsunion. Aber ich dachte mir, warum soll ich nicht einen Teil meiner Drogeriewaren für Ostmark verkaufen? Wir vereinbarten mit den Behörden in Wittenberge, die Sachen im ehemaligen HO-Kaufhaus – HO stand für Handelsorganisation und war Volkseigentum – zu verkaufen. Das sprach sich herum wie ein Lauffeuer, zu Tausenden liefen die Leute zum Kaufhaus. Mein Fahrer und ich fuhren am vereinbarten Tag so gegen elf Uhr dorthin, und da standen die Leute schon Schlange. Die Schlange begann am Eingang und bog um die Ecke, ungefähr 300 Menschen, junge und alte, sogar mit Kinderwagen. Aber niemand drängelte, alle warteten geduldig darauf, dass es losging.

Ein paar Kinderwagen standen außerhalb der Reihe, am Rand bei den Schaufensterscheiben, die Babys schrien. Ich ging hin, schaute in die Wagen und versuchte, die Babys zu beruhigen: »Die Mama kommt ja gleich wieder.«

Einige in der Schlange sahen das und fingen an zu lachen.

Ich war komplett irritiert. Aber ich begriff das später: Die Leute wollten unbedingt ins Kaufhaus und Westware für Ostgeld kaufen. Das war für sie etwas Sensationelles und in dem Moment auch Lebensnotwendiges. Und manche Mütter hatten niemanden, der in dieser Zeit auf ihre Kinder aufpasste.

Ich bin, wie gesagt, kein Gutmensch, ich bin ja selber Kapitalist. Aber ich schaue, dass ich ab und zu der Gesellschaft etwas zurückgeben kann. Wenn mir das mit den *Spiegel*-Heften und ein paar anderen Aktionen gelungen sein sollte, dann macht mich das glücklich.

Dirk Roßmann, geboren 1946, lebt noch immer in Burgwedel bei Hannover. Dort hat seine Firma, die Drogeriekette Rossmann, ihren Stammsitz. Sein Unternehmen mit 1500 Filialen und rund 20000 Mitarbeitern ist derzeit die drittgrößte Drogeriemarktkette Deutschlands. Sie ist auch auf dem osteuropäischen Markt vertreten.

»Es gibt nur eine irdische Gerechtigkeit«

oder Wie der Berliner Generalstaatsanwalt
Christoph Schaefgen den DDR-Staats- und Parteichef
Erich Honecker anklagen ließ und Stasi-Chef
Erich Mielke hinter Gitter brachte

Der 3. Oktober 1990 war ein wunderschöner Herbsttag, mit Sonnenschein und lauen Temperaturen. An diesem Tag, an dem Deutschland seine Wiedervereinigung feierte, hockte ich mit fünf anderen Juristen über staubigen Akten. Im Gebäude des ehemaligen Generalstaatsanwalts der DDR in Berlin sichteten wir über tausend Ordner. Die anderen prosteten sich zu und wir wühlten uns durch die DDR-Regierungskriminalität. Aber niemand von uns sagte: »So, mir reicht's jetzt, ich hab was Besseres zu tun bei diesem schönen Wetter.«

Zuerst mussten wir jene Verfahren herausfiltern, in denen Untersuchungshaft angeordnet worden war, und zügig die Fälle beenden, in denen Menschen unschuldig in Haft genommen worden waren.

Zu jenem Zeitpunkt saßen Harry Tisch, der Chef des Freien Deutschen Gewerkschaftsbundes FDGB, Stasi-Chef Erich Mielke und noch ein paar andere SED-Funktionäre in Untersuchungshaft. Weil sie das Volksvermögen der DDR vergeudet und verschleudert haben sollen – zu ihrem Vorteil und zum Nachteil des Sozialismus.

Wir wussten damals natürlich längst, dass die Verschwendung des volkseigenen Vermögens nicht das eigentliche Problem sein würde. Wir hatten in Westberlin ja tagtäglich gesehen, was da an der Grenze passierte. Die Frage war eher: Wie gehen wir damit um, dass an der Grenze geschossen wurde? Dass da Menschen durch Kugeln oder durch Minen ums Leben gekommen waren? Mit diesen Menschenrechtsverletzungen konnten wir uns am Anfang aber nicht so intensiv beschäftigen, wie es nötig gewesen wäre und wie wir es gern gewollt hätten. Wir mussten ja zunächst die Verfahren beschleunigen, in denen Menschen unschuldig in Untersuchungshaft saßen.

Wir fanden auch nicht viel, womit wir gegen Exstaatschef Erich Honecker vorgehen konnten. Die Vorwürfe gegen ihn standen juristisch auf wackligen Beinen. Honecker war damals Ende siebzig, und es war nicht klar, ob er jemals verurteilt werden würde.

Verantworten mussten sich Honecker und andere seiner Genossen als Mitglieder des Nationalen Verteidigungsrates. Ihnen wurde der Tod von 49 Menschen, die bei Fluchtversuchen an der Grenze umgekommen waren, vorgeworfen. In der Begründung zu Honeckers Haftbefehl hieß es, der SED-Chef müsse sich als Anstifter der Mauerschützen verantworten. Die Staatsanwaltschaft sah ihn aber als Mittäter: Nur diese Bewertung konnte der Rolle der Beschuldigten innerhalb des Staatssystems der DDR gerecht werden.

In der Anklageschrift stand dann auch: Die Anordnung, an der Staatsgrenze auf Flüchtende zu schießen, sei Totschlag. Das war rechtlich ein heikles Terrain, denn laut Einigungsvertrag galten für die Führungsriege der SED die Gesetze der ehemaligen DDR. Die stellten zwar Mord und Totschlag unter Strafe, so wie es auch das Strafgesetzbuch der Bundesrepublik vorsieht. Bestandteil der DDR-Rechtsordnung war aber gleichermaßen die Befugnis der Staatsführung, ihren Vollzugsbeamten per Gesetz oder Verordnung Anweisungen zu geben. Und das hieß: Sollten Honecker & Co. wegen Totschlags verurteilt werden, musste man nachweisen, dass der Schießbefehl von dieser Befugnis nicht gedeckt war, also nicht mehr der DDR-Rechtsordnung entsprach.

So ähnlich gestalteten sich auch die Mauerschützenprozesse. Wenn wir den oder die Täter ermittelt hatten, also den oder die Schützen, und wenn wir festgestellt hatten, dass das Opfer tödlich getroffen oder dass mit Tötungsvorsatz auf das Opfer geschossen worden war, dann wurde Anklage gegen die Schützen erhoben. Und dann galt es nur noch zu ermitteln, ob man diesen Sachverhalt rechtlich unter einen Straftatbestand unterordnen konnte. Aber das war eine der schwierigsten Aufgaben: Wir mussten die Frage klären, ob die Soldaten berechtigt gewesen waren, die Flüchtlinge, oder die Grenzverletzer, wie es damals in der DDR-Sprache hieß, zu erschießen.

Die Verantwortlichen der DDR beriefen sich auf das sogenannte Grenzgesetz der DDR, danach sei alles in Ordnung gewesen. Das war juristisch schwer zu widerlegen. Außerdem waren wir an das Tatortrecht gebunden, so sah es unsere Verfassung vor: Tatort war die DDR, so dass deren Rechtsvorstellungen berücksichtigt werden mussten. Wir mussten uns dann darüber hinwegsetzen, weil wir sagten: Es gibt höherwertige Schutzgüter als die Grenze eines Staates, menschliches Leben zum Beispiel.

Bevor Honecker und die anderen vor Gericht standen, gab es nur ein oder zwei Mauerschützenprozesse. Warum? Ganz klar: Ich kann Honecker und den anderen keine Verantwortung für einen Toten an der Mauer nachweisen, wenn ich nicht vorher nachgewiesen habe, dass dieses Opfer durch einen Dritten vorsätzlich und rechtswidrig getötet worden ist. Das war immer Voraussetzung, um an die Oberen heranzukommen. Ich musste zunächst aufklären, was an der Basis geschah: Warum ist dieses Opfer gestorben? War das vorsätzliche Tötung oder nicht? Wenn ich feststellen konnte, dass hier ein Soldat einen Totschlag begangen hatte, dann konnte ich mit der Strafverfolgung nicht warten, bis ich die Ermittlungen gegen die Befehlsgeber abgeschlossen hatte. Dann musste ich diese Dinge auch vor Gericht bringen und zu einem Urteil führen. So sind die Gesetze des Strafrechts, aber das ist der Allgemeinheit schwer zu vermitteln.

Das war alles wahnsinnig kompliziert damals. Aber wir saßen nicht nächtelang zusammen und zerbrachen uns den Kopf darüber. Es wurde ohnehin viel diskutiert und geschrieben über die Ereignisse und die Prozesse. Die deutsche Rechtswissenschaft war gespalten. Einige angesehene Rechtsprofessoren meinten, solche Prozesse könne man nicht führen, diese Delikte könne man nicht verfolgen. Andere sagten, das sei alles nur eingeschränkt verfolgbar, wenn beispielsweise tatsächlich ein Soldat einen Exzess begangen hatte, wenn er also noch geschossen hatte, obwohl sich der Flüchtling schon längst ergeben hatte. Und dann gab es noch eine Gruppe, die den Standpunkt vertrat, diese Delikte seien generell verfolgbar.

Im November 1990 wurde Haftbefehl gegen Honecker erlassen. Wir hatten Dokumente gefunden, die belegten, dass Honecker in einer Sitzung des Nationalen Verteidigungsrates rücksichtslosen Gebrauch von der Schusswaffe gefordert hatte. Das nahmen wir zum Anlass, einen Haftbefehl gegen ihn zu beantragen. Der Haftbefehl wurde von seinen Verteidigern natürlich nicht akzeptiert. Also musste das Gericht die Frage klären. Sowohl das Landgericht als auch das Kammergericht, also das höchste Berliner Gericht, teilten später unseren Standpunkt. Und dann auch noch das Verfassungsgericht und der Europäische Gerichtshof.

Aber Honecker war nur einen Tag in Haft. Er kam sofort in ein Krankenhaus nach Beelitz bei Berlin, das von der Sowjetarmee verwaltet wurde. Es gab ein Abkommen zwischen der Bundesrepublik und der damaligen Sowjetunion, dass sogenannte Hoheitsakte der Bundesrepublik auf Liegenschaften der Sowjetunion nur mit Einverständnis des jeweiligen Befehlshabers erfolgen durften. Schließlich kamen die Russen auf den Gedanken, dass Honecker in Moskau besser behandelt werden könne als in Deutschland. Er wurde ausgeflogen, ohne dass die Bundesrepublik Bescheid wusste. Dann ging das Tauziehen weiter, und die Sowjetunion fand einen Trick, wie sie das Problem Honecker auf elegante Weise lösen konnte: Sie veranlasste, dass Honecker in der chilenischen Botschaft in Moskau Asyl suchte und auch fand.

Einmal bin ich Honecker begegnet, im Gerichtssaal. Ich war nicht sonderlich beeindruckt, Honecker war ein alter, ergrauter Mann, der nicht die Macht ausstrahlte, die er einst besessen hatte. Danach habe ich ihn nicht wiedergesehen, der Prozess war ohnehin nach acht oder neun Tagen vorbei.

Die Verhandlung war nüchtern, obwohl die Zuschauerränge gefüllt waren. Es waren auch Fans darunter, die Honecker aufmunternde Worte zuriefen. Man stellt sich das ja aufregend vor und prickelnd, aber das war es gar nicht. Es war nicht so wie im Fernsehen. Dieser Prozess war ohnehin etwas Besonderes, weil es gar nicht um die Sache ging, sondern nur um Honeckers Krankheit. Man sah, dass der Mann krank war. Das war eine schwere Hypothek für den Strafprozess. Denn man führt ja keinen Strafprozess als Selbstzweck, wenn man weiß, dass der Angeklagte den Prozess möglicherweise nicht überlebt. Dann muss man den Prozess beenden. Das war ein Grundsatz und eine große Streitfrage. Honecker stand ständig unter ärztlicher Beobachtung und wurde mehrfach auf seine Verhandlungs- und Haftfähigkeit untersucht.

Das Berliner Verfassungsgericht überraschte uns dann damit, dass der Haftbefehl gegen Honecker aufgehoben werden müsse, weil die Fortführung des Prozesses gegen seine Menschenwürde verstoße und er das Prozessende nicht erleben würde.

Mit Erich Mielke, dem Chef der DDR-Staatssicherheit, war es ähnlich: Er wurde für einen Polizistenmord in den dreißiger Jahren verurteilt. Dabei gab es Anklagen gegen ihn wegen der Todesschüsse an der Grenze, wegen Amtsmissbrauch und Vertrauensbruch durch die Sonderversorgung in Wandlitz, wegen der Entführung von Menschen. Insgesamt gab es 50 oder 60 Ermittlungsverfahren gegen Mielke. Für dieses Verfahren waren wir nicht zuständig, weil das ja keine Regierungskriminalität der DDR mehr war. Wir hatten überhaupt keine Möglichkeit, Mielke wegen der Taten als Minister für Staatssicherheit zur Rechenschaft zu ziehen.

Auch Mielke war ein alter und kranker Mann, es konnten nur wenige Stunden am Tag verhandelt werden. Nachdem dieses Verfahren abgeschlossen war, war Mielke noch weniger verhandlungsfähig, und es kam zu keinem weiteren Verfahrensabschluss und auch zu keinem Urteil. Tja, das ist die nackte Wahrheit. So sind nun mal die Gesetze, und die kann man nicht einfach ändern, nur weil die Öffentlichkeit gern andere Prioritäten gesetzt hätte.

Es ist uns nicht gelungen, den Teil der DDR-Bevölkerung, der unmittelbar unter dem Regime gelitten hat, mit der Rechtsprechung zufriedenzustellen. Das muss man so sagen. Das heißt aber nicht, dass diese Urteile falsch waren. Die Opfer des DDR-Systems sind mit sehr hohen Erwartungen an die juristische Aufarbeitung gegangen, Erwartungen, die ohnehin nie hätten erfüllt werden können. Bei jeder Gelegenheit, die sich mir bot, machte ich auch darauf aufmerksam. Das Strafrecht kümmert sich in erster Linie um den Täter, es ist ein täterbezogenes Recht. Das Opfer spielt im Prozess nur eine Rolle als Zeuge, der zur Aufklärung des Sachverhalts beiträgt. Die Sanktion, die ausgesprochen wird, orientiert sich am Täter und an seiner Tat, nicht am Opfer. Daraus ergeben sich diese großen Divergenzen, zwischen dem, was an Recht gesprochen wird, und dem, was das Opfer erwartet.

Nehmen wir mal folgenden Fall: Eltern haben durch einen Verkehrsunfall ihr Kind verloren und kommen nicht mit der Sanktion für den Täter zurecht, der vielleicht eine Bewährungsstrafe bekommen hat oder eine Geldstrafe. Aber trotzdem ist es mitunter richtig, so zu entscheiden. Es ist sehr schwer, das den Opfern verständlich zu machen. Es gibt immer nur eine irdische Gerechtigkeit.

Dennoch ärgerte ich mich nicht darüber, dass wir nichts tun konnten. Ich kenne ja das System, und ich wusste, dass es so kommen musste. Gemessen an dem, wofür die Stasi steht – Unterdrückung und die Entrechtung der Bevölkerung –, wurden wenige Schuldige verurteilt. Das hat auch damit zu tun, dass man nicht alles strafrechtlich fassen kann, was in der DDR und an der Mauer passierte. Es gab da diese Richtlinie des Ministeriums für Staatssicherheit, in der stand, dass Menschen und Gruppen zu »zersetzen« waren. Zu diesem Zwecke wurden Leute systematisch verleumdet, es wurden Beziehungen zwischen Menschen zerstört, indem Gerüchte gestreut wurden, es wurden berufliche Existenzen vernichtet. Es wurde also ein seelischer Schaden bei diesen Menschen angerichtet. Und dafür gibt es keine Strafnorm, wir konnten das nicht verfolgen. Als Strafnorm übrig blieben: Beleidigung, Verleumdung, Hausfriedensbruch. Zum Hausfriedensbruch zählte zum Beispiel, wenn die Stasi in Wohnungen eingedrungen war und dort Wanzen angebracht hatte. Das waren aber alles Strafnormen, die das geschehene Unrecht nicht wirklich fassten und die nach unserem Recht Bagatellcharakter haben, und oft mit Geldbußen bestraft werden.

Für all diese Dinge gab es auch keine Sondergesetze, weil das unserem Grundgesetz widerspricht. Artikel 103 des Grundgesetzes besagt, dass ein Mensch nur dann für eine

Tat bestraft werden darf, wenn diese Tat schon zum Zeitpunkt ihrer Begehung unter Strafe gestellt war. Wir konnten kein neues Recht schaffen.

Sondergesetze für Staatsunrecht gibt es beim Internationalen Strafgerichtshof in Den Haag für Verbrechen gegen die Menschlichkeit, den Angriffskrieg und Kriegsverbrechen. Aber für Verbrechen, die in einem Staat im Normalzustand, sozusagen außerhalb von Kriegszuständen, begangen werden, gibt es kein internationales Recht. Die Bundesrepublik Deutschland war das erste Land, das sich damit mal befasst hatte. Darin sehe ich auch eine Leistung.

Aber ich habe bis heute kein Verständnis für die Mitglieder des Politbüros und die hohen Militärs, die bis zum Schluss keinerlei Reue zeigten für das, was sie getan hatten, die sich rechtfertigten und jede Verantwortung leugneten. Und richtig aufgeregt hat mich, wenn solche Täter noch frühzeitig aus der Haft entlassen wurden. So wurde schon unmittelbar nach den Urteilen gegen Egon Krenz, den letzten Regierungschef der DDR, Günter Schabowski, Mitglied des Politbüros der SED, und Günther Kleiber, Minister für Maschinen-, Landmaschinen- und Fahrzeugbau in der DDR, an eine Begnadigung für diese Herrschaften gedacht, und zwar quer durch alle Parteien.

Krenz und die anderen sind zwar behandelt worden wie andere Straftäter auch. Das Urteil wurde vollstreckt, und Krenz musste seine Haft antreten. Aber unser System sieht nicht vor, dass einer, wenn er – wie Krenz – sechseinhalb Jahre bekommt, diese Zeit in Einzelhaft bei Brot und Wasser absitzen muss. Der Strafvollzug hat ja ein Resozialisierungsziel, der Straftäter soll wieder auf das normale Leben vorbereitet werden. Und das führt eben dazu, dass Strafen nach einer gewissen Zeit auch im so genannten offenen Vollzug verbüßt werden können. Es gibt sogar die

Möglichkeit, außerhalb der Haftanstalt zu arbeiten. In diesen Genuss ist Egon Krenz gekommen.

Aus meiner Sicht hatten es Krenz und eine paar andere nicht verdient, so schnell wieder entlassen zu werden. Da sollte von politischer Seite offenbar ein Zeichen der Versöhnung und der Herstellung der Einheit gesetzt werden – ein Ziel, das mit diesen Personen nicht zu erreichen war.

Am Ende sind insgesamt 70 000 Ermittlungsverfahren gegen etwa 100 000 Beschuldigte geführt worden. Von diesen 100 000 Beschuldigten sind rund 1 000 Personen angeklagt und etwa 500 verurteilt worden.

Mit diesem Ergebnis waren wir nicht zufrieden. Damit kann man gar nicht zufrieden sein. Man kann sich nur fragen: Hätte es eine andere Möglichkeit gegeben? In einigen Fällen hätte ich, wenn ich Richter gewesen wäre, anders entschieden. Aber ich war nicht Richter. Und ich muss mich auch freimachen von einer solchen Art Bilanz wie in einem Wirtschaftsunternehmen mit Zahlen und Prognosen. Ich glaube, eine statistische Auswertung gelingt bei dieser Form von Kriminalität sowieso nie. Sonst hätte man es auch lassen können, wenn man bedenkt, dass diese Täter nicht dem normalen Muster eines Straftäters entsprechen, der durch die Strafe abgeschreckt werden soll, etwas Derartiges wieder zu tun. Oder wenn man erwartet, dass der Täter durch die Strafverbüßung wieder in ein bürgerliches, normales Leben geführt wird. Das alles trifft ja auf diese Verurteilten nicht zu.

Man kann das Ganze nur als Projekt betrachten, mit dem die Generalprävention im weitesten Sinne, also die Gesetzestreue und die Unverbrüchlichkeit des Rechts, wieder ins Licht gerückt werden sollte. Es sollte zum Ausdruck gebracht werden: Auch Leute, die Macht haben über Leben, stehen nicht im rechtsfreien Raum. Auch dafür gibt es Regeln, an die sie sich halten müssen. Und es sind immer

Menschen, die anderen Menschen Unrecht tun. Es sind nie, so wie es Egon Krenz versucht hat darzulegen, die Umstände, die sie dazu gezwungen haben, so zu handeln. Diese Prozesse sollten zeigen: Jeder ist dem Recht unterworfen, ganz egal, welche Funktion er im System hatte.

Christoph Schaefgen, geboren 1937 in Trier, ist Generalbundesanwalt a. D. Seit zehn Jahren ist er im Ruhestand. Heute lebt er in Berlin.

»Ich hatte plötzlich andere Loyalitäten«

oder Wie der Ministerialrat Hartmut Grübel
die Akademie der Wissenschaften in Ostberlin
abwickelte und dabei versuchte zu retten,
was zu retten war

Ich hatte mich sehr auf Berlin gefreut. Aber als ich im Dezember 1990 an meinem neuen Arbeitsplatz ankam, war es richtig bedrückend. Die Zentrale der Akademie der Wissenschaften lag am Gendarmenmarkt, der damals noch Platz der Akademie hieß, in einem wunderbaren Gebäude. Aber innen war alles so vermieft, dunkelbraun, überall merkwürdige Platten an den Wänden oder dunkle Tapeten. Und die Atmosphäre: Es waren noch rund 300 Mitarbeiter da. Jeder wusste, es werden maximal 90 übernommen in die neu gegründete KAI, die Koordinierungs- und Abwicklungsstelle. Es war Winter, und es war sehr kalt. Jeder, der mir in diesen dunklen Gängen begegnete, guckte mich mit diesem fragenden Blick an: »Ich oder ein anderer?« Jedenfalls empfand ich es so.

Meine erste Dienstbesprechung war ein Treffen mit dem gemeinsamen Lenkungsausschuss, der mit je einem Ländervertreter und dazu noch einem Bundesvertreter die Arbeit der KAI und meine Arbeit als deren Geschäftsführer begleiten sollten. Ich kam also in diesen kalten Saal, alles war braun, und es gab wieder diese Kunststoffplatten an den Wänden. Die Besucher aus dem Westen saßen lärmend um den Tisch, und an einer Ecke vier oder fünf meiner Mitarbeiter, schweigend. Als ich an denen vorbeiging, zupfte mich einer am Jackett und sagte: »Wir sitzen hier, am Ende des Tisches.« In dem Moment antwortete ich, ohne zu überlegen: »Nein, wir haben für die nächsten Jahre die Verantwortung, und Sie werden sich dran gewöhnen müssen, dass wir in der Mitte sitzen. Ich würde Sie bitten, mit mir in die Mitte zu rücken.«

Ich weiß nicht, ob das überheblich klingt, aber es war für mich ein wichtiges Signal, meinen neuen Mitarbeitern das Gefühl zu geben, dass sie sich inmitten dieses Prozesses befanden. Wir haben diese depressive Stimmung dann relativ schnell überwunden, für Depressionen blieb uns wirklich keine Zeit.

Ich war damals Mitte 40 und hatte als Ministerialrat aus dem Bonner Forschungsministerium am Einheitsvertrag mitgearbeitet. Forschungsminister Heinz Riesenhuber entschied dann, dass ich die Abwicklung der Akademie der Wissenschaften übernehmen sollte. Meine Empfehlung war, dass diese Aufgabe von einem administrativ erfahrenen Wissenschaftler übernommen werden sollte, und von keinem Ministerialbeamten, erst recht keinem Bundesbeamten. Denn mit dem Tage des Beitritts galt das Grundgesetz, das bedeutete: Forschung und Wissenschaft waren Länderaufgabe, nicht die des Bundes. Im Nachhinein muss man zugeben, die neuen Bundesländer hätten sich das gar nicht leisten können, die lebten ja vom Import von Fachleuten aus dem Westen. Insofern war die Entscheidung des Ministers schon in Ordnung.

Geplant war eine Abwicklungszeit von drei Monaten für den öffentlichen Dienst. Für den Bereich Forschung war das jedoch völlig indiskutabel. Es war also unsere zentrale Aufgabe, eine wissenschaftsadäquate Form des Transfers zu finden. Wir haben dann eine Übergangzeit von einem Jahr durchsetzen können. In dieser Zeit hat der Wissenschaftsrat die ostdeutsche Wissenschaft evaluiert, mit hoher Geschwindigkeit und auch mit Brutalität. Aber dieser Prozess hat, nach 20 Jahren kann man das sagen, dazu geführt, dass es heute eine konkurrenzfähige ostdeutsche Forschungs-landschaft gibt.

Von Anfang an ging ich in Jeans und offenem Jackett zur Arbeit, ich wollte weg von dieser würdevollen und behäbigen Hochglanzakademie zu einem offenen, menschennahen Führungsstil. Das wurde zunächst fürchterlich missverstanden. Ich nahm auch ganz bewusst nicht den großen Dienstwagen, sondern fuhr mit einem kleinen blauen Lada in der Gegend herum. Aber in einem kleinen blauen Lada vermittelt man eher nicht den Eindruck eines kraftvollen Präsidenten oder Leiters einer Einrichtung, der einem den Weg in die neue Welt der großen Bundesrepublik zeigen kann. Als ich das begriff, nahm ich wieder den großen Citroën und prompt war ich Chef.

Am Anfang gab es auf beiden Seiten viel Unverständnis. Und nach drei, vier Wochen gab es einen Moment, da überkam mich Zweifel, ob die Aufgabe für mich nicht zwei Nummern zu groß wäre. Ich war drauf und dran, dem Minister zu schreiben, aber ich spürte auch eine gewisse Scheu, diesen Schritt zu tun. Zumal etwas geschah, das mich berührte. In einer derartigen Umbruchzeit hat ein solches Haus ja Ohren, jeder spürte die Schwingungen und Stimmungen. Die wenigen Mitarbeiter, zu denen ich schon ein etwas vertrauteres Verhältnis hatte, kamen in mein Büro und brachten ihre Sorge zum Ausdruck, mit mir auch jeden Rückhalt im Ministerium zu verlieren. So nach dem Motto: Wir lieben dich zwar überhaupt nicht, aber wir sehen in dir die letzte Chance, dass wir überleben. Ich schickte den Brief nicht ab, der schon diktiert war, sondern blieb.

Die Aufgabe war klar: Wir hatten über 20 000 Wissenschaftler in rund 70 Einrichtungen der alten DDR-Akademie. Der Staat war weg, aber die Mitarbeiter waren noch da. Und wir mussten uns um alles kümmern. Das begann mit dem Einkauf der Kohlen, denn wir hatten Heizkraftwerke, für die auch Heizer gebraucht wurden. Ich musste eigens nach Bonn reisen, um deutlich zu machen, dass im Forschungsetat Geld für Leute benötigt wird, die Kohle schaufeln. Es war wichtig, Telefonanschlüsse zu besorgen, ebenso aber auch atomrechtliche Genehmigungen, da liefen ja entsprechende Anlagen; da waren Forschungsexpeditionen im ewigen Eis. Das alles lief ja weiter. Und wir waren so eine Art Kopf. Nur war auch für uns der Staat weg, und die neuen Länder waren noch nicht etabliert.

Noch ein Beispiel: Weil die DDR-Behörden binnen weniger Monate ihre Arbeit einstellten, hatten wir plötzlich keine Besoldungsstelle mehr. Fragte sich also, wer nun die 17 000 Mitarbeiter bezahlte, die es zu diesem Zeitpunkt immer noch gab. Wir stellten also innerhalb von vier Wochen eine Besoldungsstelle auf die Beine. In jeder geordneten Verwaltung der Welt würde man im Normalbetrieb sagen, das geht gar nicht. Doch wir machten die Erfahrung: Wenn es sein muss, geht das.

Unsere zentrale Aufgabe aber war es, die Arbeitsmöglichkeiten der Wissenschaftler bis zu ihrer Evaluation zu erhalten, damit sie sich so gut wie möglich präsentieren konnten. Wir stellten auch westliche Geräte zur Verfügung, wenn ich mich recht erinnere, hatten wir ein Innovationsvolumen von 120 Millionen Mark in einem Jahr. Wir mussten die Einrichtungen vorbereiten, damit der Wissenschaftsrat seine Begehung machen und entscheiden konnte, ob und wie sie weitergeführt werden sollten. Und dann war es wiederum unsere Aufgabe, diesen Umbau zu organisieren.

Wir hatten ein klares Ziel: Die ostdeutsche Forschungslandschaft sollte im Verhältnis personell ebenso gut ausgestattet sein wie die im Westen. Zunächst existierte eine so genannte Haushaltsvorsorge für etwa 3 500 Stellen. Aber in dem Moment, in dem Sie Personalverantwortlicher und quasi Chef von fast 20 000 Menschen sind, fangen Sie an zu rechnen. Wir mussten das Delta zwischen der Planung und den vorhandenen Menschen zusammenführen und den Schnittpunkt bestimmen. Dafür zog ich einen jungen Kollegen hinzu, der nur diese eine Aufgabe hatte: den Schnittpunkt zu bestimmen. Es ging um die Frage, wie viele Menschen müssen wir mindestens in der Wissenschaft halten, um die Wettbewerbsfähigkeit der neuen Bundesländer zu gewährleisten?

Sehr bald lag für uns die Zielmarke der Stellen dann bei 10 bis 12 000. Es war schwierig, dem Minister das beizubringen. Er musste akzeptieren, dass er Leute in die Verantwortung für sechs Länder geschickt hatte und die nun ihrer Verantwortung gerecht wurden und sagten: Es geht nicht mit 3 500 Stellen, es müssen dreimal so viele sein.

Um noch mal deutlich zu machen, in welchem Spannungsverhältnis man sich in so einer Situation befindet: Ich hatte im Dezember 1990 meine Stelle angetreten. Im Januar, Februar demonstrierten Abordnungen der Wissenschaftler auf dem Gendarmenmarkt vor der Akademie, um mich zu belagern. Während des Jahres zogen die Demonstrationen dann um vor das Forschungsministerium in der Hannoverschen Straße. Und ich war dabei. Ich wurde vom Belagerten zu einem, der mit seinen Wissenschaftlern demonstriert.

Wenn du eine neue Aufgabe bekommst, dann ergeben sich neue Loyalitäten. Ich hatte plötzlich eine andere Loyalität, ich war auf der Seite der neuen Bundesländer. Es ist auch etwas anderes, ob man an einem Schreibtisch sitzt, einen Vorgang bearbeitet und den weiterschiebt, oder ob es um 20 000 Menschen geht und ein ganzes Wissenschaftssystem, das dahintersteht. Wir wussten alle, wenn wir die neuen Bundesländer zu einem Teil der Bundesrepublik und zu einem erfolgreichen Teil der westlichen, jetzt offenen Welt machen wollen, dann gehört dazu eine Wissenschaftsbasis.

Ich glaube, jeder, der Verantwortung in diesem großen

Prozess des Umbaus übernommen hat, kennt dieses Spannungsverhältnis zwischen der Jahrhundertaufgabe und der tagtäglichen Entscheidungsnot. Ich habe sehr von der Unterstützung durch die ostdeutschen Mitarbeiter profitiert. Und bald gab es für mich kleine Signale, dass eine andere Offenheit einzog. Ich habe die Angewohnheit, immer dann, wenn es ernst wird, mit offener Jacke und offenen Manschetten rumzulaufen. Einmal hatte ich eine Dienstberatung mit meinem Finanzchef, der war ein ganz ausgezeichneter Mann, aber durchaus ein Mann des alten DDR-Systems. Als der nun zum ersten Mal mit aufgestülpten Hemdsärmeln kam und einem bunteren Jackett, das nicht mehr DDR-Bauart war, und er auch die Manschetten aufgeknöpft hatte, da wusste ich, ich habe gewonnen. Es sind doch die kleinen Zeichen, die einen Wandel deutlich machen.

Es gab zunächst große Vorurteile gegen die KAI. Zunächst einmal richten sie sich gegen die Wessis. Dann gab es aber auch das alte Vorurteil aus DDR-Zeiten gegen Ostberlin. Von Leipzig oder Dresden aus betrachtet, saßen da schon wieder die Zentralisten in Berlin. Von diesen Vorurteilen ausgehend, versuchten wir, auf die Betriebsräteorganisation zu setzen, und luden regelmäßig Betriebsräte zu uns ein. So wollten wir ein Stück Dezentralität deutlich machen, und gleichzeitig funktionierende Mechanismen erhalten und nutzen. Wir gingen auch bewusst mit unserer ersten Besprechung mit allen Institutsleitern nach Holzhau in die große Ferienanlage der alten DDR. Wir wollten signalisieren: Nicht die Orte sind per se böse oder kontaminiert, es sind die alten Systeme, die es zu ersetzen gilt.

Auch wenn die Ossi-Wessi-Witze inzwischen etwas abgeflaut sind und ich die Unterschiede nicht überbetonen würde – es gab schon verschiedene Mentalitäten. Unterschiede in der Sprache, wie die Formulierung »Wir orientieren« statt »Wir informieren«. Auch Unterschiede im

Lebensstil. Ich persönlich fühlte mich sehr an die 50er Jahre in der alten Bundesrepublik erinnert. Dieser Lebensstil ließ fast ein bisschen Wehmut bei mir aufkommen, man hatte sehr viel mehr Zeit. Ich kann mich noch wie heute erinnern, wie einen Tag vor Weihnachten 1990 die leitenden Mitarbeiter in mein Büro kamen – im Westen war man da längst beim Einkaufen oder mit dem Christbaum auf dem Dach Richtung Kitzbühel unterwegs –, aber die kamen und feierten und sangen und wurden um 22, 23 Uhr von ihren Ehefrauen abgeholt. Auch wenn die christliche und die atheistische Fraktion in ihren Liedern fast im Sangeswettstreit standen, war da doch ein Zusammengehörigkeitsgefühl, das in unserer gehetzten westlichen, konsumorientierten Welt schon völlig verschwunden war. Darüber habe ich lange nachgedacht, und ich glaube, dieses Zusammengehörigkeitsgefühl begründet einen Teil der späteren Ostalgie.

Nun war die Akademie der Wissenschaften keine homogene Institution. Es gab einen großen Unterschied zwischen den klassischen naturwissenschaftlichen Fächern und den mehr sozial- oder geisteswissenschaftlich orientierten Fächern, die sich durch den ganzen Umbauprozess bis heute – zum Teil zu Recht – schlechter behandelt fühlen. Die Physik lässt sich ideologisch nicht so vereinnahmen wie die Geistes- oder die Wirtschaftswissenschaft. Es gehört zu meinen amüsanten Erinnerungen, wie sich plötzlich ein Professor für Revolutionstheorie darüber beschwerte, warum er jetzt nicht sofort eine B3-Beamtenstelle im westlichen System bekäme. Ich war ziemlich verdutzt.

Was uns dann in ein großes Dilemma führte, war die Frage, inwieweit wir die Mitarbeiter, die inoffizielle Mitarbeiter der Staatssicherheit gewesen waren, aus dem System nehmen mussten. Es gab bis hin zum letzten Akademiepräsidenten Horst Klinkmann schwierige Prozesse.

Die DDR war ein System, das den Kern der Wissenschaft,

nämlich freien Zugang zu Informationen, freiheitlichen Austausch, nicht zuließ. Daher waren Repräsentanten, die für dieses System standen, eigentlich nicht geeignet für das System, das wir heute wollen. Gleichzeitig muss man sehen: Die Leute, die in 40 Jahren DDR groß geworden waren und die ihrer Wissenschaft dienen wollten, konnten ja nur gehen oder sich anpassen. Wer im System blieb und es dort zu was brachte, dem kann man nicht von vornherein seine Verdienste absprechen. Das waren – und sind bis heute – sehr komplizierte Fälle.

Manchmal haben wir in der KAI auch etwas getan, was wir nicht hätten tun dürfen, aber wir konnten nicht anders. Einmal bekam ich einen Anruf aus einer Forschungsklinik in Berlin: »Herr Grübel, wir müssen schließen, wir sind von der Krankenhausversorgungsliste gestrichen worden.« Dazu muss man wissen, dass die Akademie zwei renommierte Kliniken betrieb. Nach den Grundlagen des Wissenschaftsrats sollten beide in das westliche System eingegliedert werden. Es lag mir also am Herzen, dass den Kliniken nichts passierte. Aber wenn die Krankenkassen nicht mehr abrechnen konnten, hing der Betrieb in der Luft.

Der Wissenschaftssenator hatte nicht verhindern können, dass der Gesundheitssenator unter dem Druck, die Überkapazitäten zu regeln, diese Entscheidung getroffen hatte. Was tun, wenn man die Verhandlungen zweier Senatsverwaltungen abwarten muss, aber der Betrieb weiterlaufen soll? Es fallen ja jeden Tag enorm hohe Kosten an. Wenn kein Geld fließt, müssen die Kliniken sofort ihre Arbeit einstellen. Ich hatte eineinhalb Arbeitstage, um eine Lösung zu finden. Dass die Lösung nicht in einer schnellen Einigung und Rücknahme der Entscheidung des Gesundheitssenators liegen konnte, war klar.

Also entschied ich: Wir bezahlen das bis zur Klärung aus dem Wissenschaftsetat. Jeder, der ein bisschen Einblick hat, weiß, das geht nicht. Doch ich hatte einen verständigen Wissenschaftssenator im Rücken, der sagte:»Herr Grübel, ich kann Ihnen nicht helfen, wenn das nicht gutgeht. Aber ich kann Ihnen sagen, dass ich Sie nicht hängenlasse, ich bemühe mich, das mit dem Gesundheitssenator zu regeln.«

Vier Wochen später war alles geklärt. Ich aber hatte einen Verstoß begangen. Erstaunlicherweise, auch das gehört zu den Wundern dieser Umbauzeit, hat der Rechnungshof das nie bemängelt. Der Rechnungshof hat damals nur einmal etwas beanstandet: Er fand es nicht angemessen, dass wir fünf Blumenkästen zu je 250 Mark gekauft hatten, als wir die Zentrale der Akademie renovierten.

Bis heute gibt es ziemlich bissige und gehässige Kommentare zum damaligen Umbauprozess. Aber insgesamt ist es uns schon gelungen, durch die wachsende Zusammenarbeit Verständnis für diesen Prozess zu erringen. Wenn ich jetzt an Geistes-, Wirtschafts- und Sozialwissenschaftler denke, da kann man natürlich nicht erwarten, dass die diesen Prozess mit positiven Gefühlen verbinden. Doch das haben Umbruchprozesse nun mal so an sich. Der alte Meister der Innovationswissenschaften, Professor Erich Staudt, hat mal gesagt:»Innovation im Konsens ist Nonsens.« Und Transformationsprozesse haben immer Gewinner und Verlierer.

Es ist schwer, sich selbst zu beurteilen. Wenn man die Fakten nimmt, und das ist heute aus der Distanz von 20 Jahren leichter möglich als zum Beispiel nach nur fünf Jahren, war es unsere erste Aufgabe, das positive Erbe der DDR-Wissenschaft so lange über Wasser zu halten, bis der Übergang in neue Einrichtungen nach den Maßstäben des Wissenschaftsrats möglich war. Und das haben wir, glaube ich, geschafft. Es gibt bis heute eine sehr konkurrenzfähige Wissenschaftslandschaft in den neuen Bundesländern. In der außeruniversitären Forschung – mit Ausnahme der Industrieforschung, die stark geschmolzen ist – war der Bestand schon 1992 bis 1995, gemessen an der Bevölkerungszahl, auf dem Niveau der alten Bundesländer.

Auch gab es, obwohl wir riesige Werte transferiert haben, keinen Skandal oder negative Schlagzeilen, es gab vielmehr eine ungeheure Professionalität und ein großes Verantwortungsgefühl der KAI-Mitarbeiter dem alten und dem neuen Staat gegenüber.

Wir denken immer so kurzfristig – 40 Jahre DDR. Ich greife jetzt einfach den Potsdamer Telegraphenberg heraus. Zum einen, weil ich mit diesem Standort besonders verbunden bin, und zum anderen, weil ich glaube, dass sich dort auch in besonderer Weise darstellen lässt, wie sich die Wissenschaftsgeschichte weit vor der DDR, nämlich aus Kaisers Zeiten bis heute zu einem strahlkräftigen architektonischen und wissenschaftlichen Juwel weiterentwickelt hat. Dort ist es uns gelungen, wissenschaftlich, organisatorisch und auch architektonisch etwas zusammenzufügen, was weit über die 40 Jahre DDR oder 60 Jahre Bundesrepublik hinausreicht. Oder das heutige Umweltforschungszentrum in Leipzig, das internationales Renommé genießt. So etwas gab es vorher gar nicht. Und man könnte viele weitere Beispiele aufzählen.

An solchen Entwicklungen von Beginn an und in schwierigen Zeiten beteiligt zu sein, ist für mich – und ich weiß das auch von einem Großteil der Mitarbeiter, die damals an meiner Seite standen – bei all den Problemen, bei all den Belastungen ein positives Gefühl. Es macht Spaß, diese Einrichtungen heute zu besuchen. Ich weiß nicht, ob wir gut waren. Aber ich denke, für die, die mitgearbeitet haben, hat es sich gelohnt, zwei, drei oder mehr Jahre ihres Lebens dort investiert zu haben.

Hartmut Grübel, geboren 1944 in Lindau am Bodensee, arbeitete bis 1992 als Geschäftsführer der KAI. Er ging 2009 in den Ruhestand und lebt heute in Berlin.

»Die Stimmung war frei von Tagesproblemen«

oder Wie der westdeutsche Politiker Kurt-Dieter Grill
im Winter 1990 Wahlkampfhilfe im Osten machte

Mein Großvater war ein kaisertreuer Sozialdemokrat, Teilnehmer am Ersten Weltkrieg und politisch engagiert. Vielleicht habe ich mein politisches Engagement von ihm geerbt. Außerdem kam die gesamte Verwandtschaft meiner Mutter aus dem Osten, ich wurde 1943 in Rathenow in Brandenburg geboren. Ich gehörte immer zu denen, für die es ein politisches Ziel war, die Wiedervereinigung Deutschlands zu bewerkstelligen. Und so war 1989 für mich Endpunkt einer Entwicklung, die Ende der 50er Jahre begonnen hatte.

An der Grenze zwischen Niedersachsen und der Altmark, nicht weit von Salzwedel, gab es ein Mahnmal, dort war ein Flüchtling angeschossen worden und verblutet. Da haben wir zum 17. Juni immer Veranstaltungen gemacht. Für mich gehörte der 17. Juni wie selbstverständlich in den Veranstaltungskalender eines jeden Jahres. Und wenn man an diesem Mahnmal so viel fotografiert worden war von Grenzpolizisten wie ich, hatte man einen gewissen Spaß daran zu sehen, wie am 9. November die Grenzen geöffnet wurden. Wobei ich zugebe, im Juni '89 hätte ich auf die Frage, ob ich damit rechne, dass ich das noch erleben würde, eher nein als ja gesagt.

Nach dem Mauerfall war ich als Mitglied der niedersächsischen Landtagsfraktion – ich saß seit 1974 für die CDU im Landtag in Hannover – unmittelbar an der Meinungsbildung beteiligt. Ich entsinne mich, wie Ministerpräsident

Ernst Albrecht aus Bonn zurückkam von einer Begegnung mit Helmut Kohl. Es ging um das Zehn-Punkte-Programm, das der Kanzler dann Ende November vor dem Bundestag vortrug. Am Anfang waren viele eher skeptisch, wie sich das Ganze entwickelt, es war ja nicht auszuschließen, dass es noch zu Gewalt kommen könnte. Aber auf der anderen Seite hieß es: Wir müssen dieses Zeitfenster nutzen, es gibt jetzt die Chance, eine Diktatur zu beenden und Deutschland wieder zu vereinigen.

Wir hatten im Mai 1990 in Niedersachsen Landtagswahlen und ohnehin ein enormes Pensum, was die politische Arbeit anging. Aber es stellte sich nun auch die Frage der Patenschaften zu den CDU-Kreisverbänden auf der anderen Seite. Sachsen-Anhalt war Partnerland von Niedersachsen, da lag es nahe, dass man sich fragte, wie kriegt man Leute zueinander, wie kriegt man die Arbeit organisiert und politische Strukturen entwickelt. Es hatte schnell die Entscheidung gegeben, dass im März Volkskammerwahlen sein sollten. Da blieb nicht viel Zeit.

Im System der DDR war es nicht notwendig gewesen, Wahlkampf zu machen, Helfer zu organisieren, Plakate zu kleben. Das Ergebnis der Wahl stand ja fest. Für uns waren die Fragen: Wie bringt man jemanden, der nie aus eigenem Antrieb Plakate geklebt hatte, dazu, es nun zu tun? Finden sich genug Helfer, gibt es genug Plakate?

Bei mir im Wahlkreis waren vor der Niedersachsenwahl drei Prominente: Volker Rühe, Eberhard Diepgen und Rita Süssmuth. Wir beschlossen, im Vier-Länder-Eck Niedersachsen, Mecklenburg, Sachsen-Anhalt, Brandenburg, in dem wir uns bewegten, eine Veranstaltung mit Volker Rühe bei uns im Kreis, die zweite mit Eberhard Diepgen in Perleberg in der Prignitz, und die dritte mit Rita Süssmuth in Salzwedel zu machen. Wir teilten also praktisch unseren Rednereinsatz mit unseren Freunden und Partnern.

Zu der Veranstaltung mit Volker Rühe, der damals im Januar 1990 CDU-Generalsekretär war, luden wir die Bezirke Schwerin und Magdeburg ein. Es war knüppeldicke voll, so um die 700 Leute. Eine irre Veranstaltung.

Dann kam Eberhard Diepgen zu dem Termin in Perleberg. Wir wussten nicht, was uns da erwartete, fuhren über die Grenze und in Wittenberge auf der Elbbrücke holte uns NVA oder Volkspolizei ab. Natürlich kannte ich Blaulicht und Konvois, aber jetzt fuhren wir mit 170, 180 mitten durch die Stadt! Es war ein unglaubliches Erlebnis. Immer wenn Autos oder Menschen in der Nähe waren, wurden Lautsprecheransagen gemacht. Die Leute waren daran gewöhnt, das konnte man sehen, die gingen beiseite. Das war systemimmanent.

Als wir auf dem Marktplatz in Perleberg ankamen, hat es uns förmlich erschlagen. Da standen 5000 Leute. Das wühlt einen innerlich auf, vor so vielen Menschen reden zu können in einer Situation, wo man sich immer noch ab und zu kneifen musste, ob das alles wirklich wahr ist. Und anschließend haben Sie dann eine kleine schmucke Veranstaltung im eigenen Wahlreis, bei der Sie froh sind, wenn 150 Leute kommen. Das hat nichts mit dem Redner zu tun, sondern mit der Realität von Wahlkämpfen in Westdeutschland und dieser Neugier, die es in dieser vollkommen neuen Situation auf der anderen Seite gab. Das sind Bilder, die Sie nie vergessen.

Die Leute in Perleberg waren neugierig. Eberhard Diepgen war als langjähriger Regierender Bürgermeister von Berlin in der DDR sehr bekannt. Unglaublich viele Leute wollten mit ihm reden, ihn begrüßen. Man musste die Leute immer wieder zurückdrängen, wir wollten ja eine Veranstaltung machen. Das war nicht unbedingt eine schöne Situation. Aber es war natürlich eine Stimmung, in der die Leute die Dinge noch anders aufgenommen haben als vielleicht ein Jahr später, als der nüchterne Alltag schon wieder einge-

Kurt-Dieter Grill, 1990 Abgeordneter der CDU im niedersächsischen Landtag

kehrt war. Damals waren alle noch, fast möchte ich sagen, ein bisschen betrunken von der Euphorie der Situation. Und es war toll. Es gab diese Hoffnung, dass es jetzt vorwärtsgeht, dass die Entwicklung nicht mehr zurückzudrehen ist, dass es freie Wahlen geben wird. Das war damals viel wichtiger als die Frage, ob das Geld eins zu eins getauscht würde. Die Leute standen da und sogen alles auf, weil sie hören wollten, wie es weitergeht. Sie waren, glaube ich, auch eher mit den einfachen Aussagen zufrieden, als wenn man ein halbes Jahr später über alle möglichen Sachfragen des Einigungsvertrags diskutiert hätte. Es war eine Stimmung, die noch frei war von den Tagesproblemen.

Eberhard Diepgen war als Berliner sicherlich mit ganz besonderen Gefühlen dort. Er hatte ein Wochenendhaus bei mir im Landkreis, er gehörte zu denen, die im Gegensatz zu meiner Mutter nicht mehr an den Müggelsee zur Erholung fahren konnten, sondern die nur ein bisschen Wannsee und Grunewald hatten.

Rita Süssmuth kam aus dem Kreis Göttingen, die kannte den Harz. Die Veranstaltung mit ihr fand vor dem Kulturhaus in Salzwedel statt. Es gab vergleichbare Erlebnisse wie in Perleberg. Die Leute versuchten, nahe an diesen Menschen heranzukommen, den sie aus dem Fernsehen kannten. Wenn ich das so im Nachhinein betrachte, war das für die Leute auch eine Chance, Dinge zu sagen, die sie bisher nicht hatten sagen können, weil sie nun sicher waren, dass Rita Süssmuth sich nicht umdrehen und irgendeinem Apparatschik sagen würde: Den schreibt ihr jetzt mal auf, den müssen wir uns merken.

Für Süssmuth, Diepgen und Rühe war es ganz selbstverständlich, auf die Menschen zuzugehen und sie zu begrüßen. Bald stellte ich fest, dass manche Kollegen aus den neuen Bundesländern das erst üben mussten, im Straßenwahlkampf aktiv an die Leute ranzugehen. Ich selbst konnte das am Anfang auch nicht, ich musste auch lernen: Wenn man einen Betrieb besucht, ist es am besten, man geht auf den Arbeiter an der Drehbank zu und begrüßt ihn, weil der sich einfach darüber freut. Man darf nicht darauf warten, dass die Leute zu einem kommen, man muss selbst losgehen: »Hallo, ich heiße Fritze Meier und kandidiere für die Volkskammer, hier hab ich mal ein bisschen Material.« Das waren Dinge, die wir miteinander üben mussten. Wir sprachen viel darüber, wie man Wahlkampf organisiert, was für Veranstaltungen man macht, wie das überhaupt geht.

An einem Sonntagmorgen veranstalteten wir einen Frühschoppen in einem Plattenbau in Magdeburg. Das war ein ungeheurer Aufwand – für drei Besucher. Es waren da: ein Mitbearbeiter der Telefongesellschaft, zwei Funktionäre aus dem Wahlkreis und der Wahlkreiskandidat. Ich habe das bei mir im Wahlkreis auch oft genug erlebt, man fährt zu einem Frühschoppen, und dann sitzen da fünf Hanseln, und Sie müssen trotzdem fröhlich sein und jeden ernst nehmen.

Und wenn Sie nach Hause fahren, erzählen Sie ihrer Frau, dass es eine ganz tolle Veranstaltung war, aber innerlich fluchen Sie: zwei Stunden, drei Stunden für fünf Leute. Das ist nicht immer effektiv, aber das gehört dazu.

Einmal hat mich die CDU Osterburg im Kreis Stendal gefragt, ob ich zu einer Veranstaltung rüberkomme in die LPG Schinne. Im Februar 1990 bekam man seinen Reisepass noch von der Volkspolizei abgestempelt, es gab noch Kontrollen. Es war alles friedlich, aber man dachte, vielleicht gibt es noch Leute, die das aufzuhalten versuchen, möglicherweise mit Waffen. Das verursachte schon so ein merkwürdiges Gefühl im Magen. In Stendal waren auch sehr viele Russen stationiert, und es waren Hubschrauber in der Luft, da ist man nicht so ganz fröhlich rumgefahren. Ganz abgesehen davon, dass es schon wegen der diffusen Beleuchtung nicht einfach war, sich zurechtzufinden.

Ich fuhr also mit der stellvertretenden Kreisgeschäftsführerin von Stendal nach Schinne ins Kulturhaus. Es war gedeckt wie bei Muttern, sehr liebevoll hergerichtet. Das hatte ich nicht erwartet. Es waren 50 bis 60 Leute gekommen. Die junge Dame von der Kreisgeschäftsführung leitete die Veranstaltung, die redete ein Politkaderdeutsch und ich dachte: Wie sollen die Leute da merken, dass eine neue Zeit anbricht? Dann habe ich meine Rede gehalten, darüber, dass wir in eine neue Zeit aufbrechen, dass es wichtig ist, jetzt zur Wahl zu gehen, und die Entwicklung in Richtung Demokratie aktiv in die Hand zu nehmen.

Das Schönste an dem Abend in Schinne war die Frage, was ich über die SED-Mitglieder sagen würde. Ich antwortete, ich könne die Frage verstehen, es gebe 2,6 Millionen SED-Mitglieder, und ich würde davon ausgehen, dass vielleicht 100 000 zur Rechenschaft gezogen würden, aber die anderen 2,5 Millionen würden eine Amnestie kriegen. Spätestens in eineinhalb bis zwei Jahren. Es gab einen Riesenprotest: »Nein, niemals!«

Bei Vielem, was wir heute diskutieren über PDS, SED, Linke, muss man mal ein bisschen zurückschauen: Wir haben kein neues Volk gekriegt, wir haben das vorhandene Volk gekriegt. Es war klar, dass man nicht 2,5 Millionen SED-Mitglieder 20 Jahre in Haft nehmen konnte. Es ging darum, einen gewissen Schlussstrich zu ziehen und zu sagen, nun sind alle eingeladen, an dem Neuen mitzubauen. Das gab damals einen Riesenprotest. Ein Jahr später wäre es genau umgekehrt gewesen. Das ist auch faszinierend, wie schnell Dinge wieder in Vergessenheit geraten, weil man sie nicht mehr mit sich herumtragen will, weil sie einen belasten. Das ist nach '45 in Westdeutschland auch nicht viel anders gewesen.

Im Februar 1990 war ich auf dem ersten Kreisparteitag in Salzwedel im Ausflugslokal »Feine Sache«. Ich war Beobachter und sollte außerdem den Leuten eine Perspektive aufzeigen, wie Parteiarbeit in Zukunft gehen würde, wie die CDU sich für die Volkskammerwahlen aufstellt.

Zu jener Zeit gab es auf so einem Kreisparteitag diese Mischung aus dem Teil CDU, von dem man sagen konnte, das sind die Blockflöten; und dann gab es die Älteren, die in die CDU eingetreten waren, als sie noch nicht Blockpartei war – viele vergessen, dass es diese Zeit auch gegeben hat. Und dann gab es jüngere, auch kirchlich orientierte Leute, für die die CDU Zufluchtsort war, um nicht in die SED gehen zu müssen. Zwischen diesen Gruppen gab es Spannungen.

Die Älteren, die noch die CDU ohne Blockflöten erlebt hatten, beschwerten sich, dass sie als Blockflöten bezeichnet wurden. Andere argumentierten, so sei nun mal das System gewesen. Und dann gab es die jungen Leute, bei denen sich gerade die kirchlich Engagierten dagegen wehrten, in die Blockflötenkiste gesteckt zu werden. Die Frage ist nun: Wenn Sie hätten aussortieren müssen, wer bleibt in der Partei, wer nicht. Wie macht man das? Was sind die Kriterien? Wenn die Leute glaubhaft belegen, dass sie den neuen Weg mitgehen wollen, wie kann man da sagen, dass sie außen vor bleiben müssen? Wir mussten einen Weg suchen. Wobei ich zu denen gehöre, die glauben, dass viele, die in Westdeutschland Widerstand geübt haben, in der DDR nicht im Widerstand gewesen wären. Weil Widerstand in der DDR etwas anderes war als in Westdeutschland.

Wir hatten damals in der CDU-Landtagsfraktion einen Gast aus Thüringen, der gehörte zum Demokratischen Aufbruch, der hat uns die DDR wunderbar erklärt. Von dem habe ich zum Beispiel gelernt, was die Funktion der Karnevalsvereine war, dass die so ein Stück Freiraum waren. Er selber war auch Büttenredner gewesen. Eines Tages kam er nicht mehr. Er war als IM entlarvt worden. Darauf musste man immer gefasst sein, dass man mit den falschen Leuten redete, das war nahezu unvermeidlich.

Aber es gibt noch eine andere Sache, über die wir nicht rechtzeitig nachgedacht haben. Ein Westdeutscher, der in Halle die mitteldeutsche Energieversorgung leitete, hat mir viel später, 1998, gesagt: »Herr Grill, ich kenne hier ein paar Leute, die waren in der SED, insbesondere auch Wissenschaftler, und die wollen jetzt Demokraten werden – warum nimmt die CDU die nicht auf, nur weil sie mal in der SED waren?«

Ich glaube, dass wir da etwas versäumt haben. Diese Abgrenzung hat es ja nicht nur in der Union gegeben, die wurde auch in der SPD praktiziert. Wir haben an dieser Stelle keinen Prozess des Übergangs gestaltet. Es war schon bemerkenswert, dass ein Westdeutscher, der nach Halle gekommen war, sagte, das müsst ihr anders machen. Ich glaube, er hatte recht.

1990 war das eigentliche Erlebnis der Wahlkampf. Zu sehen, dass man sich einbringen konnte, dass man akzeptiert wurde, dass man eine Chance hatte, mit den Menschen zu reden – auch mit Enttäuschungen, die gehören dazu.

Und dann kam der 18. März, der Wahltag, jetzt konnte man nichts mehr tun. Sonntag am Spätnachmittag fuhr ich nach Salzwedel zu meinen Freunden, um in einer Gaststätte die Wahlberichterstattung mit ihnen zusammen am Fernseher zu verfolgen. Und dann gab es dieses unglaubliche Ergebnis: Die CDU lag vorn, sie hatte klar gewonnen, wo doch alle mit einem SPD-Sieg gerechnet hatten. Ich verspürte eine unbändige Freude, dass es sich gelohnt hatte. Und ich genoss es zu sehen, wie die Leute sich freuten. Es war gar keine Frage, ob man noch einen Schluck Sekt mehr oder noch einen Wodka trinken könne, denn man konnte seiner Freude dadurch Ausdruck verleihen, mit jedem, der einem über den Weg lief, noch einen Schluck zu nehmen auf das, was da passiert war. Ich habe etliche Wahlkämpfe miterlebt, aber der war einmalig.

Es hat sich gelohnt, sich reinzuknien, die 20 000 Kilometer gefahren zu sein, sich gestritten zu haben. Ich glaube, das Wahlergebnis vom 18. März war überhaupt die Voraussetzung dafür, dass die Volkskammer am Schluss in dieser Weise für den Beitritt zur Bundesrepublik gestimmt hat. Im Nachhinein erscheint das alles selbstverständlich. Aber ich empfinde es so, dass ich als Einzelner an einer bestimmten Stelle mitgewirkt habe, dass das Ganze sich so entwickeln konnte und nicht anders. Das ist das Stück Befriedigung, das ich mit nach Hause nehme.

Kurt-Dieter Grill blieb bis 1994 Landtagsabgeordneter. Von 1994 bis 2005 saß er für die CDU im Bundestag. Er hat heute eine Unternehmensberatung in Berlin.

IV. Wie es ihnen gefällt

Nach dem Ausnahmezustand der Novembertage 1989 muss es irgendwann auch wieder so etwas wie Alltag geben. Aber was für ein Alltag kann das sein? Wie sieht ein normales Leben in einem noch unbekannten System aus?

Viele Menschen wollen nicht abwarten, was passiert, sondern ergreifen selbst die Initiative. Und tun Dinge, die für sie einige Monate zuvor undenkbar gewesen wären. Als ein paar Bürgerrechtler in der Altmark 1990 eine unabhängige Zeitung gründen, geht es zunächst nicht um neue Jobs und erst recht nicht um Profit. Sie wollen eine Plattform für freien Austausch von Meinungen und Informationen. Die gelernte Sekretärin Ulrike Meineke erzählt, wie sie damals in den Journalismus einsteigt.

1991 haben bereits 300000 Frauen und Männer in den neuen Bundesländern ihr eigenes kleines Unternehmen. Manche freiwillig, andere notgedrungen. Die Arbeitslosenquote liegt bei zehn Prozent, die Angst vor dem sozialen Aus ist groß.

In Trinwillershagen in Mecklenburg-Vorpommern übernimmt Olaf Micheel 1991 ein geschlossenes Kulturhaus und wird 14 Jahre später ein bisschen berühmt, als er für die Kanzlerin Angela Merkel und den US-Präsidenten George W. Bush Wildschwein grillt. Der Magdeburger Andreas Schwarzbach begibt sich ins Sexshop-Gewerbe, um das schnelle Geld zu machen.

Mit dem Zerfall des Landes und seiner Ordnung wächst auch die Kriminalität. Leipzig gilt nach der Wende als eine Hochburg der Autodiebstähle. Einer, der dabei war, erzählt vom Kick des Verbotenen und der mangelnden Autorität der Polizei.

»Das war ein Hochsicherheitsschwein«

oder Wie der Gastronom Olaf Micheel aus Trinwillershagen für Bundeskanzlerin Angela Merkel und den amerikanischen Präsidenten George W. Bush ein Barbecue organisierte

Wenn ich irgendwohin kam und sagte, ich komme aus Trinwillershagen, antworteten alle: »Oh, das kennen wir, das haben wir im Fernsehen gesehen. Da war doch der Bush. Haben Sie den auch gesehen?« Dann musste ich schmunzeln.

Natürlich habe ich den Bush gesehen, ich habe ihm sogar die Hand geschüttelt. Und mit Frau Merkel habe ich gesprochen. Das war ein Rummel damals. Mehrere Wochen lang. Es musste ja alles haargenau vorbereitet werden für das Barbecue, alles musste gesichert werden. Es mussten eine Sonnen- und eine Regenvariante gefunden werden. Das war ja nicht irgendwer, der da am Abend des 13. Juli 2006 nach Trinwillershagen in mein Restaurant kam. Sondern unsere Bundeskanzlerin Angela Merkel und der 43. Präsident der Vereinigten Staaten, George Walker Bush.

Bush war auf Deutschland-Besuch, und Angela Merkel wollte ihm ihre Heimat Mecklenburg-Vorpommern zeigen. Sie hatte beschlossen, den Abend bei mir zu verbringen. Trinwillershagen wurde dadurch mit einem Schlag berühmt. Wer hätte das gedacht, damals unmittelbar nach der Wende, als das Gebäude, in dem sich heute mein Restaurant befindet, noch ein Kulturhaus war, das man geschlossen hatte?

Am 1. April 1991 habe ich das Kulturhaus übernommen. Das war mein Schritt in die Selbständigkeit. Ich wusste nicht, ob das gutgeht, das war ein großes Risiko. Ich war 21 Jahre alt, und ich hätte auch sagen können: »Okay, das

Haus wird geschlossen, dann bleibt es eben zu.« Aber das wollte ich nicht, es hing ja mein Herzblut dran.

Nach meiner Bäckerlehre begann ich in dem Kulturhaus »Zu den Linden« zu arbeiten, so hieß das damals. Es war ein riesiges Haus, mit allein 105 Angestellten in der Gastronomie. Das Kulturhaus hatte Platz für 1500 Leute und 3000 Quadratmeter Gastronomiefläche. Hier wurde die Jugendsendung »Rund« gedreht, hier trat ABBA auf. Und das in einem Ort, der gerade mal 1500 Einwohner hatte. In Trinwillershagen gab es die größte LPG, Landwirtschaftliche Produktionsgenossenschaft, mit Champignonzucht- und Pferdezuchtanlage, insgesamt 7500 Hektar. Die LPG, »Rotes Banner« hieß die damals, hatte eine Größenordnung, die ungewöhnlich war für DDR-Verhältnisse. Und Walter Ulbricht war Schirmherr. Damals war Trinwillershagen privilegiert.

Aber das war vorbei, als die Wende kam. Am 31. März 1991 wurden alle Angestellten des Kulturhauses entlassen. Also sprang ich ins kalte Wasser und schwamm einfach los. Während der ersten Jahre begriff ich gar nicht, dass das jetzt mein Eigentum ist. Ich dachte immer: Du musst arbeiten, du musst es aufrechterhalten. Du musst den Leuten hier einfach zeigen, dass nicht verlorengeht, was sie Jahrzehnte lang aufbaut haben. Und ich wollte den Leuten zeigen, dass es auch junge Menschen schaffen können. Jetzt habe ich zwölf Angestellte.

2005 lernte ich Angela Merkel kennen. Der Neujahrsempfang des CDU-Landkreises Nordvorpommern fand zum ersten Mal in meinem Haus statt. Der damalige Landrat stellte mich der Bundestagsabgeordneten Frau Dr. Merkel vor. Wir unterhielten uns ganz ungezwungen über dies und das. Sie wollte wissen, wie ein so junger Mensch zu solch einem großen Haus kommt. Ich erzählte ihr meine Geschichte, und sie war begeistert. Ich erzählte ihr auch,

Olaf Micheel im Juli 2006 vor der Staatskarosse des US-Präsidenten George W. Bush

dass ich mal zu einem Kolloquium nach Brandenburg eingeladen war. Thema: Was passiert mit ehemaligen Kulturhäusern der DDR? Ich war der Einzige, der sich mit einem Haus selbständig gemacht hat. Die meisten Objekte waren total verfallen, niemand hatte mehr Geld, etwas daraus zu machen.

Ich erzählte das einfach so und dachte mir nichts dabei. Zwischendurch kam die damalige Finanzministerin, Sigrid Keler, zu uns an den Stehtisch und wollte etwas von Frau Merkel. Aber die sagte nur: »Sie sehen doch, dass ich mich gerade unterhalte. Würden Sie bitte später wiederkommen.« Dann tranken wir weiter Rotwein.

Und dann, ein paar Monate später, bekam ich einen Anruf von der CDU-Geschäftsführung in Berlin, die Nominierungsveranstaltung der CDU für die vorgezogene Bundestagswahl 2005 sollte bei mir in Trinwillershagen stattfinden. Ich sagte zu, dachte gleichzeitig aber: Um Gottes willen. Und dann kam der 23. Juni 2005. Es war wie in einem amerikanischen Film: Vormittags wurde eine wahnsinnsgroße, neue Bühne aufgebaut. So etwas kannte ich nur aus dem Fernsehen. Was da alles aufgefahren wurde: Technik, Rednerpulte, das war gigantisch. Und alles musste rollstuhlgerecht sein für Herrn Schäuble. An diesem Abend wurde Angela Merkel mit 99,5 Prozent als Kanzlerkandidatin ins Rennen geschickt.

Wir hatten draußen mehrere Grills aufgebaut, auf den Spießen war Rot- und Schwarzwild. Und ich dachte: Wenn diese Frau Bundeskanzlerin wird, dann siehst du die hier nie wieder. Dass es anders kommen würde, das wusste ich damals ja noch nicht. Ich stand also da mit den ganzen Gästen und überlegte, wie ich ihren Besuch festhalten könnte. Da fiel mir ein Gästebuch ein, das ich Mitte der neunziger Jahre mal gekauft, aber nie benutzt hatte. Mit dem vollkommen leeren Buch ging ich auch Angela Merkel zu und sagte: »Frau Dr. Merkel, würden Sie sich bitte eintragen.«

Sie sagte: »Ja«, legte das Buch aber beiseite.

Ich habe sie die ganze Zeit beobachtet, sie hat nichts reingeschrieben. Also lief ich ihr hinterher, die Sicherheitsleute grinsten schon: Was will der denn jetzt? Aber ich drückte Frau Merkel das Buch in die Hand und sagte noch mal: »Würden Sie sich bitte eintragen, bevor Sie abreisen?«

Sie hat dann tatsächlich etwas eingetragen: »Herzlichen Dank für den unvergesslichen Abend im Kulturhaus Trinwillershagen.«

Später wurde ich zum Neujahrsempfang der Kanzlerin nach Stralsund eingeladen, das ist ihr Wahlkreis. Ich wusste, dass da immer alle mit einem Präsent kommen. Ich überlegte und überlegte und kam zu dem Schluss, dass ich ihr Fotos vom Grillabend schenken würde, als sie nominiert wurde. Diesmal konnten wir uns nicht viel unterhalten, sie war sehr begehrt an dem Abend. Aber die Bilder hat sie eingesteckt.

Anfang April kam dann der Anruf, an einem Wochenende, ich machte gerade mit meiner Familie einen Spaziergang. Es war der Landrat: »Herr Micheel, wo sind Sie gerade? Kommen Sie sofort zu mir ins Büro.«

»Wie soll ich das denn meiner Frau beibringen. Es ist Sonntag.«

»Ihre Frau wird das verstehen.«

Als ich bei ihm Büro war, sagte ich im Scherz: »Kommen Sie mir jetzt nicht auch noch mit George Bush.«

Ein paar Tage zuvor waren zwei Typen von *BILD* bei mir gewesen, die wollten wissen, was ich für Herrn Bush zu essen machen würde, wenn der nach Trinwillershagen käme. Ich sagte, sie seien ja wohl mit dem Klammerbeutel gepudert, und schickte sie wieder weg.

Aber mit Bush, das stimmte, und es wurde strengste Geheimhaltung vereinbart. Es gab noch ein zweites Lokal zur Auswahl. Doch die Kanzlerin wollte unbedingt nach Trinwillershagen. Und dann ging es los: Bundespresseamt, Bundeskriminalamt, der Secret Service vom Weißen Haus, die Hausdame vom Weißen Haus, jeden Tag kam jemand anderes.

Als publik wurde, dass Bush zu mir in mein Kulturhaus kommt, kriegte ich verärgerte Anrufe: Bush, der Kriegstreiber. Es kamen auch Briefe, in denen ich beschimpft wurde: Wenn ich das machte mit dem Empfang, dann sei ich genauso ein Verbrecher wie George W. Bush. An einem Sonnabend demonstrierten ein paar Leute mit Plakaten, auf denen stand: Bush go home. Aber das war vollkommen sinnlos. Die hätten in Rostock oder in Stralsund durch die Gegend laufen sollen, da hätten sie vielleicht Aufmerksamkeit gehabt. Aber doch nicht in Trinwillershagen.

Einmal kam eine Dame vom Bundespresseamt, die sagte: »Wenn Sie mit Herrn Bush reden, heißt das ›Ihre Exzellenz‹.«

Ich sagte: »Ach nee, Leute, das ist doch zu blöd. Ich gehe doch nicht hin und sage ›Ihre Exzellenz‹. Ich gehe hin und sage: ›Mister President, das Wildschwein ist so weit, Sie können es anschneiden.‹«

Sie sagte: »Aber das ist die Etikette.«

Und ich sage: »Ja, und was? Etikette? Nee. Das sind Menschen so wie du und ich und nichts anderes.«

Es waren ungefähr 100 Gäste geladen. Ich musste meinen Leuten einschärfen, dass alles geheim bleiben musste, zum Beispiel, was es zu essen gab. Dass es ein Wildschwein sein würde, war schon durchgesickert, das wussten längst alle aus der Presse. Aber von dem Rest durfte niemand etwas erfahren. Alle naselang standen irgendwelche Fernsehteams vor der Tür und wollten, dass ich mit ihnen auf die Jagd gehe. Das habe ich nur einmal gemacht. Und was habe ich geschossen? Einen Fuchs.

Das echte Wildschwein, das dann auch gegessen wurde, fiel ein paar Tage vorher, mitten in der Nacht, als alle noch schliefen. Und ohne Presse. Ein Bekannter hatte mich angerufen: »Ich habe ein Wildschwein im Revier.« Und das habe ich dann geschossen, ganz ohne Brimborium, so wie man das eben macht auf der Jagd. Alle waren sehr aufgeregt, das Tier wurde untersucht, der Foodservice vom Weißen Haus reiste an und nahm die Küche unter die Lupe. Das war ein richtiges Hochsicherheitsschwein.

Nachdem das Schwein erlegt war, ging es erst richtig los. Das Bundeskanzleramt wollte eine Liste mit den anderen Gerichten. Haben wir gemacht: Gemüsebuffet, Obstbuffet, Sauerkraut, Rotkohl, Entenbrustfilet nach Mecklenburger Art, Klöße. Die Kanzlerin hat alles abgenickt. Sie hat nur zwei Sachen rausgestrichen: Backkartoffeln und den Siebenschichtsalat, wegen der Mayonnaise. Die Backkartoffeln waren wahrscheinlich zu amerikanisch. Die Liste wollte natürlich auch das Weiße Haus haben. Da stand ich nun mit meinen drei Brocken Englisch. Aber ein Bekannter half mir, übersetzte alles. Ich glaube, zu dem Zeitpunkt wusste selbst Osama Bin Laden, wer ich bin.

Später rückten dann der Secret Service und die Telekomunikationsagenten vom Weißen Haus an. Die haben Antennen aufs Dach gebaut, die man von unten nicht sehen konnte. Auch die Drähte hat man nicht gesehen, so dünn waren die. Zimmer 14 wurde für Herrn Bush fertig gemacht, da standen am Ende vier Telefone. Und unten an der Tür saß einer mit einem Koffer. Ich weiß nicht, was in dem Koffer war, ich habe auch nicht gefragt. Aber ich vermute, das war Technik. Es verlief soweit alles super. Es gab nur ein einziges Problem: Was machen wir, wenn es regnet? Die Wetterprognosen sahen zwar gut aus: Regenwahrscheinlichkeit fast null Prozent. Aber wir mussten trotzdem auf Nummer sicher gehen. Das Auswärtige Amt hatte eine Zeltbaufirma beauftragt, und die erstellte eine Computersimulation, eine Variante mit einem transparenten Dach und ringsherum alles offen.

Einen Tag vor dem großen Event kam die Zeltbaufirma und fing an aufzubauen. Ich kam raus und da lag der Fußboden schon. Ich fragte: »Was ist das denn?«

»Na, der Fußboden für unser Zelt.«

Ich sagte: »Baustopp.«

»Sie haben uns gar nichts zu sagen.«

»Doch«, sagte ich: »Von dieser Straße bis zu der Straße da drüben, das ist alles mein Grundstück. Und was auf meinem Grundstück passiert, das entscheide ich.«

»Wir sind das Auswärtige Amt.«

»Und das hier ist mein Grundstück, und ich weiß, was die Kanzlerin will. Und ich weiß, was das Kanzleramt will. Und ich weiß außerdem, was gut ist.«

Dann telefonierten die Herren wild, und einer vom Kanzleramt sagte: »Herr Micheel, Sie können nicht einfach einen Baustopp veranlassen.«

»Jungs«, sagte ich dann, »das geht doch nicht, was Ihr da vorhabt. Wir haben einen Riesensaal, da passen tausend Leute rein.«

Alle redeten hektisch durcheinander. Ich sagte: »Darf ich mal was vorschlagen?« Und dann trug ich meine Idee vor: den Saal halb abtrennen, Bäume reinbauen, Sträucher, Rindenmulch verstreuen. Eine Stunde später war im Saal ein kleiner Wald aufgebaut. Wir haben sogar ein paar kleine präparierte Tiere reingestellt. Das sah supergut aus. Dann fragten die vom Kanzleramt: »Und was machen wir, wenn die pralle Sonne scheint.«

»Dann müssen wir Schirme besorgen«, sagte ich. »Okay«, sagten die, »aber nur Schirme ohne Werbung. Und am besten in Dunkelgrün oder cremefarben.« Da war es schon 14 Uhr. Ich rief einen Freund an, der hat einen Baumarkt nebenan.

»Edward«, sagte ich, »das Kanzleramt steht hier neben mir. Wir brauchen Schirme ohne Werbung.« Aber der hatte keine Schirme. Eine dreiviertel Stunde später rief er an und sagte, in Berlin gäbe es solche Teile. Er setzte sich in seinen Transporter und düste los und holte acht Stück. Die vom Kanzleramt sagten: »Vier reichen.«

Das Schwein haben wir einen Tag vorher auf dem Spieß festgemacht, mit einem Draht. Und wir haben es nicht vorgegart, so wie das viele machen. Das wollten wir nicht. Wir sagten: Wir lassen das richtig sechs, sieben Stunden auf dem Grill, über dem offenen Feuer. Wir fingen ja schon um neun morgens an.

Am späten Nachmittag kam dann der Hubschrauber. Bush stieg aus, die Ärmel hochgekrempelt, und lief sofort los, Frau Merkel hinter ihm her. Ich dachte noch: Normalerweise geht man doch zusammen. Aber das hing wohl alles mit dem Wildschwein zusammen. George Bush freute sich so auf das Wildschwein, das hatte er ja auch auf der

Pressekonferenz gesagt. »Ich freu mich auf das Barbecue heute Abend.« Ich glaube, der hat sich bei uns sauwohl gefühlt. Hier konnte er endlich mal machen, was er wollte. Es gab eine Strecke, die er laut Protokoll hätte laufen müssen, aber daran hat er sich nicht gehalten. Er kam direkt zum Schwein, stand da und war begeistert. Dort begrüßte er die Leute und hielt noch eine kleine Rede, in der er sich für die Einladung von Frau Dr. Merkel bedankte.

Mich begrüßte er auch. Aber nicht mit Handschlag, sondern so ganz texanisch, mit einem Schulterklopfen. Er sagte »hello«, und »nice to see you«, glaube ich. Ich kann ja nicht so gut Englisch, auf Russisch wäre das leichter gewesen für mich. Ich ging dann hin zu den beiden und sagte: »Mister President, Frau Dr. Merkel.« Normalerweise nenne ich immer zuerst die Frau, aber in diesem Fall hatte ich das Gefühl, dass ich zuerst den Gast nennen sollte. Tja, und dann ging's los: Ich hielt das Brett und George Bush begann zu schneiden. Normalerweise gilt beim Anschneiden die Regel: Einmal. Aber Bush hörte gar nicht wieder auf. Bis Frau Merkel sagte: »Hey George, gib mir auch mal das Messer, ich will auch.« So ungefähr jedenfalls.

Bush hat vorn am Schulterbrett geschnitten, bis da nur noch Knochen zu sehen waren. Ich gab Frau Merkel den Tipp, hinten an der Keule etwas abzuschneiden. Das tat sie dann auch. Den Rest schnitten wir später auf. Ein Herr vom Foodservice des Weißen Hauses stand die ganze Zeit daneben.

Später kamen ein paar Presseleute und sagten: »Herr Micheel, das Schwein war doch verbrannt, das war doch ganz schwarz.« Die hatten gar keine Ahnung. Erstens weiß jede Hausfrau, dass ein Stück Wild, das man in den Ofen schiebt, dunkel ist, wenn man es wieder rausholt. Und zweitens hatte das auch was mit den Kameraeinstellungen zu tun. Wenn auf dem Fleisch Fett drauf ist und dann noch die

Sonne direkt draufscheint, wirkt das in der Kamera natürlich schwarz. Ich habe jede Menge Fotos gemacht, auf denen sieht man, dass das Schwein nicht schwarz war.

Der George war gut drauf, ganz locker, er hat sich ganz normal mit den Leuten unterhalten. Einen Mann fragte er, ob sie nicht die Hemden tauschen könnten. Der Mann trug ein einfaches, blaues Hemd, Marke Wrangler, glaube ich. Eigentlich sollten George und Angela höchstens eine Stunde bleiben. Aber es wurden zwei Stunden draus, George blieb einfach sitzen und sagte: »Ich möchte hier bleiben.« Ich hab ihm dann noch einen Jagdhut geschenkt.

Ich wollte natürlich, dass sich Herr Bush in mein Gästebuch einträgt und ich lief ihm hinterher wie ein Jahr zuvor Frau Merkel. Aber die Hausdame vom Weißen Haus sagte: »Das geht nicht.« Ich fragte die, ob sie das irgendwie drehen kann, dass Bush was einschreibt. Sie hielt noch mal Rücksprache, und dann durfte ich selber hingehen. Ich hielt George Walker Bush mein Gästebuch hin und er schrieb hinein: »Thank you for the excellent food. Best wishes George Bush.«

Für Trinwillershagen war dieser Besuch etwas ganz Besonderes. Aber ich habe George Bush nicht anders behandelt als andere Gäste. Wir in Trinwillershagen sind nun mal gastfreundlich, und ich als Gastronom ganz besonders. Für mich sind alle Gäste gleich, egal, ob jemand der Präsident von Amerika ist oder Hartz-IV-Empfänger.

Olaf Micheel, geboren 1969 in Ribnitz-Dammgarten, betreibt das Kulturhaus in Trinwillershagen mittlerweile seit 19 Jahren.

»Ich stand total unter Strom«

oder Wie der Maschinenbauer Andreas Schwarzbach
in Magdeburg einen Sexshop eröffnete

Als ich das erste Mal in einem Sexshop stand, dachte ich:
Oh, Mann, diese dicken Dinger, die Dildos und die Riesen-
muschis. Und dann die ganzen Videos und Magazine. Das
war in Hannover. Ich hab das alles erst mal nur aus den
Augenwinkeln betrachtet und bin dann auch gleich wieder
raus. Meine Frau war da unverkrampfter, sie warf mir vor,
dass ich verklemmt sei. Wir kannten so was ja nicht früher
in der DDR. Wenn wir mal eine nackte Brust zu sehen bekamen, dann war das schon viel. Und jetzt? Jetzt war alles
zu sehen. Alles.

Und da kam ich irgendwie auf die Idee, selbst einen
Sexshop aufzumachen und damit Geld zu verdienen. Ein
Freund hatte mir von einem Bekannten erzählt, der einen
Sexshop betrieb und damit richtig viel Geld machte. Ja, da
dachte ich: Warum eigentlich nicht? Ich dachte zwar auch:
Mist, da kommste rein ins »Milieu«. Aber eigentlich war mir
das scheißegal, letztlich geht es doch nur ums Geld. Meinen
Vermieter interessiert nur, ob ich meine Miete bezahle, und
nicht, wie ich die verdiene.

Eigentlich bin ich Maschinenbauer, Konstrukteur, das hab
ich mal studiert. Bis zur Wende arbeitete ich im Schwer-
maschinenkombinat »Karl Liebknecht« in Magdeburg, in
der Planung. Aber das war öde und total langweilig. Insofern sah ich die Wende als Chance, mal was ganz anderes zu
machen. Obwohl ich als braver DDR-Bürger zunächst

dachte: Mein Gott, eigentlich müsstest du jetzt Beamter werden, das wäre dein Weg, dann hättest du keine Probleme mehr. Aber ich wurde kein Beamter, ich versuchte es als Erstes mit Spielautomaten. Leider ohne Erfolg, ich ging relativ schnell pleite.

Die Entscheidung mit dem Spielautomaten traf ich aus dem Bauch heraus, andere Entscheidungen auch. Zum Beispiel, ein Haus zu kaufen. 1991 habe ich ein ganzes Mietshaus gekauft. Und das nur, weil ich mitbekam, dass ein entfernter Verwandter aus dem Westen ganz scharf war auf Immobilien im Osten. Also dachte ich: Die müssen ja wissen, was sie wollen, und was sie machen, das kann nicht falsch sein. Und dann habe ich das Haus einfach gekauft. Damals war viel Geld in Umlauf im Osten, die Leute hatten genug davon. Und sie hatten Konsumlust, sie waren im Kaufrausch. Ich merkte das auf den Märkten, auf denen ich 1990 ein halbes Jahr lang Jeans und Kinderklamotten verkaufte. Da konnte man alles verkaufen, die Leute haben einfach alles genommen. Ich stand da mit Tapeziertischen, die konnte man schnell aufbauen, und die eigneten sich gut, um die Ware zu präsentieren. Es gab damals ja keine Gewerberäume oder so was. Aber der Märkte-Boom war schnell vorbei. Wir nahmen noch das Weihnachtsgeschäft 1990 mit, und das war's dann. Im Januar 1991 eröffnete ich den Erotikladen.

Ich hatte einen Geschäftspartner damals, in Hannover. Der hätte auch gut als türkischer Teppichhändler durchgehen können. Aber er war sehr leutselig. Er hatte seinen Sexshop schon ungefähr zehn Jahre und wusste also, wo es langgeht. Und er sagte zu mir: Wenn du so ein Geschäft aufmachen willst, dann musst du auf jeden Fall zu mir nach Hannover kommen und dir alles anschauen. So ein Verleih ist nicht ganz ohne, mit Karteikarten, Personalausweis zeigen, Filme raussuchen, das muss man alles wissen. Und man muss wissen, wie man mit den Menschen umgeht. Es ist nicht einfach, sich mit den Leuten zu unterhalten, ihnen was zu erklären und ihnen dabei ins Gesicht zu sehen. Die Leute müssen das Gefühl haben, dass sie beraten werden, dass man sich selbst nicht schämt, solche Sexsachen anzubieten, dass eben alles normal ist. Aber das habe ich alles im Laufe der Jahre gelernt.

Bereits im Juni 1990 hatte ich Gewerberäume beantragt. Wie gesagt, im Grunde gab es ja keine. Aber für so einen Laden braucht man Räume. Ich zog mir einen Anzug an, band einen Schlips um, und schon war ich ein anderer Mensch. Zumindest wurde ich anders wahrgenommen. So tourte ich durch die Ämter und beantragte prophylaktisch überall Gewerberäume. Das war unkompliziert. Man musste nur nachweisen, wo eine Wohnung frei war oder ein Haus leerstand, und sagen: Die möchte ich als Gewerberaum haben.

Ich habe jede Menge leerstehender Wohnungen nachgewiesen, in ganz Magdeburg, und kriegte Ende 1990 auch eine Zusage. Das war eine Parterrewohnung und aus heutiger Sicht überhaupt kein Gewerberaum.

Den Behörden sagte ich: Ich mache eine Videothek auf. So stand das in meiner Gewerbegenehmigung: Videothek und das Vorführen von Filmen, außer pornographischen Filmen. Aber unter pornographischen Filmen verstanden die Behörden damals etwas anderes, als wir heute meinen. Damals ging es bei Pornographie um Tiere und Kinder. Sex zwischen Mann und Frau, das war bei uns früher keine Pornographie.

Meine Gewerbegenehmigung trug die Nummer 27 1990. Es gab also noch nicht viele Anmeldungen. Ich unterschrieb einen Mietvertrag und brauchte nur zehn Prozent der Miete zu bezahlen, weil alles so desolat war. Und vier Mark Betriebskosten im Monat. Parterrewohnungen wurden damals

Andreas Schwarzbach eröffnet 1991 einen Sexshop in Magdeburg

gern als Müllhalde benutzt. Und genau so sah es in meinen Räumen aus: Riesenschuttberge, überall Gerümpel, die Fenster waren kaputt. Das gesamte Haus war völlig vergammelt, bis auf eine Wohnung im Dachgeschoss.

Ich musste alles sanieren und renovieren. Ich wusste, wo früher die Stasi gesessen hatte, und transportierte mit meinem Geschäftspartner in einer Nacht-und-Nebel-Aktion Gitter für die Fenster und eine Stahltür ab. Wir fuhren mit einem alten Opel hin, luden alles auf und bauten das in den Laden ein. Die Gitter sind heute noch drin. Dann beauftragte ich eine Firma für den Innenausbau und die Malerarbeiten und legte einen Teppich hinein.

Meine Frau fand die Idee mit dem Sexshop zunächst gar nicht gut und sagte sogar: Wenn du das machst, dann lass ich mich scheiden. Sie hat das sicher nicht so ernst gemeint, aber das war ihre erste Reaktion, als ich ihr von meiner Idee erzählte. Sie dachte wie die meisten Menschen damals: Sexshop, Erotikladen, da steckt man gleich mitten drin im Rotlichtmilieu.

Meine Frau hatte Angst, in Kreise zu geraten, mit denen sie nichts zu tun haben wollte. Ich bin kein ängstlicher Typ, ich bin ein Macher. Also sprach ich mit meiner Frau darüber, wie wir das alles machen könnten. Und dann fuhren wir nach Hannover und schauten uns das einfach mal an.

Auch meine Eltern waren nicht begeistert. Die wohnen in einer Kleinstadt in der Altmark, da kennt jeder jeden. Meine Mutter sagt heute noch nicht jedem, was ich mache. Die Stadt ist wirklich klein, aber es gibt immer noch welche, die nicht wissen, womit ich mein Geld verdiene. Meine Mutter sagt, ich sei Einzelhändler. Mein Vater ist da offener. Er hat in seinem Leben auch schon viele verschiedene Sachen gemacht. Er war zum Beispiel Bürgermeister und PGH-Vorsitzender. PGH, das war die Produktionsgenossenschaft des Handwerks. Und jetzt betreibt er für mich zwei Sexshops und Beate-Uhse-Läden, in Salzwedel und in Stendal. Für ihn sind das schlichtweg Einzelhandelsfachgeschäfte.

Die Idee mit dem Beate-Uhse-Laden stammte sogar von ihm. Er hatte gesehen, dass der Laden in Salzwedel verkauft werden sollte und fragte mich, ob ich den nicht kaufen wollte. Salzwedel ist eine Kleinstadt mit 25 000 Einwohnern. Wir schauten uns den Laden an und beschlossen dann: Das machen wir, zusammen kriegen wir das hin. Bei meinem Vater ging ich durch eine harte Schule. Er ist der Meinung: Man kann es so oder so sehen, man kann sagen, ich kann das nicht. Oder man kann sagen: Das mache ich jetzt einfach, ich will schließlich Geld verdienen.

Mit Schwulenfilmen hatte ich am Anfang Probleme. Wenn sich da zwei Männer küssten, das fand ich komisch, da konnte ich nicht hinschauen. Heute interessiert mich das nicht mehr, heute ist das für mich völlig normal. Aber am Anfang war es schwer. Wenn beispielsweise eine Frau kam und sich einen Dildo erklären ließ und ich ins Detail gehen musste, wurde ich schon mal rot.

Mein Laden war der zweite Sexshop in Magdeburg. Der erste war mitten im Zentrum, wenn ich mich richtig erinnere. Mein Laden war von 10 bis 18 Uhr geöffnet. Und ich brachte schnell viel Geld nach Hause. Da sah dann auch meine Frau, dass das alles gar nicht so schlimm ist. Sie war damals mit unserer fünfjährigen Tochter zu Hause. Meine Frau ist Zahntechnikerin. Aber weil sie keinen Job hatte, bot es sich an, dass sie ins Geschäft einsteigt, als Hilfe.

Unser Laden stieß nicht bei allen auf Wohlgefallen. Wenige Tage bevor wir eröffnen wollten – wir waren gerade fertig mit dem Renovieren –, drehte jemand in den Etagen über dem Geschäft den Wasserhahn auf. Alles stand unter Wasser, die Tapeten lösten sich ab und hingen von den Wänden. Zuerst dachte ich, da sei ein Rohr geplatzt, es war ja Winter. Aber als ich durch meine Geschäftsräume ging, stellte ich fest, dass das Sabotage war. Wir mussten also noch mal von vorn anfangen. Wir haben nie herausbekommen, wer dahintersteckte.

Zum Glück war noch keine Ware da. Die kam ein paar Tage vor der Eröffnung. Das waren wahnsinnig viele Pakete, die kamen direkt aus Hannover und wurden vor der Tür abgeladen. Das meiste waren Magazine und Kataloge. Lauter nackte Brüste, knackige Hintern, viel Haut. Ich wusste gar nicht, wo ich hingucken sollte. Die Vibratoren und die anderen Hilfsmittel waren nicht so der Hit, das waren technische Sachen.

An einem Morgen um zehn Uhr habe ich eröffnet. Damals hatten die Leute fast alle noch Arbeit, und so gab es keinen plötzlichen Ansturm, die Leute kamen eher so peu à peu, das kleckerte so vor sich hin den Tag über. Ich hatte eine Anzeige in die Zeitung gesetzt, in die *Magdeburger Volksstimme*, die lasen die Leute damals. Sie kamen und stellten sich schön in eine Reihe. Mein Geschäftspartner und ich hatten ein Mädel engagiert, das in Strapsen Sekt ausschenkte und die Kunden bediente. Die Leute schauten, manche kauften was. Es waren wohl alle zufrieden. Am besten gingen die Magazine und die Videos, auch Kondome und Hilfsmittel, Muschis, Puppen, Ringe, Dildos. Die gab es in verschiedenen Farben und Größen und in unterschiedlichen Materialien und verschiedenen Preisklassen. Ich hatte »Mercedes« zu bieten, aber auch »Trabant«. Aber die Leute waren mit allem zufrieden, was wir ihnen anboten, die mussten das ja auch erst mal alles ausprobieren. Der eine oder andere ist dann auch zu seinem »Mercedes« gekommen. Aber die meisten griffen in der Klasse »Opel« zu.

Es kamen fast nur Männer damals. Irgendwann hatte ich sogar Stammkunden, die sich regelmäßig Filme ausliehen. Das ist wie mit einer Gaststätte, mit der man zufrieden ist. Wenn einem das Essen geschmeckt hat, dann geht man auch gern wieder hin.

Am Anfang hatten wir auch ein Kino, einen Raum mit einem großen Fernseher, in dem Pornos liefen. Im Laufe der Zeit funktionierte das mit dem Kino aber nicht mehr, weil die Leute alle selbst Videorecorder zu Hause hatten. Wir überlegten, was wir machen könnten, und dann schlug mein Partner vor: »Lass doch mal jemanden strippen, hier im Kino.« Super Idee, dachte ich. Wir holten ein paar Europaletten, nagelten Bretter drauf und fertig war die Bühne. Über eine Annonce suchten wir eine Stripperin und ließen sie machen.

Die erste Stripshow war das reinste Chaos. Die Leute standen Schlange und wollten unbedingt rein. Jemand live nackig zu sehen ist dann doch etwas anderes, als sich ein Video anzuschauen. Wir konnten gar nicht alle reinlassen, wir hatten ja nur zehn oder zwölf Plätze. Ein paar Leute mussten dann stehen oder warten bis zur nächsten Show. Die Show dauerte 20 Minuten, das ist ziemlich lang. Die Stripperin musste sich ganz schön anstrengen. Aber es war ein lukratives Geschäft. Die DDR-Bürger hatten ja eine Menge nachzuholen.

Hier war man ohnehin offener und nicht so ängstlich wie im Westen. Dort wurde mehr Wert auf Diskretion gelegt. Das konnte ich in Hannover gut beobachten. Wenn dort jemand einen Vibrator kaufte, ließ er ihn gleich verschwinden. Die Kunden im Osten waren viel entspannter. Im Grunde waren sie ziemlich zufrieden, zumindest hat sich nie jemand beschwert. Es sagte höchstens mal einer, dass ihm ein Film nicht gefallen hätte. Und ein paar Mal hatte ich irgendwelche Aufkleber an den Schaufenstern, von Feministinnen, die fanden, dass das alles ganz schlimm sei für Frauen. Aber eigentlich war es unspektakulär. Und nur ein einziges Mal passierte etwas Außergewöhnliches:

Eines Abends kam ein Mann rein und lieh sich ein Video aus. Nach anderthalb Stunden kam er wieder, etwas angetrunken, knallte das Video auf den Tresen und maulte: »Will ich nicht, will 'ne Neue.«

Ich sagte: »Sorry, Sie haben sich das Video ausgeliehen, für den Inhalt kann ich nichts. Sie können sich aber gern noch ein anderes Video mitnehmen.«

Dann kramte er in seiner Plastiktüte rum und hielt mir eine Pistole unter die Nase. Ich nahm ihm die Pistole weg, knallte ihm eine und rief die Polizei an. Es kam gleich das SEK, das Sondereinsatzkommando, und verfrachtete ihn vor die Tür. Die Pistole war eine einfache Luftdruckpistole. Erst im Nachhinein bekam ich das große Zittern, es hätte ja auch schiefgehen können.

Das Sexgeschäft ist schnelllebig, es kommt ständig etwas Neues auf den Markt, vor allem bei den Magazinen und den Videos. Die Leute wollen immerzu neue Filme haben. Es wurde viel Zeug damals aus dem Westen in den Osten gekarrt.

1996, kurz vor Weihnachten, habe ich auch noch einen

Beate-Uhse-Shop aufgemacht, mitten im Zentrum von Magdeburg, als Lizenzpartnerschaft. Der Laden hat neunzig Quadratmeter und ist doppelt so groß wie der erste. Da habe ich ausreichend Platz für Wäsche und viele Dessous. Seit ich diesen Laden habe, kann ich die Leute das erste Mal richtig beraten. Hier können die Leute auch was anfassen. Ich führe oft was vor und zeige Unterschiede. Es gibt zum Beispiel Vibratoren, die riechen sehr stark, und andere hören sich an wie ein Rasierapparat.

Zur Eröffnung des Beate-Uhse-Ladens war Teresa Orlowski da, der Pornostar. Sie kommt aus Hannover wie mein Geschäftspartner, die beiden kannten sich. Eigentlich hat sie nichts gemacht an dem Tag, sie war einfach nur da und hat Autogramme gegeben. Einen Bodygard hatte sie auch dabei, der stand die ganze Zeit neben ihr und passte auf, dass niemand sie anfasst.

Der Laden war brechend voll und in jeder Ecke stand ein Detektiv, der aufpasste, dass nichts geklaut wird. Aber schon am nächsten Tag war das Geschäft leergeräumt. Über Nacht war jemand eingebrochen und hatte alles mitgehen lassen. Ich rief in der Beate-Uhse-Zentrale an: »Ich brauche dringend neue Ware.« Die kam in Kisten, und wir verkauften das Zeug teilweise gleich aus den Kisten.

Das große Geschäft ist inzwischen sicher vorbei. Seit zehn, zwölf Jahren gehen die Einzelhandelsumsätze in den Keller. Jetzt kann man ja alles im Netz bestellen. Mittlerweile haben sich die Ansprüche verschoben. Heute wollen die Leute mehr Qualität, inzwischen kommen auch mehr Frauen als Männer in die Beate-Uhse-Shops. Und wenn Männer ihren Frauen was schenken wollen, kommen sie meist mit den Frauen zusammen. So vermeiden sie Fehlkäufe.

Andreas Schwarzbach, geboren 1961 in Gardelegen, betreibt noch immer seinen Sexshop in Magdeburg.

»Wir hatten einen Musiker und eine Schweine-besamerin, so ging das los«

oder Wie Ulrike Meineke, Bezirksmeisterin
im Schreibmaschineschreiben, gemeinsam
mit anderen Bürgerrechtlern die unabhängige
Altmark-Zeitung gründete

Die Idee entstand im Neuen Forum. Ich war Mitglied der Arbeitsgruppe »Öffentlichkeitsarbeit« und hatte unter anderem die Aufgabe, die Verlautbarungen des Neuen Forums zur damaligen SED-Zeitung *Volksstimme* zu bringen. Wir mussten die Leute ja informieren, was wir überhaupt wollen, wann wir Demonstrationen machten. Bei der *Volksstimme* veröffentlichten die unsere Mitteilungen in den meisten Fällen aber nicht. Deshalb stellten wir Flugblätter her. Wir bekamen Unterstützung von vielen Organisationen und Menschen aus der alten Bundesrepublik, die uns Papier und alte Druckmaschinen zur Verfügung stellten. Die Flugblätter verteilten wir in ganz Salzwedel, die Resonanz war überwältigend. Irgendwann, als uns die Papierberge über den Kopf wuchsen, sagte jemand aus der Arbeitsgruppe: »Wir brauchen eine eigene Zeitung. Dann können wir uns das hier alles sparen.« Diese Idee verfolgten wir weiter und gründeten im November '89 die Bürgerinitiative *Altmark-Zeitung*.

Weil die Meinungsvielfalt das höchste Gut war, für das wir kämpfen wollten, beschlossen wir, dass in dieser Bürgerinitiative jeder mitarbeiten könne. Wir luden Vertreter aller Parteien und Massenorganisationen, die es damals in der DDR noch gab, zu einer großen Diskussionsrunde ein. Und so nahm die Idee der *Altmark-Zeitung* Gestalt an. Nie im Leben hätte ich vorher geglaubt, dass ich mal irgendetwas mit Zeitung oder Journalismus am Hut haben würde, nie.

Ich war Jungpionier und in der FDJ, ich hatte die 10. Klasse mit »sehr gut« abgeschlossen und wollte Chirurgin werden. Das war mein großer Wunsch. Aber meine Bewerbung fürs Abitur wurde mit der Begründung abgelehnt, dass Kinder aus Arbeiterfamilien studieren sollen und dass Schüler mit erheblich besseren Leistungen bevorzugt würden. Ich war dann mit meinem Vater im Berufsberatungszentrum. Die Absage für das Abitur war so spät gekommen, dass es fast keine Lehrstellen mehr gab. Es hieß, die einzige Möglichkeit sei, Traktoristin einer LPG zu werden. Das wollte ich nicht. Da sagte mein Vater: »Also wissen Sie was, dann wird meine Tochter die erste Arbeitslose in der DDR.« Daraufhin bekam ich doch noch eine Lehrstelle als Sekretärin, damals nannte sich das Facharbeiter für Schreibtechnik. Die Lehre brachte ich sehr gut zu Ende, aber die Sache erfüllte mich nicht, obwohl ich sagen muss, dass mir dieses Schreibmaschineschreiben und Stenographieren lag.

Ich war sogar Bezirksmeisterin im Schreibmaschineschreiben. Aber dieser Titel hatte nichts zu sagen, der war völlig folgenlos. Man wurde zu diesen Wettbewerben delegiert, machte mit, und der Gewinner freute sich. Aber es ging keine sozialistische Ehrung damit einher.

Ich überlegte, was ich ohne Abitur tun könnte, und entschied, ein Fachschulstudium aufzunehmen. Ich wollte etwas Nichtsozialistisches oder wenigstens nicht ganz so Sozialistisches machen. So kam ich zur Landwirtschaft, zu der ich von Haus aus überhaupt keine Beziehung hatte. Ich arbeitete ein Jahr in der LPG, fuhr Trecker, sortierte Kartoffeln, hackte Rüben, fuhr Mähdrescher, molk Kühe und absolvierte ein dreijähriges Fachschulstudium. Nach diesem Studium arbeitete ich kurzzeitig in der OGS, dem Großhandel für Obst, Gemüse, Speisekartoffeln, hatte aber keine richtige Aufgabe. Ich saß dort und wartete auf den Feierabend. Und dann, als ich die Vertretung der Chefsekretärin übernahm, die im Babyjahr war, kam die Wende.

Ich hatte zwar als Kind und Jugendliche alles mitgemacht, was man in der DDR mitmachen musste, aber ich hatte es nicht gern getan. Es war nicht so, dass ich mich aufgelehnt hätte, wie manche Bürgerrechtler in früheren Jahren. Ich hatte immer mitgemacht, aber als es so weit war 1989, wollte ich etwas verändern. Ich war damals 22 Jahre alt und bekam mit, dass sich in Salzwedel wie in Leipzig und anderswo das Neue Forum gegründet hatte. Dort sah ich für mich die Chance, mitzuwirken bei diesem Veränderungsprozess. Ich ging zu einer Informationsveranstaltung und fand alle Ziele, die mir vorschwebten, alles, was ich persönlich verändert sehen wollte, beim Neuen Forum wieder.

Damals wollte man zunächst eine demokratische Umgestaltung der DDR. Es war ja überhaupt noch nicht abzusehen, wohin diese Reise gehen würde. Dann wollte man die SED-Führung ablösen und Reisefreiheit, Pressefreiheit, Meinungsfreiheit haben. Meinungsfreiheit war der Punkt, der mich am meisten bewegte. Dass man in der DDR nicht seine eigene Meinung sagen durfte, hatte mich immer gestört. Ich hatte in der Schule immer eine Drei in Betragen, weil ich mit meiner Meinung aneckte. Sagen zu dürfen, was ich denke, war für mich das höchste Gut.

Man konnte Mitglied des Neuen Forums sein, um dazuzugehören, um zu zeigen, dass man diese Bewegung unterstützt. Oder man konnte aktiv mitarbeiten. Das wollte ich. Es gab verschiedene Arbeitsgruppen: Soziales, Kultur, Ökologie und Öffentlichkeitsarbeit. Mich interessierte Öffentlichkeitsarbeit, weil ich dachte, ich könnte dort mit den Fähigkeiten aus meiner Lehrzeit wie dem Maschineschreiben helfen. Es wurden Leute gebraucht, die Texte für Informationsblätter in Form und zu Papier bringen. Das war ungefähr im September 1989.

Die Stimmung im Herbst 1989 war aufgeheizt. Das Neue Forum war sehr aktiv in Salzwedel und es gab wie in Leipzig viele Demonstrationen. Ich ging natürlich zu jeder Demonstration. Es herrschte eine Aufbruchstimmung, wer konnte, der engagierte sich irgendwo, um zu zeigen: Ich bin dabei, ich will das. Andererseits gab es die SED-Genossen und die Leute von der Staatssicherheit, die man in einer Kleinstadt wie Salzwedel auch vom Sehen kannte, die sich auch unter die Demonstranten mischten. Ich will nicht sagen, dass wir Angst hatten, denn wenn man in dieser Menschenmasse war, fühlte man sich stark. Zugleich wussten wir, dass es jeden Moment zu einer Auseinandersetzung kommen konnte. Wir wussten, dass die Wasserwerfer in Bereitschaft standen. Aber wir wollten die Veränderung, und das schweißte uns zusammen.

Zu der Zeit gab es nur SED-Zeitungen in der DDR, die druckten natürlich nur, was der Partei genehm war Von Meinungsvielfalt konnte keine Rede sein. In der Wendezeit schrieb sich bei uns die *Volksstimme* zwar auf die Fahnen, auch andere Parteien und Organisationen zu Wort kommen zu lassen. Wahrscheinlich, weil sie merkte, dass es anders nicht mehr weitergeht. Umgesetzt wurde das aber nur ansatzweise. Und die Leute gierten richtig nach Informationen: Was passiert in dieser Stadt? Wie geht das weiter? Was will das Neue Forum? Wie will es das erreichen? Das Neue Forum war die einzige freie Organisation. Unser Problem war, die Menschenmassen zu erreichen. Das ging nur über eine eigene Zeitung.

Wir richteten also einen Runden Tisch ein, um diese Zeitung zu gründen. Es kamen aber nicht nur die, die wir eigentlich wollten, sondern es kamen auch die SED-Genossen. Und es kam die Staatssicherheit. Wir konnten das nicht beweisen, aber wir glaubten, dass die geschickt wurden, um diese neue Zeitung zu verhindern. Wir trafen uns vier, fünf

Mal in diesem großen Rahmen – und es wurde alles schon im Ansatz zerredet. Wir erkannten, dass wir so nicht weiterkamen, und verständigten uns darauf, eine geheime Wahl abzuhalten. Jeder in der Bürgerinitiative, der sich bereit erklärte, den ganzen Tag und die ganze Nacht engagiert für diese Zeitung zu arbeiten, konnte sich auf eine Liste setzen lassen. Letztlich blieben zwei übrig, eine davon war ich. Man musste im Vorfeld erklären, dass man bereit sei, seine Arbeit aufzugeben, ohne dass man wusste, was überhaupt passieren würde.

Bei einem der alten DDR-Blätter zu arbeiten wäre so ziemlich das Letzte gewesen, was ich hätte tun wollen. Zu verlautbaren, was die SED mir vorschreibt, wäre für mich nie in Frage gekommen. Dass ich Journalistin geworden bin, entstand lediglich aus der damaligen Situation. Ich dachte in dieser Zeit nie darüber nach, noch mal etwas anderes anzufangen. Das war überhaupt kein Thema mehr. Wir waren mit so viel Idealismus bei der Sache, dass uns nicht interessierte, was aus uns wird. Wir wollten etwas verändern und das mit Leib und Seele.

Wir waren nun zu zweit dafür zuständig, im Sinne der Bürgerinitiative Entscheidungen zu treffen. Zum Beispiel waren Antragsformulare auszufüllen. Man konnte ja nicht einfach so eine Zeitung herstellen. Wir mussten nach Möglichkeiten suchen, die Zeitung zu drucken, an ein Vertriebssystem und solche Dinge war noch gar nicht zu denken. Es gab jede Menge Papierkrieg. Wir mussten nach Magdeburg fahren, nach Berlin fahren und das alles noch unter der DDR-Regierung.

Wenn wir einen Antrag formulierten, gab es immer wieder den Einwand: »Ist es denn schon so weit, müssten wir nicht erst ausdiskutieren, was überhaupt in der Zeitung stehen soll?« So weit waren wir noch gar nicht gekommen. Wir wussten nur: Wir wollen Meinungsvielfalt und wir wollen mit dieser Zeitung die Heimatverbundenheit der Altmärker fördern. Aber in erster Linie wollten wir dem Dialog zur Umgestaltung breiten Raum geben. Das war für uns das oberste Ziel.

Ich war ja als ausgebildete Sekretärin in der Lage, zu gliedern, zusammenzufassen, auf den Punkt zu bringen. Was tue ich jetzt, was tue ich ein andermal. Zuerst stellten wir beim Ministerrat der DDR einen Antrag auf Erscheinen einer regionalen Zeitung.

Wir hatten inzwischen eine Art Postadresse bei der damaligen Salzwedel-Information. Die Leute wussten von der Bürgerinitiative *Altmark-Zeitung* und unterstützten das. Sie schickten schon Manuskripte, bevor es die erste Nummer gab. Da war ein ganzer Raum mit Kartons, die vollgepackt waren mit Manuskripten, mit Abobestellungen, mit guten Wünschen. Die Leute wollten, dass es losgeht. Und wir wollten das auch, nur wussten wir nicht, wie, wir hatten ja noch nicht die Genehmigung des Ministerrats. Doch dann beschlossen wir, nicht länger zu warten, sondern das einfach zu machen. So fuhren wir in das benachbarte Lüchow in Niedersachsen, das liegt nur zehn Kilometer von Salzwedel entfernt.

Der Verleger der dortigen *Elbe-Jeetzel-Zeitung* war begeistert von unserem Enthusiasmus und sagte, er würde uns die Nullnummer, also die erste Ausgabe, umsonst drucken. Und das dann gleich, wenn ich mich richtig erinnere, in einer Auflage von 40 000 Exemplaren. Wir fragten ihn, was unsere Aufgabe wäre, und er sagte: »Ich stelle euch ein paar Redakteure an die Seite, denen gebt ihr, was ihr habt, ihr bereitet das auf, und dann wird das gesetzt und gedruckt.«

Da saßen wir dann mit dem großen Papierberg. Ich begann, alles, was ich interessant fand, aus diesen Kisten zusammenzusuchen, tippte es auf der Schreibmaschine ab, gab den Manuskripten Nummern, malte auf ein Blatt Papier

Kästchen, schrieb da die Nummern rein, um den Redakteuren und Druckern zu zeigen, wo was stehen soll. Am Ende stand das Heimatgedicht neben der Gründung der SPD und solchen Dingen.

Die gedruckte Zeitung über die Grenze zu bekommen, war nicht ganz einfach. Es hätte gut sein können, dass man uns abgefangen und alles beschlagnahmt hätte. Wir waren ja inzwischen bekannt. Wir baten deshalb Kollegen von der *Lüchower Zeitung* und Bekannte aus dem Westen, die Zeitungen für uns rüberzubringen. Die legten Playboyhefte und was weiß ich oben drauf, und so ging das. Ich wurde an diesem Tag kontrolliert und hatte Gott sei Dank keine Zeitung und kein Manuskript bei mir.

Diese erste Ausgabe der *Altmark-Zeitung* erschien am 10. Januar 1990, sie sah schon aus wie eine richtige Zeitung. Allerdings mussten wir sie als Informationsblatt deklarieren. Ein Informationsblatt durfte man nicht verkaufen, weshalb wir die Zeitung nur gegen eine Spende abgeben konnten. Wir verteilten die Zeitung morgens auf den Marktplätzen. Zum Großteil holten sich die Leute die Zeitung auch selber von bestimmten Punkten, wie der Stadtinformation, dem Konsum oder der Post ab. Da hatten wir die Exemplare in Privatautos deponiert und das hatte sich rumgesprochen. Die Leute standen Schlange nach dieser ersten neuen Zeitung. Das war schon abenteuerlich.

Die zweite Ausgabe kam eine Woche später heraus. Und so ging es im wöchentlichen Rhythmus weiter, dann erschienen wir kurze Zeit zweimal pro Woche und seit dem 1. April 1990 täglich. Nun war aber die Lüchower Druckerei nicht darauf ausgerichtet, ständig 40 000 Exemplare zusätzlich zu produzieren. Wir fanden jedoch glücklicherweise sehr schnell bei der *Allgemeinen Zeitung* in Uelzen eine Lösung. Die Druckerei dort ist etwas größer. Der damalige Chefredakteur der *Allgemeinen Zeitung* kam zu uns nach

Salzwedel, er wollte hören, wie es läuft und ob er helfen kann. Bei den nächsten Ausgaben stand er uns zur Seite.

Die *Volksstimme* hat es, soweit ich mich erinnere, lediglich zur Kenntnis genommen, dass es nun die *Altmark-Zeitung* gab. Zumindest hat man an ihren Ausgaben nach unserem Erscheinen zunächst keine Veränderungen bemerkt. Aber schon im Januar nannte sich die *Volksstimme* plötzlich unabhängig, von einem Tag auf den anderen. Dazu schrieb ich in der zweiten Ausgabe der *Altmark-Zeitung* einen Kommentar, ich fand es unglaubwürdig, unmoralisch und unmöglich, dass dieselben Redakteure, die jahrelang Sprachrohr der SED gewesen waren, sich von heute auf morgen unabhängig nannten. Ich zeigte dem Chefredakteur aus Uelzen den Kommentar und fragte ihn, ob man das so machen könne.

Er sagte: »Sie sind in der DDR groß geworden, wenn Sie der Meinung sind, dass das so richtig und angemessen ist, dann schreiben Sie das.«

Wir waren ja alle keine Journalisten, wir hatten einen Musiker und eine Schweinebesamerin, so ging das los. Also versuchte er in dieser ersten Zeit, uns ein bisschen journalistischen Schliff zu geben, er half bei Aufbau und Anordnung der Artikel. Aber er hütete sich davor, inhaltlich oder sprachlich einzugreifen. Er sagte, dass ist die Sprache der DDR, und im Moment muss das genau so sein. Es war richtig, wie er das sah. Wir schrieben ja auch nicht nur unsere Artikel, sondern wir veröffentlichten in den ersten Ausgaben größtenteils Lesermeinungen. So wie wir sie von den Leuten bekamen, tippte ich sie ab, und am Ende stand dann eben eine Partei oder ein Name als Verfasser. Etwa vier Monate nach unserer Stunde Null war ich dabei, einen Leserbrief abzuschreiben, da merkte ich, dass da null Fehler drin waren. Und ich dachte, der Absender könne vielleicht bei uns mitarbeiten, einfach nur weil er fehlerfrei schrieb.

Wir riefen ihn an. Der Mann ist heute noch bei der *Altmark-Zeitung*.

Ich glaube, der Hauptgrund, dass die *Altmark-Zeitung* bis heute überlebt hat, ist die lokale Ausrichtung. Bei uns kommt nicht erst die große Welt oder das Land Sachsen-Anhalt, man hat den lokalen Einstieg in die Zeitung. Wichtig ist aber auch, dass wir damals unbelastet in diese Sache gehen konnten. Das wussten die Leser. Es war niemand dabei, der vorher in der SED oder irgendwo im Staat DDR eine Position gehabt hätte, in der er manipulativ tätig gewesen wäre. Wir waren Leute, denen der breite Dialog, die Meinungsvielfalt am wichtigsten war. Und das gilt bis heute.

Aus heutiger Sicht würde man, was man damals gemacht hat, sicher kein zweites Mal tun. Sich so ein Ziel zu setzen: Ich gründe jetzt eine Zeitung! Das konnte nur in dieser Situation entstehen, das wäre zu keiner anderen Zeit so möglich und machbar gewesen, nie. Mich macht es stolz, dass wir so erfolgreich waren und sind. Stolz macht mich auch die Erinnerung an diese Zeit. Damals konnte man ja das Drumherum gar nicht so wahrnehmen. Man arbeitete Tag und Nacht, es gab kein Bett mehr zum Schlafen, weil alles mit Manuskripten vollgepackt war. Aber es ist schön, wenn man sagen kann, das, was wir damals begonnen haben, hat sich gelohnt. Ich bin sehr glücklich mit dem, was ich tue, ich bereue nichts. Nur ein bisschen, dass ich nicht Chirurg geworden bin.

Ulrike Meineke, geboren 1967 in Salzwedel, ist heute Redaktionsleiterin der Altmark-Zeitung.

»Wir nannten das Besitzumverteilung«

oder Wie sich Thomas B. als Jugendlicher
Anfang der 90er Jahre in Leipzig mit geklauten
Autos vergnügte

Die Polizisten heutzutage sind gewiss keine Lachnummern. Aber ein Polizist in DDR-Zeiten hatte eine ganz andere Autorität. Ich hätte mir damals nie erlaubt, mit einem Polizisten so zu reden, wie ich es jetzt tue. Ich hatte als Jugendlicher vor der Wende immer mal Stress mit Polizisten, ich passte denen nicht. Und dann nach der Wende waren die plötzlich unsichtbar. Man sah natürlich ab und an mal ein Polizeiauto in Leipzig, aber richtig präsent war die Polizei nicht mehr. Zu der Zeit wäre – DDR hin, DDR her – ein bisschen mehr Autorität gut gewesen. Die Leute machten zum Teil, was sie wollten. Du konntest Lagerfeuer in der Stadt machen und es kam keine Polizei. Es war frei, es war schön, aber eben auch mit den Nachteilen, die zu viel Freiheit bringt. Das war wirklich eine anarchistische Zeit.

Wahrscheinlich hatten die bei der Polizei resigniert. Die werden gedacht haben: Was soll ich mich noch mit Leuten anlegen, wenn es dieses Land vielleicht bald nicht mehr gibt? Die hatten keine Motivation mehr. Als mein erstes Auto kaputtging, besorgte ich mir bei einem holländischen Händler einen Renault 4. Für 1000 Mark, tatsächlich wert war der vielleicht 100. Jedenfalls waren da noch die Westkennzeichen dran, aber ohne Prägemarke. Der war also abgemeldet. Als mich eines Nachts die Polizei anhalten wollte, hupte ich nur und fuhr einfach vorbei. Damit war die Sache erledigt. Die kamen mir nicht mal hinterher. Mit ein bisschen Mumm konnte man Anfang der 90er Jahre machen, was man wollte.

1990 war ich Maschinenarbeiter im Schichtbetrieb. Das gab richtig gutes Geld. Ich hatte 1000, manchmal 1100 Mark im Monat. Im Juli bekam ich den Lohn erstmals in Westgeld. Das war aber auch gleich das letzte Mal. Denn dann wurde ich arbeitslos. Ich bereue manchmal, meine Energie nicht positiver genutzt zu haben. Wir hatten die Chance, was aus unserem Leben zu machen. Andere Leute erkannten die Zeichen der Zeit. Wenn man in Hamburg auf irgendeinem Schrottplatz für 150 Mark einen Ascona kaufte, konnte man den im Osten für 1800 Mark verkaufen. Man musste nicht vier Wochen warten, bis ein Blöder kam, da kamen jeden Tag zwölf Blöde und rissen sich um die Autos. Wenn ich solche Geschäfte selbst gemacht hätte, wäre ich heute wenigstens saniert.

Aber wir machten andere Dinge. Wir nannten das Besitzumverteilungsmaßnahme. Ich war allerdings nicht so der wilde Einbrecher. Es gab Sachen, mit denen ich Gott sei Dank nichts zu tun hatte. Haushaltsauflösungen zum Beispiel: Zu Leuten, die das Falsche zu falschen Leuten gesagt hatten, fuhren ein paar Mann hin und räumten deren Wohnungen aus. Das waren kranke Nummern. Eine coolere Aktion hieß Weihnachtsgeschenke. Das war zur Weihnachtszeit, klarer Fall, wenn viele Leute ihre Verwandten besuchten. Man guckte vor Heiligabend ein Auto aus, bei dem man Geschenke im Kofferraum vermutete. Dann wurde nachgesehen, und das Zeug war weg.

Das erste Auto, das ich selbst klaute, war, glaube ich, ein Opel Kadett. Die Jungs, mit denen ich unterwegs war, brauchten zum Aufbrechen zwei Minuten, bei mir dauerte der erste Wagen gefühlte vier Stunden. Ich war eigentlich immer derjenige, der, wenn er ein geklautes Auto brauchte, seine Freunde bat, eines zur Verfügung zu stellen. Einmal

Thomas B., Anfang der 90er Jahre

fuhr ich einen silbernen Jetta, da war kein Schlüssel dabei, nur ein Steckmodul. Irgendwann musste ich tanken fahren, weil der Wagen mir ans Herz gewachsen war, sonst hätte ich auch einfach ein anderes Auto besorgen können. Ohne Schlüssel bekam ich den Tankdeckel nicht auf, das erledigte ein Freund für mich. Diesen silbernen Jetta hatte ich bestimmt drei Monate. Ich fuhr den auch nicht kaputt, ich kam eines Tages runter auf die Straße, und da war mein Auto weg.

Ob man nun ein Auto klaut oder einen Einbruch macht – es geht ums Adrenalin. Man sucht einen Kick, weil man sich langweilt. Damals dachte ich darüber nicht nach. Ich hatte immer mit wilden Leuten zu tun, da musste man flinke Füße haben. Und wenn hinter dir ein Blaulicht anging – ich will nicht sagen, dass ich das genoss – aber vielleicht wollte man das gerade so: Erst diese Angst und dann die Freude, wenn man die Polizei abgehängt hatte und nicht erwischt worden war.

Zur Hochzeit der Autodiebstähle in Leipzig, so ab 1992,

war ich schon 22, 23 Jahre alt. Diejenigen, die damals richtig loslegten, waren vier, fünf Jahre jünger. Die hatten erlebt, dass man straflos Schule schwänzen kann, das kannte ich als DDR-Kind nicht. Ich kann mich nicht erinnern, jemals die Schule geschwänzt zu haben. Aber die wurden schon ganz anders groß. Die wussten gar nicht, was richtige Autorität ist.

Die geklauten Autos fuhren wir manchmal kaputt, gar nicht mit Absicht, das passierte eben. Man ließ sie dann stehen, die Polizei schleppte sie ab. Meistens hatte man so ein Auto für ein, zwei Nächte. Dann baute man das Radio raus, schraubte die Alufelgen ab. Der Gedanke, das ganze Auto an irgendwelche krummen Hunde weiterzugeben, kam mir nie. Insgesamt, glaube ich, war ich bei 30 bis 40 Autodiebstählen dabei.

Am Anfang dachte ich nicht über die Leute nach, denen wir die Autos klauten. Wenn du einen 7er BMW klaust – das Ding ist eh versichert. Aber für solche Autos hatten wir nicht das richtige Equipment. Wenn man aber einen Opel Kadett klaut, wo hinten ein Kindersitz drin ist, oder einen rostigen alten Escort oder Trabbi, dann sagt man sich hinterher schon mal: Was bist du eigentlich für ein Arschloch? Oder wenn man sich überlegt, dass jemand dieses Auto für 3 000 Mark gekauft hat, da jeden Monat hundert Mücken in Rate abzahlt. Und du klaust dem die Karre einfach, das ist schäbig. Aber so richtig kam mir diese Einsicht erst, als ich es ohnehin nicht mehr machte.

Wenn man mit geklauten Autos erwischt wurde, gab es auch Strafen. Aber die schreckten keinen ab, sie waren zu schwach: Arbeitsstunden oder Geldbuße. Das ist kein Pappenstiel, aber Knast ist eine ganz andere Dimension. Ich bin heute der Überzeugung, es hätte viel verändert in unseren Köpfen, wenn man gleich beim ersten Mal vier Wochen Gefängnis bekommen hätte. Nicht mehr, wir waren ja fast noch Kinder. Aber einfach mal zu erfahren, wie schlimm das ist, wenn man nicht machen kann, was man will, wenn man nicht Fernsehen gucken kann, nicht reden kann, mit wem man will – das ist eine drastische Erziehung, die hätte was bewirkt.

Thomas B., geb. 1970 in Leipzig, ist arbeitslos und lebt mit Freundin und Tochter in seiner Geburtsstadt.

V. Lockruf des Geldes

Im Juni 1990 vereinbaren beide deutsche Staaten, wie sie offene Vermögensangelegenheiten regeln wollen: durch Rückübertragung von Besitz, der nach dem Krieg ohne Entschädigung enteignet worden war. Konflikte und Nöte sind vorprogrammiert: Vielfach sind es bereits die Erben einst um ihren Besitz gebrachter Westdeutscher, die nun Ansprüche anmelden an Grund und Immobilien, die aber jahrzehntelang von anderen genutzt wurden.

In den Geschichten dieses Kapitels geht es vorrangig um Besitzstandswahrung und Tradition – und demzufolge um harte Kämpfe. Adolf Wittek, der Bürgermeister von Passee, einer Gemeinde in Mecklenburg-Vorpommern, organisiert den Widerstand gegen einen westdeutschen Makler, der Teile des Dorfes gekauft hat und auf hohe Mieteinnahmen hofft. In höchster Not tritt Wittek in den Hungerstreik. Auch in Lübbenau im Spreewald sind die Einwohner auf die Eindringlinge aus dem Westen sauer. Das Adelsgeschlecht zu Lynar erhält zahlreiche Liegenschaften zurück, die der Familie nach Kriegsende weggenommen worden waren. Beatrix Gräfin von Lynar erinnert sich, wie schwierig es war, in Lübbenau ein neues Leben zu beginnen. Der Hessener Zahnarzt Georg Elsner will mit einer Immobilie in Dessau schnell viel Geld machen. Statt Rendite erwarten ihn Ärger, Gerichtsstreitigkeiten und Verluste.

»Ist das jetzt der Preis der Demokratie?«

oder Wie der Dorfbürgermeister Adolf Wittek
gegen einen Grundbesitzer aus dem Westen
und eine Lücke im Gesetz kämpfte

An das Datum erinnere ich mich noch ganz genau, es war der 4. Februar 1991. An diesem Tag kreuzte der Makler Thomas Schmidt* zum ersten Mal bei uns in Passee auf. Ich war damals Hauptamtbürgermeister. Herr Schmidt stellte sich bei uns im Büro als neuer Grundeigentümer vor. Das verwunderte uns im ersten Moment zwar, aber wir wussten bereits, dass es einen Regelungsbedarf für das Grundstück gab, auf dem unser Mehrzweckgebäude mit dem Bürgermeisterbüro stand. Das erste Gespräch lief manierlich ab, Herr Schmidt war eine akkurate Erscheinung und man dachte sich nichts Böses. Man sagt ja, der erste Eindruck von einem Menschen sei wichtig. Das stimmt auch oft. In diesem Fall aber nicht. Schon beim zweiten Treffen servierte Herr Schmidt uns einen Mietvertrag, er wollte Geld sehen. So begann die Eskalation.

Die Sache war die: Dieses Land mitten im Dorf, ungefähr elf Hektar, gehörte einer Erbengemeinschaft. Auf diesem Grundstück standen ein Bauernhaus mit zwei Wohnungen, eine Garage und das Mehrzweckgebäude, in dem unter anderem das Bürgermeisterbüro, eine Verkaufsstelle und die Post untergebracht waren. Außerdem gab es noch einen Parkplatz und eine Kläranlage. Ein Vertreter der Erbengemeinschaft war einmal bei uns gewesen, wir wussten, dass

* Name geändert

die Gemeinschaft eine Gesamtlösung wollte. Damit war für uns die Sache erst mal vom Tisch. Wir hatten als Gemeinde weder das Geld noch das Recht, ein Wohnhaus zu kaufen oder eine Kläranlage. Wir erklärten zwar, dass wir den Teil des Geländes, auf dem das Mehrzweckgebäude steht, auf jeden Fall kaufen würden. Aber die Erbengemeinschaft verkaufte dann ohne unser Wissen alles an den Makler Thomas Schmidt. Für 60 000 D-Mark.

Als Herr Schmidt mit dem Mietvertrag kam, brach bei uns natürlich ein gutes Stück Vertrauen weg. Wir dachten ja, dass wir das geregelt bekommen. Wir hatten nicht mal das Recht, Einspruch gegen den Verkauf zu erheben. Da ist man schon sauer. Aber man weiß gar nicht so richtig, auf wen man sauer sein soll. Auf die, die die Gesetze so lückenhaft machen, oder auf den, der dann sein Recht durchsetzen will.

Formal hatte Herr Schmidt recht, weil es im Einigungsvertrag eine Gesetzeslücke gab. Erst im August 1992 wurde im Bundestag ein Gesetz verabschiedet, das ein Vorgehen wie das von Herrn Schmidt ausbremste. Da wurde festgelegt, dass, wer etwas gebaut hatte vor der Wende und das nach der Wende weiter nutzte, auch Besitzer blieb. Und das Mehrzweckgebäude war Anfang der siebziger Jahre in der DDR mit öffentlichen Mitteln gebaut worden. Mir dreht sich heute noch der Magen um, wenn ich mir vorstelle, dass ich für so ein Gebäude auf einmal Miete bezahlen, also wieder Steuergelder ausgeben sollte. Dieses Gebäude hatten weder die Erbengemeinschaft noch der Herr Schmidt gebaut oder bezahlt.

Herr Schmidt forderte anfangs ein paar hundert D-Mark Miete von der Gemeinde. Als wir sagten, das zahlen wir nicht, kam er mit einem anderen Mietvertrag, zuletzt waren es 1 600 D-Mark im Monat. Für die Verkaufsstelle sollte noch extra Miete gezahlt werden. Als das neue Gesetz im Sommer 1992 verabschiedet wurde, schützte uns das zu-

Die Verkaufsstelle von Passee kurz vor der Zwangsräumung im Juni 1992

nächst, aber da war die Verkaufsstelle gerade geräumt worden. Das war nicht mehr rückgängig zu machen. Die Angelegenheit hatte sich hochgeschaukelt und Herr Schmidt in erster Instanz eine Räumungsklage gewonnen.

Der erste Räumungsversuch, der nur die Verkaufsstelle betraf, war angekündigt. Wir als Gemeinde organisierten den Protest mit. Aber wir brauchten nicht viel zu tun, weil die Leute in dieser Sache dermaßen aufgebracht waren. Viele der älteren Bürger hatten beim Bau des Gebäudes mitgeholfen. Die hatten das mit ihren eigenen Händen gebaut und waren entschlossen, sich zu wehren.

So versammelte sich ein großer Teil des Dorfes, Passee hatte damals 250 Einwohner, um das Gebäude zu blockieren. Es wurde zwar Polizei geholt, aber die Polizisten sagten, sie würden keine alten Leute wegtragen. Das waren auch Sternstunden, zum Beispiel wenn sich ein 85 Jahre alter Mann vor die Verkaufsstelle stellte und sagte: »Ich gehe hier nicht weg.« Dieser Mann war ja in einer Zeit des Gehorsams aufgewachsen.

Die Stimmung war gar nicht mal schlecht. Man sah, dass die Leute zu einem halten in so einer Situation. Das ist schön. Von der Sache her war es natürlich schlimm, es drohte uns, das Gebäude zu verlieren. Wir hatten Angst, dass der Makler mit seinem Vorgehen durchkommt. Die Polizei zog nach einer Stunde wieder ab, nachdem die Bürger unmissverständlich mitgeteilt hatten, dass sie sich nicht wegrühren würden. Herr Schmidt stieg wutentbrannt in sein Auto und fuhr Richtung Bad Schwartau, wo er herkam.

Ich wusste schon an diesem Tag, dass ich keinen Sieg errungen hatte. Wir hatten ja schon die Gerichtsverhandlung verloren. Und ich wusste, dass es rechtlich eine schwere Kiste werden würde. Wir wussten aber eben auch, dass dieses Gesetz in Arbeit war, und hofften, lange genug durchzuhalten.

Leider gelang uns das nicht, denn die zweite Räumung der Verkaufsstelle war nicht angekündigt. Die Polizei rückte mit einem massiven Aufgebot an und sperrte sofort alles ab. Es waren sogar zwei Polizisten mit Hunden da, um die Bürger zurückzuhalten. Die Stimmung war äußerst gereizt. Man spürte, dass den Polizisten das alles auch nicht passte, trotzdem wurde geräumt. Auch meine Frau war mit den Nerven am Ende, sie betrieb nämlich die Verkaufsstelle. Als Herr Schmidt dort aufkreuzte, musste ich meine Frau festhalten. Ich musste wirklich hinter ihr herrennen, um sie zu bremsen. Sie holte mit dem Fuß aus und trat ihm eins vors Schienbein, so wütend war sie. Sie hatte den Laden dort gemietet, sie war Verkäuferin mit Herz und Seele. Und dann wurde ihr das auf diese Tour vermasselt.

Nach dem ersten Schock kamen die Bürger und sagten: »Lasst uns wenigstens die Ware retten, nicht, dass er auch noch die Ware bekommt.« Und so transportierten die Leute mit Einkaufswagen wie in einem Ameisenverband die Sachen von der Verkaufsstelle ins gegenüberliegende Kulturhaus, wo die Gaststätte leerstand. Mittags hatte sich auch meine Frau gefangen und koordinierte alles. Wir bauten die Regale wieder auf, räumten die Ware ein, da war meine Frau schon wieder einigermaßen fit. Am nächsten Tag öffnete sie den Laden wieder. Das war wahrscheinlich die beste Therapie.

Herr Schmidt hatte verhindern wollen, dass wir die Ware und die Einrichtung wegbringen. Aber die Gerichtsvollzieherin und die Polizei machten ihm unmissverständlich klar, dass ihm die Ware nicht gehöre. Als er schließlich im Handstreich versuchte, gleich noch die Schlösser im Verwaltungsteil auswechseln zu lassen, da stellte sich unsere Mitarbeiterin in den Weg, die eine Figur hatte, mit der sie die Tür gut ausfüllte. Wieder schaltete sich die Polizei ein, überprüfte das Urteil der Gerichtsvollzieherin und forderte Herrn Schmidt auf, sich zurückzuziehen.

Am Abend der Räumung saßen wir zusammen, die Frauen tranken eine Flasche Sekt, die Herren ein Bierchen und ein Schnäpschen. Es gab nichts zu feiern, aber man musste diesen Tag irgendwie ausklingen lassen. Und das konnte man nur, indem man sich zusammensetzte und redete. Das tat gut. Aber ich war an diesem Abend auch ausgebrannt. Wir waren in Berufung gegangen gegen das Räumungsurteil, und nun wurde nicht mal die Gesetzesänderung abgewartet, es wurde ohne Rücksicht auf Verluste geräumt. Ich war so erbost, dass ich in Hungerstreik trat. Ich zog mich ins Gebäude zurück und war nicht mehr rauszubekommen. Ich sagte mir: Und wenn ich daran hops gehe, mir ist das egal.

Bürgermeister Adolf Wittek

Ich zog das durch, mehrere Tage. Die Gemeindeärztin untersuchte mich regelmäßig. Ich stand das einigermaßen durch, man sieht mir heute noch an, dass nichts zurückgeblieben ist. Aber damals bekam man wohl doch ein bisschen Angst um mich. Jedenfalls rückte der Landrat an und signalisierte, dass das Gesetz durchgehen würde, auf das wir warteten und dass es für einen Fall wie unseren anwendbar wäre. Da war der Zweck meines Streiks weg. Mehr konnte ich zu dem Zeitpunkt nicht erreichen. Hätte ich gewartet, bis der Bundespräsident das Gesetz unterschreibt, wäre ich tatsächlich verhungert. Das wollte ich mir dann auch nicht antun.

Weil die Verkaufsstelle schon geräumt worden war, hielt sich unsere Freude über die Entwicklung in Grenzen. Aber wenigstens schien der andere Teil des Mehrzweckgebäudes gesichert. Es zeigte sich dann auch, dass der Herr Schmidt an dieses Gebäude nicht mehr herankommen sollte.

Wenige Tage nach Ende meines Hungerstreiks begingen wir die 675-Jahr-Feier unserer Gemeinde. Die stand natürlich noch unter dem Eindruck dessen, was geschehen war, aber es war trotzdem ein sehr schönes Dorffest, eines der größten Feste, die wir je veranstaltet haben. Wir erlebten, dass wir überregional unterstützt wurden. Landtagsabgeordnete waren da, der Landrat, viele hohe Beamte. Es wurde auch eine Losung angebracht: »Schmidt konnte zwar den Laden erringen, aber uns kann er nicht bezwingen.«

Wir erfuhren in dieser Zeit viel moralische Unterstützung. Nicht nur bei der 675-Jahr-Feier, auch danach noch. Die Post, die wir in dieser Sache bekamen, war in der Hauptsache aus den alten Bundesländern. Die Leute schrieben mir: »Halte durch, das ist nicht der typische Wessi, lass dich nicht unterkriegen.« Das baute mich schon auf, gerade weil die Briefe aus den alten Bundesländern kamen.

Der Streit mit Herrn Schmidt war für mich zunächst auch ein Ost-West-Konflikt. Aber dieser Gedanke legte sich bald. Wenn man einfach nur wütend ist und sich wehren muss, hat man keine Zeit zum Nachdenken. Aber irgendwann dachte ich darüber intensiver nach, und da war es für mich kein Ost-West-Konflikt mehr. Es war ein Konflikt zwischen unserer Gemeinde und einem Menschen, der mit rigorosen Mitteln seine Interessen durchsetzen wollte. Ohne Rücksicht auf die Menschen, die es betraf. Es ging ja nicht nur um die Gemeinde, es betraf auch zwei Familien, die seit Kriegsende auf dem Grundstück wohnten. Eine weitere Familie hatte ihre Garage dort. Und der Zweckverband betrieb die Abwasseranlage auf dem Grundstück. Da geht man schon in sich und sagt: Wie kann das alles passieren? Wir hatten ja Lösungsangebote gemacht.

Herr Schmidt hatte die typischen Eigenschaften eines Maklers, so wie man das aus schlimmen Filmen kennt. Aber das hatte mit Wessi nichts zu tun. Ich habe inzwischen Menschen aus den alten Bundesländern kennengelernt, mit denen wir gut zusammenarbeiten. Und ich wäre denen gegenüber ja ungerecht, wenn ich sagen würde, das sei ein typischer Wessi gewesen. Ich sage es mal so: Er hatte ein übersteigertes Geltungsbedürfnis. Er war nicht in der Lage, zu akzeptieren, dass man auch mal verliert.

Und der Streit mit Herrn Schmidt war noch lange nicht vorbei. Er merkte wohl irgendwann, dass er auf normalem rechtlichem Wege nicht mehr zu seinem Ziel kommen würde. Dann versuchte er, die Gemeinde mürbe zu machen, und überzog uns mit Räumungsklagen. Er zog eine Klage durch, verlor und fing mit der nächsten an. Das machte er auch mit den Leuten, die in dem Wohnhaus lebten, die waren zu der Zeit schon um die 60. Er machte es auch mit denen, die die Garage hatten. Er klagte ohne Ende. Genug Geld hatte er offenbar. Ich finde es traurig, dass es in einem Staat wie der Bundesrepublik, der sich demokratisch nennt, möglich ist, andere Menschen so mit Gerichtsverfahren zu überziehen, dass sie daran verzweifeln. Das Ergebnis war, dass die beiden Mietparteien, die in dem Bauernhaus wohnten, auszogen. Das traf mich schwer, weil es Familien waren, die ich von klein auf kannte. Die waren nach dem Krieg als Kinder nach Passee gekommen und hatten immer hier gelebt. Nun waren sie so verbittert, dass sie ganz aus der Gemeinde weggingen.

Die Krönung von Schmidts Schikanen war – da muss man sich auch fragen, wie er das überhaupt erreichen konnte – dass er mir als Bürgermeister gerichtlich ein Betretungsverbot für das Gebäude erteilen ließ. Das war schon eine Posse. Erst wollte ich das Verbot ignorieren, aber als mir eine Strafe von 500 000 D-Mark angedroht wurde, beugte ich mich. Wir legten natürlich gleich Widerspruch ein, nur dauerte es, bis der durch war. Gott sei Dank war Sommer. Drei Wochen lang saß ich vor dem Gebäude auf einer Wiese, die nicht Schmidt gehörte. Ich saß auf einer Bank mit einem Tisch davor und erledigte die Amtsgeschäfte. Meine

Kollegin reichte mir die Unterlagen raus, die ich brauchte, und ich reichte sie wieder rein, wenn ich fertig war. Wir wollten zeigen, dass wir uns nicht unterkriegen lassen von solchen Attacken, gerade was dieses Betretungsverbot betraf. Glücklicherweise blieb in diesen drei Wochen das Wetter gut. Dann kam der Gerichtstermin, und das Verbot wurde sofort vom Tisch gefegt.

Es passierten noch viele andere Dinge. Die Garage auf dem Gelände zum Beispiel ließ Herr Schmidt einfach von einem Radlader plattfahren. Zuvor hatte es wochenlang Theater um diese Garage gegeben. Einmal kam es zu einer handgreiflichen Auseinandersetzung mit der Frau, die sie nutzte. Weil die Garage nur zehn Meter von meinem Büro entfernt stand, bekam ich das mit. Als ich dazukam, ließ Schmidt von der Frau ab und wandte sich mir zu. Ich drehte mich unter ihm weg und machte einen Schulterwurf, da lag er am Boden. Ich ließ ihn wieder hochkommen, es lag mir fern, auf ihn einzuschlagen, ich wollte ihn ja nur von der Frau wegbekommen, die er angegriffen hatte. Er stand auf, holte aus und schlug mir die Faust ins Gesicht. Damit war die Sache erst mal erledigt.

Natürlich waren die Leute im Dorf gereizt, wenn Schmidt auftauchte. Da hätte man nur zu pfeifen brauchen, dann hätte er eine Tracht Prügel gekriegt. Doch ich wollte vermeiden, mich auf dieses Niveau zu begeben. Denn so konnten wir immer sagen: Wir fühlen uns im Recht. Ob ich noch im Recht bin, wenn ich jemanden verprügele, das möchte ich bezweifeln. Aber es juckt schon in den Fäusten, wenn man so traktiert wird. Es gab auch wegen des Klärwerks noch viel Ärger und einige Handgreiflichkeiten, in die Herr Schmidt und auch ich verwickelt waren. Aber das ist eine andere Geschichte.

Auch wenn mir, was da alles passierte, manchmal über den Kopf wuchs, dachte ich nie daran, wegzugehen. Ich lebe in Passee mit kleinen Unterbrechungen seit 1962. Das ist meine Heimat, da ziehe ich nicht weg. Und es ist ja auch so: Wenn wir gegangen wären, was wäre das für ein Zeichen gewesen?

Am meisten ärgere ich mich darüber, dass sich das alles so lange hinzog. Dieses Gesetz war so löchrig, dass wir schlussendlich erst 2007 mit den Gerichtsstreitigkeiten um das Grundstück zu einem Ende kamen.

Adolf Wittek, geboren 1955 in Bad Lauchstädt, ist nach wie vor ehrenamtlicher Bürgermeister von Passee, seine Frau Renate arbeitet in einer Fabrik, die Produkte für den regionalen Tourismus herstellt. Das Mehrzweckgebäude und das dazugehörige Grundstück sind heute im Besitz der Gemeinde.

»Einige sagten, wir sollten doch da bleiben, wo wir herkämen«

oder Wie Beatrix Gräfin zu Lynar ihr Leben
in Portugal aufgab, um sich mit ihrer Familie
eine neue Existenz in einem alten Familienschloss
in Lübbenau aufzubauen

Vor vierzig Jahren habe ich geträumt, dass wir Lübbenau zurückbekommen. Ich komme aus dem Westfälischen, und den Leuten dort sagt man nach, sie hätten Vorahnungen. Es war ein glasklarer Traum, den ich da hatte, aber die Familie lachte mich aus. Es war ja auch wirklich nicht zu erwarten, dass das klappt mit der Rückübertragung unseres Schlosses in Lübbenau. Die Treuhand hatte nämlich versucht, das Haus zu verkaufen, obwohl wir ein sogenannter Restitutionsfall waren. Sie verhandelte gleich mit dem ersten Bieter, mit einem Herrn Hillebrand, einem rheinischen Bauunternehmer, der das Schloss für eine Mark haben wollte. Der hat vierzehn Kinder, und jedes Kind sollte sein eigenes Schloss bekommen. Mit dem Mauerfall sah er eine günstige Stunde gekommen und glaubte, die Schlösser, die ihm noch fehlten, nun zusammenkaufen zu können.

Er setzte den Stadtverordneten in Lübbenau Flausen in den Kopf, was er alles investieren und wie er halb Lübbenau sanieren würde. Sein Architekt machte sofort Umbaupläne, und erst in diesem Moment merkte Hillebrand, dass das Schloss ein Restitutionsobjekt war. Er war clever und erkannte, dass er den Prozess nicht gewinnen würde. Also trat er zurück. Die Treuhand versuchte dann, das Objekt noch einmal zu verkaufen und schrieb es öffentlich aus. Wir reihten uns ein in die Schlange der Käufer, bekommen hat das Haus aber ein Reiseveranstalter. Unser Rechtsanwalt erwirkte zwischenzeitlich eine einstweilige Verfügung gegen den Verkauf. Und im November 1991 bekamen wir das Haus schließlich zurück.

Das Schloss gehört der Familie meines Mannes, einem jahrhundertealten toskanischen Adelsgeschlecht, und war nach dem Krieg enteignet worden. Alle Kinder gingen zur Ausbildung und zum Studium nach Westdeutschland. Mein Mann machte noch die mittlere Reife in Cottbus, aber dann verschlug es auch ihn in den Westen, nach Wiesbaden. 1957 ging er für die Firma Hoechst nach Brasilien und 1960 nach Portugal. Dort lernten wir uns kennen, dort wollten wir bleiben, Portugal war unsere Heimat geworden.

Als die Mauer fiel, war ich gerade in Deutschland. Ich machte eine Chemotherapie und wollte nicht immer hin und her fliegen. Dann hörte ich, dass in Lübbenau das Johanniterkreuz meines Schwiegervaters wiedergefunden worden war und dass es in die Kirche gebracht werden sollte. Da sollte die Familie doch dabei sein, dachte ich, und ging zur Botschaft der DDR. Die DDR war für mich damals Ausland, und ich brauchte einen Pass. Ich war vorher noch nie in der DDR gewesen, auch als Schülerin nicht. Wenn meine Klasse eine Fahrt in den Osten unternahm, durfte ich nicht mit. Mein Vater war Offizier, und es war nicht gut, wenn Offizierstöchter durch die DDR reisten. Er kam auch nicht auf die Idee, mich ins Flugzeug nach Tempelhof zu setzen.

Ich wusste nicht viel über die DDR. Aber ich erinnere mich an einen Brief, den eine Freundin von ihrer Cousine in der DDR bekam. Meine Freundin hatte ihrer Cousine geschrieben, dass sie für ein Jahr nach Amerika fährt, um dort richtig Englisch zu lernen. Die Cousine schrieb zurück: »Ihr im Westen tut mir leid, dass Ihr extra irgendwohin fahren müsst, um eine Sprache zu lernen. Das haben wir hier nicht nötig, wir haben Lehrer, die uns die Sprache beibringen.« Das hat mich beeindruckt damals.

Mein Mann kam bei unserem ersten Besuch in Lübbenau nicht mit. Er wollte seine Heimat so in Erinnerung behalten, wie er sie verlassen hatte. Er trauerte dem nach, was nicht mehr war. Ich fuhr mit meiner Schwägerin dorthin, der Frau des Bruders meines Mannes. Wir waren sehr überrascht, was da jetzt alles anders war. Aber wir wurden herzlich aufgenommen, von einem älteren Bauern zum Beispiel, der unserer Familie immer treu geblieben war. All die Jahre über schickte unsere Familie Päckchen in die DDR, ungefähr zwanzig Leute kriegten regelmäßig welche. Ein Gärtner bekam immer Plastiktöpfchen, über die er sich sehr gefreut hat, denn die gab es im Osten nicht.

Von außen war das Schloss gar nicht mal so heruntergekommen. 1972 hatte man es total renoviert, und im Vergleich zu anderen Häusern, die klein und verfallen waren, war es ein stattliches Gebäude. Als wir das erste Mal hinfuhren, durften wir nicht hinein. Da war noch ein Computerausbildungszentrum aus DDR-Zeiten drin, das war sogar von den anderen Lübbenauern abgeschirmt. Wir wohnten in einem kleinen Hotel in der Nähe des Bahnhofs, es hatte zehn Zimmer, und der Wirt strahlte, als er uns sagte, er könne uns ein sehr schönes Zimmer geben, sogar mit Warmwasser. Ich erwartete nichts, aber dann sah ich einen Fünfliterboiler im Zimmer. Das Zimmer durfte er nicht an Einheimische vermieten, sondern nur an Ausländer. Zu dem eiskalten Klo musste man trotzdem weit über den Flur. Und da stand dann auch eine anderer Gast und wusch sich mit dem eiskalten Wasser. Es war Winter, wir hatten zwanzig Grad minus. Am nächsten Morgen fragten wir, wann es denn Frühstück gäbe. Der Wirt antwortete: »Am Bahnhof.«

Als wir zum zweiten Mal nach Lübbenau kamen, hatte der technische Leiter des Computerausbildungszentrums das Schloss als Hotel gepachtet. Wir mieteten uns einfach ein, fünf Tage lang, und wohnten auf diese Weise in unse-

Beatrix Gräfin zu Lynar, heute Hotelier

rem Schloss. Allerdings kannten wir zunächst nur das Restaurant im Keller und das Zimmer, in dem wir schliefen. Also fragten wir bei der Rezeption nach, ob wir nicht ein bisschen mehr vom Schloss sehen könnten. Meine Schwägerin hoffte, noch etwas zu finden, das sie an früher erinnerte. Die Portiersfrau sagte: »Eigentlich darf ich das nicht. Aber heute nacht um elf, wenn alle weg sind, führe ich Sie mal durchs Haus.« Und dann schlichen wir uns wie Diebe über die Flure und schauten uns alles an. Wir waren sehr enttäuscht. Alles war umgebaut worden, eigentlich war nur noch das Treppenhaus echt, und überall waren Aluminiumtüren eingesetzt worden. Schlimm.

Später, als klar war, dass wir das Haus zurückbekommen, hatten wir viele Anfragen, es kamen viele Leute, die gern ihre Pläne mit dem Schloss verwirklichen wollten: Hotel, Wellnessklinik, Spielcasino. Manche Lübbenauer freuten sich, dass der Graf wieder zurück war, und schnell war die Rede von einer Grafschaft. Andere sahen uns nicht so gern, die empfanden uns als Eindringlinge, denn sie lebten ja schon vierzig Jahre dort und wir waren gerade erst gekommen. Dass die Familie meines Mannes über 400 Jahre in Lübbenau ansässig war, zählte nicht.

Als wir im November 1991 das Haus zurückbekamen, mussten wir um einen zinsgünstigen Kredit kämpfen, den gab es nämlich nur noch bis Ende des Jahres. In der Kürze der Zeit hätten wir es nie geschafft, Baupläne zu erstellen. Da kamen wir auf die Idee, auf den Architekten des Herrn Hillebrand zurückzugreifen. Der hatte ja alles da: sämtliche Grundrisse und Ausschreibungen. Das hat uns gerettet, und wir konnten mit den Umbauten beginnen. Wir sagten uns: Wir sind zwar keine Hoteliers, aber wenn wir das Schloss schon zurückbekommen, dann springen wir eben ins kalte Wasser.

Wir besorgten Fachkräfte und machten vieles selbst. Ich selbst habe viel gemalt und genäht. Es musste einigermaßen gut aussehen, durfte aber nicht viel kosten. Aber so konnten wir alles in das Haus einfließen lassen, was uns entsprach: unsere Ethik und unsere Moral, unsere Religion und unseren Geschmack. Ich musste meinen Mann überzeugen, seinen Job in Portugal aufzugeben. Dabei half mir mein Schwager, der Bruder meines Mannes, mit dem wir den Rückübertragungsantrag gemeinsam gestellt hatten. Mein Mann wurde frühpensioniert, und die Familie zog nach Lübbenau.

Wir kamen mit einem Möbelwagen aus Portugal und lebten zunächst in einem Hotel. Im Schloss oder in einem anderen unserer Häuser konnten wir noch nicht wohnen. Später stellte uns der Direktor eine gemauerte Datsche zur Verfügung. Als ich im November eines Morgens aus dem Fenster schaute, war die Datsche komplett von Wasser umgeben. Nach langem Regen waren die Spreearme über die Ufer getreten. Daraufhin kriegten wir einen Stasi-Bungalow aus Pappe, wo wir den Sommer über hausten. Im Winter kamen wir in einer Pfarrwohnung unter. Aber bald wurde das Gärtnerhaus an der Orangerie frei. Wir renovierten es und zogen dort ein. Nach sechs Jahren und einer wilden Odyssee waren wir endlich so weit, dass wir alle unsere Sachen auspacken konnten.

Unsere vier Kinder waren stinksauer, dass wir nach Brandenburg gingen. Ihre Heimat war ja Portugal. Wir ließen dort eine wunderschöne Villa in der Nähe von Lissabon zurück, die wir auch erst später verkauften, weil wir anfänglich gehofft hatten, wir könnten zwischen Deutschland und Portugal pendeln. Aber das Haus in Portugal konnten wir finanziell nicht lange halten. Wir hatten letztlich auch gar keine Zeit, ständig hin und her zu fliegen.

Bald war auch klar, dass wir die Gebäude in Lübbenau so herrichten mussten, dass sie sich selbst trugen. Also renovierten wir zuerst das Schloss und Stück für Stück die anderen Gebäude, wunderschöne alte Stallungen. Aus dem Schloss machten wir ein Hotel, und das Gutshaus richteten wir für unseren ältesten Sohn her. Der ist Landwirt und zog mit seiner Familie in diese Einöde. Fast jedes Jahr wurde ein neues Haus auf dem Schlossgelände abgerissen oder saniert, je nachdem, was die Bausubstanz hergab.

Wir wurden in Lübbenau nicht mit offenen Armen empfangen. Es gab viele, die sagten, wir sollten doch da bleiben, wo wir herkämen. Manchmal klingelte nachts das Telefon, und wir wurden beschimpft und verleumdet, es gab sogar Morddrohungen. Einer rief mitten in der Nacht an und sagte: »Sind Sie immer noch nicht verschwunden? Wenn Sie nicht bald weg sind, dann sorgen wir dafür, dass Sie bald weg sind.« Ich war ganz hektisch und schaute erst mal nach meinem Sohn. Um unseren jüngsten Sohn machten wir uns immer große Sorgen. Er ging in Lübbenau zur Schule, und wir fürchteten, dass ihm etwas passiert. Das sagten wir ihm aber nicht, wir versuchten, die Nerven zu behalten. Wir hatten das Image, glaube ich, dass wir nichts weiter tun, als auf dem Sofa zu sitzen und die Geldscheine zu zählen. Aber ich sagte, es bringt überhaupt nichts, sich zu verteidigen. Man muss das eben ertragen.

Mein Mann bekam sogar schriftliche Morddrohungen. Manchmal fragte ich mich schon, was ich hier eigentlich mache. Ich hatte doch so ein schönes Leben in Portugal. Aber dann war da auch wieder die Familientradition, und wir sprachen uns Mut zu: Wir wollten das irgendwie durchstehen. Mein Mann war nicht so optimistisch und nicht so euphorisch wie ich. Er spricht nicht sonderlich viel und wenn ihm etwas nicht passt, dann frisst er es in sich hinein. Ich weiß, dass das alles sehr an seinen Nerven zerrte. Aber er stellte sich der Aufgabe.

Ich glaube, die Angriffe gegen uns hatten auch etwas mit dem Ost-West-Konflikt zu tun. Wir hatten in vielem andere Vorstellungen. Mit dem Hotel mussten wir zum Beispiel 48 unqualifizierte Mitarbeiter übernehmen, die hatten von Hotellerie noch weniger Ahnung als wir. Der Hoteldirektor wollte damals ein ganzes Hotelmonopol an sich reißen und kaufte in der Region alles auf, was er bekommen konnte. Er war dem Ganzen gar nicht gewachsen, eigentlich war er Dozent an der Uni, das konnte er gut. Aber Hotelwesen? Er hatte keinerlei kaufmännische Erfahrung und war am Ende hoch verschuldet. Nach vier Jahren merkten wir, dass das alles nicht so richtig lief, und engagierten eine Beraterfirma. Die sagte: »Als Erstes trennen Sie sich mal von Ihrem Hoteldirektor. Die Dankbarkeit hat auch mal ein Ende.«

Tja, und dann trennten wir uns von unserem alten Hoteldirektor und stellten einen neuen ein. Der kam von großen Hotelketten, *Kempinski* und *Vier Jahreszeiten*. Wir dachten, der passt wunderbar zu uns und in unser Haus. Aber er war ganz andere Dimensionen gewöhnt. Wenn so ein Riesenhotel mal eine Million Miese macht, dann stört das nicht weiter. So ein kleiner Betrieb, wie wir einer waren, bekam das jedoch äußerst schmerzlich zu spüren. Wir mussten uns also auch von diesem Direktor trennen.

Am Anfang war auch eine unserer beiden Töchter mit dabei, als frischgebackener Lehrling. Sie war so etwas wie die Einäugige unter den Blinden und versuchte, einigermaßen Format in den Hotelbetrieb reinzubringen. Aber das war schwierig. Nehmen wir nur mal die Kellner. Die standen den ganzen Tag in der Gegend rum, mit einem Glas Wein in der Hand und feierten irgendwas. Es gab ja immer was zu feiern. Und dann schloss unsere Tochter einfach das Lager und das Zwischenlager ab, und niemand kam mehr ran an den Wein. Das war schon fast eine kleine Revolution. Manchmal gab es auch Unstimmigkeiten mit der Kasse. Die Angestellten sagten, wir würden ihnen nicht vertrauen. Oder der Oberkellner. Der saß im Restaurant mit dem Hintern auf dem Tisch, ließ die Beine baumeln und aß eine Banane.

Unsere Tochter sagte: »So geht das aber nicht. Wenn jemand reinkommt und Sie so sieht. Sie können Ihre Banane hinten essen.«

Er sagte: »Von Ihnen lasse ich mir gar nix sagen. Sie sind eine verwöhnte Göre und können nur in Nobelhotels existieren.«

Oder es fragte am Empfang jemand nach dem Restaurant, und die Angestellte dort sagte: »Gehen Sie mal lieber in den ›Nussbaum‹, dort ist es billiger.«

Einigen Angestellten haben wir gekündigt, andere gingen von allein. Die wollten anders arbeiten, als wir es von ihnen verlangten. Einige waren es gewohnt, nachmittags um drei in ihrem Garten zu sitzen. Für manche Entlassungen mussten wir viel bezahlen. Es gab zum Beispiel vier Hausmeister, jetzt haben wir einen.

Kurios war auch, wenn früher Stadtführer mit ihren Gruppen vorbeikamen. Eine Zeitlang wohnten wir in der Orangerie, und die Leute standen dann direkt vorm Küchenfenster. Manche Stadtführer erzählten: »Schauen Sie sich mal dieses Haus hier an. Die Stadt hat früher viel Geld dafür ausgegeben, dass es erhalten bleibt, und jetzt kommen die hier aus dem Westen und setzen sich ins gemachte Nest.« Oder die erzählten, dass unser Hotel wahnsinnig teuer sei. Das war natürlich totaler Quatsch. Wir nahmen vielleicht ein Viertel von dem, was die angaben. Manchmal ging ich dazwischen und widerlegte die Lügen. Und manche sagten ganz private Sachen über uns: »Naja, leicht haben die es auch nicht. Erst stirbt die Tochter und dann stirbt auch noch der Schwager.«

Mitunter war es auch nur peinlich, was die Leute erzählten. Mein Bruder machte mal eine Kahnpartie durch den Spreewald mit, der Kahn kam an der Orangerie vorbei, und der Fährmann sagte: »Da hinten ist die Orangerie. Die ist dafür da, dass sich der Graf jeden Morgen seinen Orangensaft pressen kann.«

Es hätte mir ja egal sein können, aber so viel Dummheit hielt ich nicht aus und ging zum Bürgermeister. Ich erklärte ihm, die Stadt möge sich doch mal genauer ihre Mitarbeiter anschauen. »Oder wollen Sie wirklich, dass die Gäste abreisen und sagen: Mein Gott, sind die in Lübbenau vielleicht dämlich.«

Inzwischen haben aber diejenigen, die uns näher kennengelernt haben, ein gutes Verhältnis zu uns. Was sie hintenrum über uns sagen, weiß ich nicht. Die uns nicht kennen, stänkern immer noch. Aber ich bin froh, dass wir das mit Lübbenau gemacht haben. Lübbenau ist meine Heimat geworden. Ich bin noch oft in Portugal, etwa drei Mal im Jahr. Wenn ich dort aus dem Flugzeug steige, bin ich dort zu Hause. Und wenn ich hier ankomme, bin ich hier zu Hause.

Beatrix Gräfin zu Lynar, geboren in 1944 in Göppingen, ist gelernte Kindergärtnerin. Sie betreibt mit ihrem Ehemann, Guido Graf zu Lynar, im Lübbenauer Schloss, das nach der Wende in den Familienbesitz zurückging, heute ein Vier-Sterne-Hotel.

»Eine bombensichere Anlage im Osten«

oder Wie der Marburger Zahnarzt Hubert Elsner
mit einer Immobilie in Dessau schnell viel Geld
machen wollte, aber Schiffbruch erlitt

Da war diese große Kreuzung. Und ein schwarzer Bau, ein
Ungetüm aus DDR-Zeiten. Und daneben stand dieses wunderschöne weiße, neue Haus, das lehnte förmlich an der
schwarzen Ruine. Daneben gab's nichts mehr. Das weiße
Haus steht in Dessau in Sachsen-Anhalt, darin steckt mein
Geld. Das hat der Falk Fonds organisiert, eine Fondsinitia-
tive, die vor allem geschlossene Immobilienfonds aufgelegt
hat. Das heißt, dass man in solch einen Fonds nur in einem
bestimmten Zeitraum investieren kann, danach wird der
Fonds geschlossen.

Es war Oktober, Ende der 90er Jahre, und schon relativ
kalt. Ich ging rum ums Haus und schaute mir alles an. Zu
diesem Zeitpunkt wusste ich ja schon, dass ich reingelegt
worden war vom Falk Fonds. Ich schaute auf das Klingel-
brett und sah nur blanke Schilder. Das Haus war fast komplett leer. Nur ein Zahnarzt war noch da und ein Fotoladen.
Rein ins Haus ging ich nicht. Dafür hätte ich ja irgendwo
klingeln müssen und sagen: »Ich würde hier gern mal gucken.« Das wollte ich nicht. Ich konnte ja sowieso nichts
mehr machen, das Ding war gelaufen: Das Geld weg, die
Immobilie leer, der Falk Fonds pleite. Dabei hatte alles so
hoffnungsvoll angefangen.

1993 war ich bei Studienfreunden in Heidelberg. Wir kamen auf die Altersvorsorge zu sprechen, und ein Freund
sagte: »Da hat mich letzte Woche einer angerufen, bei dem

habe ich Versicherungen abgeschlossen. Die haben da eine bombensichere Anlage im Osten.« Ein paar Tage später bekam ich auch schon einen Anruf von der Vermittlungsgesellschaft, die Leute dort sagten, über das Steuerbegünstigungsgesetz könne man in eine Immobilie in Dessau einsteigen. Dann wurden mir Unterlagen zugeschickt. Das interessierte mich, ich wollte etwas für meine Altersvorsorge tun. Der Prospekt las sich gut: sichere Anlage, alles prima, schöne Bilder. Eigentlich kann nichts passieren, dachte ich. Außerdem war die »großpolitische Lage« ja so, dass Besserverdienende sich in den Osten einkaufen und ihn damit zum Blühen bringen konnten. Aber für mich sollte natürlich auch etwas dabei rausspringen, klar. In den geschlossenen Immobilienfonds in Dessau investierten 40 oder 50 Zahnärzte und Ärzte, alle glaubten daran, dass das eine gute Sache sei. Und man musste relativ wenig Eigenkapital aufbringen.

Ein Vertreter dieser Vermittlungsgesellschaft machte kurzfristig einen Termin bei mir zu Hause. Ich wohne in Marburg an der Lahn in Hessen, meine Zahnarztpraxis ist zehn Kilometer außerhalb von Marburg. Zum Mittagessen fahre ich immer nach Hause. Der kam also mittags, wir setzten uns ins Wohnzimmer. Es ging schnell und war unkompliziert, die Unterlagen waren vorbereitet. Unterschreiben Sie hier und hier, dann machen Sie hier noch ein Kreuz und hier auch noch eins. In zehn Minuten war die Sache erledigt. Dann musste ich auch schon wieder zurück in die Praxis.

Der Hochglanzprospekt versprach bis zu 20 Euro Miete für den Quadratmeter, das war als Geschäftshaus konzipiert. 20 Euro Miete. Heute weiß jeder, dass das utopisch ist. In den zehn Minuten habe ich eine Finanzierung in Höhe von 300 000 Mark unterschrieben. Mein Eigenanteil belief sich auf 120 000 Mark, der Rest wurde über die Stadtsparkasse München finanziert. Innerhalb von 15 Jahren soll-

Hubert Elsner investiert nach der Wende in eine Ost-Immobilie

te sich mein Kredit um ein Drittel reduzieren. Und dann sollte das Haus weiterverkauft werden, angepeilt war 2013, so dass der Kredit getilgt wäre und gleichzeitig noch etwas übrigbliebe für die Altersvorsorge. Die haben mit dem vierfachen Verkaufswert gerechnet.

Als ich unterschrieb, war ich vorher noch nie in Dessau gewesen. Ich hatte weder Verwandte noch Freunde im Osten. Aber unbekannt war mir Dessau nicht, ich wusste einiges aus der Geschichte, über das Bauhaus beispielsweise. Auch ansonsten hörten sich die Nachrichten aus Dessau gut an: Das Bundesumweltamt zog dorthin, die Umgebung war schön, viel Grün, Parks und Wasser.

Das erste Jahr war noch ganz okay, da war das Haus fast komplett vermietet, die Allianz saß zum Beispiel drin, die zahlte eine relativ hohe Miete. Aber die kleinen Läden konnten sich überhaupt nicht halten. Ich glaube, die Miete für die Kleinhändler betrug 40 Mark pro Quadratmeter. Die waren dann bald zahlungsunfähig. Es war relativ schnell abzusehen, dass die Finanzierungskosten durch die Mieteinnahmen nicht mehr zu decken waren. Gerechnet wurde beispielsweise mit 20 000 Euro Mieteinnahmen, es waren aber nur 3 000 Euro. Es war also klar, dass diejenigen, die da investiert hatten, nicht nur nichts rauskriegten, sondern aus der eigenen Tasche Geld dazuschießen mussten. Das war eigentlich schon innerhalb der ersten fünf Jahre klar. Und dann ging es von Jahr zu Jahr weiter bergab.

Ein paar Mal war ich in München auf den Gesellschafterversammlungen. Das war meist nicht spektakulär. Das Management des Falk Fonds hat die Zahlen vorgelesen: Wie war der Mietbestand im vergangenen Jahr, wie viel Geld wurde eingenommen, wie viel wurde ausgezahlt, wie sieht der Reparaturfonds aus. Dann wurde alles abgenickt, keine große Sache. Aber auf einmal sagten die, dass die Allianz ausgezogen sei und dass wir mit großen finanziellen Einbrüchen rechnen müssten. Und dann ging es weiter: Es gab nur noch wenig Mieter, und viele hatten Mietrückstände. Und die wenigen Mieteinnahmen, die es gab, wurden verbraucht für Renovierungsarbeiten, Müllbeseitigung und solche Sachen. Dann wurde versucht, über die Immobilienbüros in Dessau zu vermieten, aber das klappte auch nicht. Rund um das Geschäftshaus war nichts los. Das Leben spielte sich auf der anderen Straßenseite ab. 200 Meter weiter gab es ein neues Einkaufszentrum mit allem Drum und Dran. Da wollte natürlich niemand in unserem Haus ein Geschäft aufmachen, noch dazu für so hohe Mieten. Und 2004 war dann der Falk Fonds, die gesamte Falk Gesellschaft, pleite. Jedes Jahr kam ein Brief, in dem die nackten Zahlen aufgelistet waren. Ich kriegte schwitzige Hände, als ich zum Beispiel in dem Schreiben las, dass sich ein Architekturbüro eingemietet hatte. Dann stand da aber auch, dass das Büro noch 40 000 Mark zu zahlen hatte. So schaukelte es sich mit den Jahren hoch. Und irgendwann gingen die Informationen auch durch die Presse.

Ich ärgerte mich wahnsinnig. Einerseits über mich selbst, dass mir so etwas passieren konnte, dass ich mich so hatte reinlegen lassen. Das hatte doch alles so seriös geschienen, die Sparkasse München saß ja mit im Boot. Andererseits war ich sauer auf den Falk Fonds, der uns alle übers Ohr gehauen hatte.

Jetzt muss ich unsinnige Kredite tilgen und ich habe Einbußen im täglichen Leben. Obwohl ich ganz gut verdiene, ist es für mich schon viel Geld, das ich da verloren habe. Glücklicherweise ist meine Existenz nicht bedroht.

Das alles beschäftigt mich jetzt seit fünfzehn Jahren. Ich möchte damit nichts mehr zu tun haben. Ich prozessiere gegen den Falk Fonds und versuche, aus der Sache irgendwie rauszukommen. Das dauert jetzt auch schon vier Jahre.

Bevor ich das erste Mal nach Dessau fuhr, um mir das Haus anzusehen, wollte ich eigentlich durch den Park spazieren. Dazu hatte ich dann keine Lust mehr.

Hubert Elsner, geboren 1947 in Essen, arbeitet weiterhin als Zahnarzt.

VI. Die Vergangenheit kehrt zurück

Die DDR war kein Rechtsstaat. Sie leistete sich mit dem Ministerium für Staatssicherheit (MfS) einen riesigen Überwachungs- und Gängelungsapparat, der die Menschen bis in die Schlafzimmer hinein verfolgte. Viele Täter – offizielle wie inoffizielle Mitarbeiter des MfS – sind sich bis heute keiner Schuld bewusst. Viele Opfer sind gebrochene Menschen, traumatisiert bis an ihr Lebensende. Vor allem wenn sie erleben müssen, wie die Täter von einst bis heute keine Reue zeigen.

Mario Röllig und Ursula Franz sind zwei dieser Opfer. Röllig wäre an der Wiederbegegnung mit dem ehemaligen Stasi-Offizier, der ihn Ende der 80er Jahre im Stasi-Gefängnis Hohenschönhausen wochenlang verhört hatte, fast zugrunde gegangen. Ursula Franz arbeitete nach der Wende den Prozess gegen ihren Vater Manfred Smolka auf, der aus politischen Gründen 1960 zum Tode verurteilt und hingerichtet wurde. Sie hoffte vergeblich auf die Entschuldigung des einstigen Staatsanwalts und des Fluchthelfers, der ihren Vater verraten hatte.

Außerdem erzählt in diesem Kapitel der Dramaturg Christian Pöllmann, wie am Plauener Theater enttarnte ehemalige Informanten der Staatssicherheit eine zweite Chance bekamen, wenn sie sich der Diskussion unter Kollegen stellten. Und der Wissenschaftler Bertram Nickolay berichtet, wie er mit seinen Kollegen am Fraunhofer-Institut über Jahre an der

Entwicklung einer Maschine arbeitete, die zerhäckselte Akten wieder zusammensetzen kann – und zu seinem Erstaunen mit dieser Idee bei der Behörde der Bundesbeauftragten für die Unterlagen des Staatssicherheitsdienstes der ehemaligen Deutschen Demokratischen Republik keine offenen Türen einrannte.

»Wie kann man jemanden zur Abschreckung zum Tode verurteilen?«

oder Wie Ursula Franz 34 Jahre nach der Hinrichtung ihres Vaters miterleben musste, dass Mitverantwortliche von einst nur Bewährungsstrafen bekamen

Mein Vater, Manfred Smolka, wurde im Mai 1960 vom Bezirksgericht Erfurt nach fünftägiger Verhandlung zum Tode verurteilt. Am 12. Juli 1960 wurde das Urteil in Leipzig mit dem Fallbeil vollstreckt. Mein Vater war 29 Jahre alt.

Ich war ein kleines Mädchen. Ich konnte nicht glauben, dass er tot war. Es sprachen so viele Dinge dagegen. Es gab keine sterbliche Überreste, keine Sterbeurkunde, keinen Abschiedsbrief. Noch nach der Wende hoffte ich, dass er nicht umgebracht worden war, dass er irgendwo eingesperrt war, aber am Leben. In all diesen Jahrzehnten hoffte ich auch, auf meine Fragen Antworten zu bekommen, endlich zu erfahren, was wirklich passiert war, damals, als mein Vater versuchte, meine Mutter und mich in den Westen zu holen und unser Fluchtversuch verraten wurde. Doch erst nach der Wende konnte ich beginnen, Licht ins Dunkel zu bringen.

Mein Vater war Offizier bei der Grenzpolizei im thüringischen Titschendorf. Er war gern Polizist, aber er kam mit dem Regime nie zurecht. Es gab oft Auseinandersetzungen. Schließlich warf er sein Parteibuch hin und wurde daraufhin unehrenhaft aus dem Dienst entlassen. Er suchte, bekam aber keine andere Arbeit. Als er einsehen musste, dass er keine Zukunft mehr in der DDR hatte, floh er schweren Herzens in den Westen. Erst mal allein. Das war 1958 im November. Ich war acht Jahre alt. Später erfuhr ich, dass mein Vater gewollt hatte, dass meine Mutter und ich gleich mitgehen, aber meine Mutter war unsicher, was uns erwarten würde. Deshalb vereinbarten meine Eltern, dass mein Vater im Westen eine Arbeit finden und Fuß fassen sollte und wir dann nachkämen. Am 22. August 1959 war es so weit. Ein Fluchthelfer namens Fritz Renn, ein ehemaliger Kollege meines Vaters, sollte uns zur Grenze bringen, wo mein Vater uns in Empfang nehmen wollte.

Die beiden Männer hatten einen bestimmten Pfiff ausgemacht. In dem Moment, in dem Renn pfiff, sollte mein Vater sich auf der westlichen Seite der Grenze zeigen. Das tat er auch, er kam aus dem Wald, stieg durch den Stacheldraht, durchquerte den Zehn-Meter-Streifen – da fielen Schüsse.

Mein Vater lief zurück. Auf einer Waldlichtung brach er zusammen. Er war am Bein getroffen worden. Die Grenzpolizisten betraten westdeutsches Gebiet und nahmen ihn fest. Sie brachten ihn auf die Ostseite. Das Gesicht meines Vaters war bleich und fassungslos, das werde ich nie vergessen. Ich schrie und wollte zu ihm. Aber ich wurde festgehalten. Die letzten Worte, die mein Vater uns zurief, als man ihn vorbeischleifte, waren: »Es wird alles wieder gut!«

Er wurde in einen Jeep verfrachtet, meine Mutter und ich in einen anderen. Ich habe meinen Vater nie wiedergesehen.

Ich wurde von meiner Mutter getrennt und zu meiner Großmutter, der Mutter meines Vaters, gebracht. Aber ich kam nach allem, was geschehen war, in der fremden Umgebung nicht zurecht. So nahm mich meine andere Oma zu sich. Wir erfuhren, dass meinem Vater der Prozess gemacht werden sollte, und wir wussten, dass auch meine Mutter abgeurteilt werden sollte. Aber der ganze Ablauf war undurchsichtig. Schließlich erhielt die Mutter meines Vaters die Mitteilung von seiner Hinrichtung.

Meine Mutter wurde 1960 ebenfalls verurteilt und saß bis 1963 im Gefängnis. Nach ihrer Entlassung sprach sie nie über die Haft. Nach der Wende fragte ich sie, warum sie

Das Hochzeitfoto der Eltern von Ursula Franz

über das Thema immer geschwiegen habe. Da erst erzählte sie, dass sie hatte unterschreiben müssen, über ihre Gefängniszeit keine Aussagen zu machen, andernfalls drohte ihr erneute Haft.

Nach der Wende stellte ich Strafanzeige gegen die Beteiligten, deren Namen ich kannte: zunächst den Fluchthelfer Fritz Renn und den Staatsanwalt Paul Wieseler, der sowohl den Prozess gegen meinen Vater als auch den gegen meine Mutter geführt hatte.

Weil inzwischen die Stasiakten freigegeben worden waren, erfuhren meine Mutter und ich Stück für Stück endlich mehr über die Geschehnisse. Drei, vier Jahre stellte ich immer wieder bei der Stasiunterlagenbehörde in Berlin Anträge, um zu erfahren, ob weitere Akten gefunden worden seien. Ich war insgesamt bestimmt achtmal in Berlin, immer wenn ich erfuhr, dass etwas gefunden worden war. Manchmal waren es nur wenige Akten, plötzlich wieder ein ganzer Berg.

Für uns war es ein Handicap, dass es mit der Akteneinsicht nur schrittweise voranging, es wurden immer nur

Bruchteile gefunden, und man musste versuchen, Zusammenhänge herzustellen. Heute könnte man alles belegen vom Fluchttag bis zur Aburteilung und der Hinrichtung meines Vaters. Gegen meinen Vater war ein Schauprozess aufgezogen worden. Zu den fünf Verhandlungstagen 1960 wurden viele Offiziere geladen, um ihnen zu zeigen, was man mit »Grenzverletzern« machen konnte. Mein Vater bekam die Strafe nicht für etwas, das er getan hatte, sondern zur Abschreckung.

Anhand der Unterlagen kann man den Prozesshergang heute nachvollziehen. Staatsanwalt Wieseler beantragte die Todesstrafe gegen meinen Vater, die aber schon Monate zuvor feststand. Es gab ein Gespräch zwischen Erich Honecker, dem damaligen ZK-Sekretär für Sicherheitsfragen, und der damaligen Justizministerin Hilde Benjamin, bei dem der Fall meines Vaters ein Tagesordnungspunkt war. Es ist belegbar, dass die SED und die Staatssicherheit Schuld an dem Urteil tragen. Es war eine Machtdemonstration. Der Prozess wurde »aus erzieherischen Gründen« geführt. So steht es in einem Bericht des Ministeriums für Staatssicherheit. Gegen Erich Mielke, der 1960 bereits Minister für Staatssicherheit war, stellte ich später ebenfalls Strafantrag. Aber Mielke war aus gesundheitlichen Gründen nicht mehr verhandlungsfähig.

Ich habe den Eindruck, an die Großen wagte man sich bei der Aufarbeitung des Unrechts nicht heran. Diese Leute waren zu Zeiten der DDR geschützt von ihren eigenen Gesetzen, und nach der Wiedervereinigung waren sie geschützt durch den Rechtsstaat Bundesrepublik.

Es gab einen Mithäftling meines Vaters, Klaus Schmude, der nach der Wende Kontakt zu meiner Mutter und mir aufnahm. Mein Vater hatte im Gefängnis zu ihm gesagt: »Wenn man einmal so in deren Klauen ist, dann muss man mit harten Strafen rechnen.« Mein Vater rechnete mit zehn Jahren

Gefängnis. Als dann der Staatsanwalt die Todesstrafe beantragte, glaubte er noch – das kann man nachlesen –, er könne Berufung einlegen. Man machte ihm Hoffnungen, obwohl das Todesurteil feststand. Das ist für mich einfach nicht zu begreifen. Wie kann man jemanden zur Abschreckung zum Tode verurteilen?

Klaus Schmude half uns viel, als wir den Fall aufarbeiteten. Er fand auch heraus, wo Paul Wieseler und Fritz Renn wohnten. Wir gingen zu Wieseler. Wir wollten wissen, ob er bereut. Wieseler hatte damals die Anklageschrift verfasst, sicher. Aber er war ja auch diesem Stasisystem unterworfen, er musste sich bestimmt auch an Vorschriften halten. Da denkt man doch, dass einem Menschen nach all den Jahren vielleicht mal der Gedanke kommt: Da ist unsagbares Unrecht geschehen.

Klaus Schmude klingelte an Wieselers Haustür. Meine Mutter und ich standen etwas abseits. Wir waren sehr aufgewühlt. Doch nach dem Klingeln passierte gar nichts. Wir bekamen Herrn Wieseler nicht zu Gesicht.

Beim Prozess gegen Wieseler im Sommer 1994 in Erfurt versuchte der Richter schon Recht walten zu lassen. Aber ich werde das Gefühl nicht los, dass Prozesse wie unserer nur geführt wurden, um den Schein zu wahren und die Gemüter zu beruhigen. Die ganze Verhandlung dauerte sechs Wochen. In diesen sechs Wochen sagte der Wieseler keinen Ton. Er saß schweigend auf der Anklagebank und hörte sich alles an. Aufgrund seines Gesundheitszustandes konnte er nur zwei Stunden Verhandlung am Tag durchstehen. Er hatte einen Arzt. Er hatte Beistand. Um meine Mutter kümmerte sich niemand. Es interessierte keinen, wie es ihr gesundheitlich ging. Ganz schlimm wurde es, als mir einer der Anwälte von Herrn Wieseler in einer Verhandlungspause einmal die Frage stellte, ob ich kein schlechtes Gewissen hätte, die Steuerzahler mit meinem Prozess zu belasten. Das musste ich mir als Opfer, als Hinterbliebene von jemandem der unrechtens zum Tode verurteilt wurde, sagen lassen. Das kann man nicht beschreiben, das muss man erlebt haben. Es war grauenvoll.

Und dann war die Verhandlung gegen Wieseler ausgerechnet in dem Gerichtssaal, in dem mein Vater zum Tode verurteilt worden war. Es war nicht nur das gleiche Gerichtsgebäude am Erfurter Domplatz, es war der gleiche Saal. Zu wissen, was in dem Raum 34 Jahre zuvor passiert war, machte mich noch fassungsloser. Ich weiß nicht, warum man diesen Raum wählte. Man hätte einen anderen nehmen sollen. Vielleicht war es Absicht, und man wollte den Wieseler damit zum Nachdenken bewegen. Aber bei ihm half das gar nichts. Der saß da, und man hatte das Gefühl, das alles gehe ihn gar nichts an.

Wieseler wurde durch die Hintertür in den Gerichtssaal gebracht. Der Mann musste noch nicht mal den Haupteingang nehmen, er hatte wieder Privilegien, er wurde geschützt vor der Presse. Warum betrat er das Gerichtsgebäude nicht durch den Haupteingang wie alle anderen auch?

Einmal während der Verhandlung griff ich Wieseler an, nicht körperlich, aber ich bezeichnete ihn als Mörder meines Vaters. Ich war relativ laut, ich ging auf ihn zu. Seine Reaktion: Nichts. Und nach sechs Wochen Prozess sagte er, dass er das gleiche Urteil wieder beantragen würde. Der Mann hatte nichts gelernt. Der zeigte keine Reue.

Ich hatte erwartet, dass er sich entschuldigt bei uns für das Leid, das er angerichtet hatte. Er hatte gegen einen jungen Mann, der eine Familie hatte, der voller Ideen war, der gesund war, die Todesstrafe beantragt. Und das Todesurteil war vollstreckt worden. Als wir mit den Akten die Sterbeurkunde meines Vaters bekamen, stand dort als Todesursache: Herzinfarkt. Dabei wurde mein Vater mit dem Fallbeil hingerichtet. Das ganze System war so verlogen.

Am letzten Prozesstag gegen Wieseler hofften wir, dass er zu einer Gefängnisstrafe verurteilt würde. Aber er bekam eine Bewährungsstrafe. Lächerlich: Ein Mann in dem Alter – er war damals Anfang 80 –, der würde sich nie mehr was zuschulden kommen lassen. Die zehn Monate auf Bewährung, das war für ihn überhaupt keine Strafe. Der Moment, als meine Mutter und ich das Urteil hörten, war ein Schock. Ich war wie gelähmt. Ich fühlte Ohnmacht, Verzweiflung, Unverständnis. Meine Mutter weinte fürchterlich. Jahrzehnte hatten wir gewartet, die Schuldigen vor Gericht zu sehen. Zu DDR-Zeiten hatte ich die Hoffnung fast schon aufgegeben. Und dann kommt es zum Prozess, und es wird so ein Urteil gefällt. In diesem Saal. Wenn ich daran denke, wie man meinen Vater in diesem Raum fünf Tage lang fertiggemacht hatte. Ich hörte während des Prozesses in diesem Raum ständig seine Stimme.

Kurz vor dem Prozess hatte ich diese Stimme wirklich gehört. Ich erhielt die Mitteilung, man habe Tonbandaufzeichnungen gefunden vom Prozess gegen meinen Vater, und dass ich Kopien davon bekommen könne. Ich hätte mir die Bänder auch in Berlin anhören können, aber man riet mir ab. Was auch sehr gut war. Diese Bänder zu hören war furchterregend. Mir war ganz elend. Ich konnte nicht mehr als zehn Minuten, oft nur fünf Minuten abhören, dann musste ich abschalten. Diese Tonbänder hätten als Beweismittel für die Verhandlungen dienen können. Doch es hieß, es sei kein Bildmaterial dazu vorhanden und die Tonbänder allein würden nicht ausreichen.

Auf den Tonbändern ist der gesamte Prozess gegen meinen Vater festgehalten. Manches ist besser, anderes schlechter zu verstehen. Wen man gut versteht mit einer Stimmlage, bei der es mir eiskalt den Rücken runterlief, das ist Wieseler. Wie er damals meinen Vater fertigmachte, das ist unbeschreiblich.

Ich brauchte Monate, um alle Bänder abzuhören. Es war nervlich nicht anders auszuhalten. Das letzte Bild, das ich von meinem Vater habe, ist der Abtransport. Die letzten Worte: »Es wird alles wieder gut.« Dann nie mehr irgendetwas. Und nun – nach Jahrzehnten – hörte ich wieder seine Stimme: Er bat um sein Leben, im Interesse seines Kindes. Doch alles Bitten half ihm nichts. Er wurde belogen. Man behandelte ihn wie den letzten Dreck. Man ließ ihn in dem Glauben, es gäbe noch Hoffnung. Aber die gab es nicht.

Und dann wird 34 Jahre später der verantwortliche Staatsanwalt zu einer Bewährungsstrafe verurteilt. Nach dem ersten Schock hätte ich fast einen Schreikrampf bekommen. Wie fühlt sich ein Mensch, der selbst Kinder hat, wenn er weiß, dass er einer Tochter den Vater, einer Frau den Ehemann, den Geschwistern den Bruder, der Mutter den Sohn genommen hat? Was muss das für ein Mensch sein, frage ich mich. Ist das überhaupt einer?

Eine Haftstrafe für Wieseler oder auch eine Entschuldigung von seiner Seite hätten meinen Vater nicht wieder lebendig gemacht, aber ich hätte das Gefühl gehabt, es sei etwas getan worden. Sicher sind diese Gefängnisse heute nicht mit denen aus DDR-Zeiten zu vergleichen, in denen politische Häftlinge eingesperrt waren. Aber im Gefängnis wäre er vielleicht zum Denken angeregt worden. Er wäre aus seinem gewohnten Leben gerissen worden, das so ruhig verlaufen war. Vielleicht wäre das gut gewesen.

Bei Fritz Renn, dem Fluchthelfer, verlief vieles ähnlich. Auch zu Renn gingen wir auf Initiative von Klaus Schmude und wollten, dass er sich dem stellt, was geschehen war. Auch er öffnete uns nicht die Tür. Wir gingen unverrichteter Dinge, ohne dass Renn gesagt hätte, er habe einen Fehler begangen, es täte ihm leid. Und er war ja wirklich »ein Freund der Familie« gewesen. Mein Vater hatte ihn zur Jagd mitgenommen. Er war mit seiner Frau zu Weihnachtsfesten bei uns gewesen. Es war nicht nur ein Kollege von der Grenzpolizei.

Fritz Renn hätte meine Mutter und mich damals warnen können. Er kannte jeden Schlupfwinkel, um über die Grenze zu kommen. Es gab ja noch keine Mauer, noch keine verminte Erde, da waren einfach nur ein zehn Meter breiter Streifen und Stacheldraht. Wenn er gewollt hätte, dass nichts geschieht, hätte er uns nur warnen müssen. Aber er war ja auf uns angesetzt.

Der Prozess gegen Renn fand Ende 1994 in Bamberg statt. Bei diesem Prozess erfuhren wir die Namen derer, die damals bei diesem Operativvorgang an der Grenze, als Renn meinen Vater in eine Falle gelockt hatte, dabei gewesen waren. Das waren Offiziere, Grenzpolizisten, teilweise Mitarbeiter der Staatssicherheit, das war eine gemischte Gruppe. Wenn es diesen Renn nicht gegeben hätte oder besser gesagt, wenn es diesen Typ von Menschen nicht gegeben hätte, wäre mein Vater nicht zum Tode verurteilt worden.

Renn war sehr ruhig während des Prozesses. Wie Wieseler sagte er nichts. Der Mann ist schwer einzuschätzen. Hat er sich Gedanken gemacht? Ich weiß es nicht. Er war immer ganz schnell weg, wenn ein Verhandlungstag zu Ende war.

Persönlich sagte ich ihm einmal im Vorbeigehen, dass er schuldig sei am Tod meines Vaters. Es war das einzige Mal, dass er aufgescheucht wirkte.

Renn bekam ein Jahr und acht Monate auf Bewährung. Dieser Mann hätte für einige Zeit ins Gefängnis gehen können, er war zum Zeitpunkt des Prozesses 64 Jahre alt. Aber auch er verließ den Gerichtssaal nach der Urteilsverkündung, fuhr nach Hause, und sein Leben lief weiter, so wie es immer gewesen war.

Drei Jahre später fand ich den Abschiedsbrief meines Vaters. Wenn ich Anträge stellte, fragte ich immer wieder: Haben Sie nichts gefunden, keinen Brief, den mein Vater noch an die Familie geschrieben hat? Immer hieß es: Nein, nichts. Und dann fand ich bei einer Akteneinsicht in Berlin die Abschrift seines Abschiedsbriefes. Nicht das Original, eine maschinell erstellte Abschrift. Nach 37 Jahren Suchen, Hoffen, Warten, Glauben fand ich den Brief, in dem mein Vater sich von seiner Familie verabschiedete. Dieser Brief war nie an uns abgeschickt, sondern nur in der Hinrichtungsakte abgelegt worden. Der Brief ist so liebevoll geschrieben. Mein Vater bedankte sich bei seiner gesamten Familie. Er zeigte keinen Groll über das, was man ihm antat. Was dieser Mensch noch für eine Kraft hatte, kurz vor seiner Hinrichtung so einen Brief zu schreiben – wenn man bedenkt, wie jung er war.

Ich glaube, es ist gut, dass ich jetzt weiß, wie das damals lief und wer die Drahtzieher und Handlanger waren. Ich habe zu Hause über zwanzig Aktenordner mit Stasiunterlagen vom Fluchttag meines Vaters bis zu seiner Hinrichtung. Gespräche, Briefe, Treffen, der gesamte Vorgang wurde festgehalten. Es ist schwer, immer wieder an diesen Akten vorbeizulaufen, aber ich werde dafür sorgen, dass man sie niemals vernichtet. Sie zeigen, was dieses System mit Menschen machte, die es nicht beugen konnte. Das darf nie in Vergessenheit geraten.

Ursula Franz, geboren 1950 in Titschendorf, lebt in Oberaudorf in Bayern. Sie arbeitet als Altenpflegerin und betreut ihre kranke Mutter.

»Du kannst uns in die Augen schauen«

oder Wie Christian Pöllmann begriff, dass die
offene Diskussion von Tätern und Opfern
der Staatssicherheit notwendig ist, und
seine Einsicht im Plauener Theater umsetzte

Im Frühjahr 1990 war ich Chefdramaturg in Freiberg und
sprach mit einem Mann, der zu einer Baubesprechung bei
uns im Theater war. Ich dachte damals radikaler als heute,
ich war dem rechtskonservativen Block zuzuordnen. Ich
sagte: »Thema Staatsicherheit – verbrennt den Mist doch!
Schmeißt das weg! Das ist eine Verbrecherorganisation gewesen.«

Er erwiderte: »Du ahnst ja nicht, was dort gelaufen ist. Da
hat der Vater den Sohn und der Sohn den Vater bespitzelt.
Das können wir nicht so einfach weglegen.«

Seine Antwort machte mich nachdenklich. Heute sage
ich: Aufarbeitung ist notwendig; Schuldzuweisung ist
falsch, zu differenzieren ist richtig. Keiner wird eine absolute Antwort geben können, aber wir können versuchen,
der Wahrheit näherzukommen.

Keiner von denen, die sich damals bereitfanden, im Auftrag der Staatssicherheit etwas beizutragen zu diesem System, kann heute von sich behaupten, er hätte niemandem
geschadet. Das kann er allein gar nicht einschätzen. Aber es
waren nicht nur böswillige Menschen, die Böses getan haben, sondern auch Menschen, die in Zwänge geraten waren.
Wir müssen uns Gedanken machen: Wie war das? Warum
handelten Menschen so? Beide Seiten – Opfer und Täter –
sollten offen über dieses Thema sprechen. Das ist schwer,
aber unterhalten müssen wir uns.

1991 ging ich zurück ans Theater in Plauen, meiner Heimatstadt. Als neuer Intendant kam Dieter Roth aus Cottbus. Roth ist auch in Plauen geboren, stammt aber nicht wie ich aus einer bürgerlichen Familie, sondern einem proletarischen, kommunistisch geprägten Elternhaus. Und wie das so ist im Leben: Da fanden sich zwei. Als PR-Direktor wurde ich schnell der persönliche Mitarbeiter von Dieter Roth. Ebenfalls in meiner Anfangszeit wurden vom Rathaus Papiere ausgeteilt, in die jeder eintragen musste, ob er bei der Staatssicherheit die berühmte Unterschrift geleistet hatte. Es wurde zunächst gar nicht gesagt, was mit diesen Papieren passieren sollte. Alle, die sich eintrugen, schrieben: »Nein.« Einige andere gingen weg und kamen nie wieder. Bei denen war dann ziemlich klar, die hatten wohl unterschrieben. Dann wurden über Jahre diese Fragebögen mit dem, was an Material von der Staatssicherheit sichergestellt worden war, verglichen. Bei einigen, die behauptet hatten, nicht bei der Staatssicherheit unterschrieben zu haben, kam heraus, dass das nicht stimmte. Das betraf nicht nur das Theater, sondern die gesamte Stadtverwaltung. Stadtverwaltung und Bürgermeisteramt verfügten, diese Mitarbeiter zu entlassen.

Bei uns wurde ein Musiker entlassen. Dieter Roth und ich waren mit dem noch mal zusammen, und Roth fragte ihn: »Sag mal, was hast denn du eigentlich gemacht?« Dieser Musiker war ein einfacher Mensch, der antwortete: »Na ja, ich musste immer in ein bestimmtes Zimmer und dort wurde ich gefragt, was die Kollegen reden. Da habe ich gesagt, die schimpfen, weil's keine Bananen gibt, und Apfelsinen gibt's auch nicht, und überhaupt die ganze Versorgung ist nicht gut.« Wir konnten nicht finden, dass er damit Geheimnisse verraten hätte, dass er Menschen in den Abgrund gestoßen hätte. Wir sahen aber, dass hier ein Musiker mit Mitte 50 aus seinem Beruf gerissen wurde. Dazu muss man wissen, dass in Plauen wenige Möglichkeiten bestanden für jemanden, der ein Leben lang für die Musik gelebt hat, sein Leben erfüllt fortzusetzen. Was aus dem Mann geworden ist, weiß ich nicht. Aber dieser Fall machte uns nachdenklich.

Und so gingen Dieter Roth und ich auf seine Initiative zum Oberbürgermeister und erklärten, dieses Vorgehen sei uns zu radikal und dass wir in die Fälle, die das Theater beträfen, eingebunden werden wollten. Heute gäbe es eine Hierarchie, und es hieße: »Ihr habt da gar nicht mitzureden.« Damals gestand man uns zu, dass wir bei weiteren Fällen befragt werden. Und es gab weitere Fälle. Es kam heraus, dass Menschen falsches Zeugnis abgelegt und andere in Misskredit gebracht hatten. In solchen Fällen gab es bei uns keine Diskussion. Es gab aber vielfach auch Menschen, die offensichtlich zu dieser Unterschrift gezwungen worden waren, die zum Teil der Staatssicherheit gar keine oder unzulängliche Auskünfte gegeben hatten. Die, soweit es aus den Papieren ersichtlich war, nichts Negatives ausgesagt hatten über Kollegen des Hauses.

Man stellte uns frei, wie wir verfuhren. Zwei unserer Musiker waren eindeutig während ihres Wehrdienstes zu dieser Unterschrift gepresst worden. Ich war selbst bei der Armee gewesen und wusste, wie das oft gelaufen war. Beide sagten, dass sie nie etwas berichtet hätten. Wir schlugen vor, das Orchester zu informieren. Wir sagten, wir tun das mit euch gemeinsam, aber es muss raus. Sie stimmten zu. An die Versammlung erinnere ich mich noch sehr gut, sie war richtig schmerzhaft. Dieter Roth und ich kamen in einen voll besetzten Probebühnenraum, es war eine große Zahl Musiker anwesend. Es war sehr warm. Die Situation war aufgeheizt – alle wussten, da kommt was, doch niemand wusste etwas Genaues. Die Namen waren noch nicht bekannt. Es lag ein Knistern in der Luft.

Dieter Roth erklärte dann die Fälle und unsere Einschätzung. Er sagte, dass er nun die Namen nennen würde, und wer dann etwas dazu sagen wolle, solle das tun. Und er endete: »Und wenn das gesagt ist, dann entscheiden wir, was wird. Und danach sagt niemand mehr was. Wenn, dann jetzt!«

Es war eine ungeheuer explosive Atmosphäre im Raum – und dann wurde gar nicht mehr viel dazu gesagt. Es gab, glaube ich, noch eine Wortmeldung einer Kollegin aus dem Westen, die dachte wohl, sie muss was Bedeutendes sagen, und noch eine weitere, ebenfalls ziemlich abseitige Bemerkung.

Dann wurde gefragt: »Ist jemand der Meinung, dass er mit den beiden nicht weiter arbeiten kann, der melde sich jetzt!«

Es meldete sich niemand. So war es entschieden. Es wurde weiter mit diesen Musikern zusammen gelebt, gearbeitet, gelacht und geweint. Und heute kann ich sagen, das war gut so.

Interessant an dieser ganzen Geschichte ist, dass wir an einer Stelle noch einmal anhielten für einen Moment und sagten: »Wir wollen hier ein Wort mitsprechen.« So halfen wir ein paar Menschen, die andernfalls vielleicht zu Unrecht ins Abseits geraten wären.

In anderen Ensembles als dem Orchester, speziell in Erinnerung ist mir das Schauspiel, gab es bei ähnlichen Versammlungen mehr Gegenwind. Das empfand ich aber auch als positiven Prozess des Sich-auseinandersetzen-Wollens, die nickten das nicht ab, im Sinne von: »Also, wenn ihr sagt, die waren okay, dann geht das.« Es wurde dort sehr ernsthaft und betroffen gesprochen.

Allerdings hatten wir an einem kleinen Theater wie in Plauen nicht Hunderte Fälle, das waren einige wenige. Doch die waren auch deswegen so nervenaufreibend, weil sie nicht auf einmal kamen, sondern sich dieser Prozess über Jahre hinzog. Manchmal dachten wir: So, es ist zu Ende, es ist gut! Und dann kam doch noch mal was.

So kehrte einige Jahre nach der Wende jemand aus dem

Urlaub zurück und sagte, es läge Material gegen ihn vor. Der hatte jahrelang gelitten, weil er immer dachte: Irgendwann kriegen die mich. Und auch bei ihm sagten wir nach eindringlichen Gesprächen: »Du kannst uns in die Augen schauen, und du kannst nachweisen, dass du niemanden ins Aus versetzt hast.«

Er war selbst Opfer und Täter zugleich. Er wurde beobachtet und geriet so in die Fänge der Staatssicherheit. Er gab zu, Berichte geschrieben zu haben. Er hatte sich auch wieder lösen wollen, aber das war nicht so einfach. Seine Beschreibung dieser Vorgänge war sehr glaubhaft. Er brauchte lange, bis sie von ihm abließen. Weil das lange vor der Wende war, dachte er, das Material gäbe es nicht mehr. Wir denken doch auch, wenn wir geblitzt werden auf der Autobahn, es sei hoffentlich der Nebenmann gewesen. Ich glaube, er hat sehr gelitten, bis es raus war. Und dann konnten wir das ausdiskutieren. Ich denke, es kann niemand verfolgt werden für eine Tat, die er vor Jahrzehnten als viel jüngerer, unerfahrenerer, unwissenderer Mensch begangen hat, wenn er später zugibt, einen Fehler gemacht zu haben. Und wenn er nachweisen kann, dass er niemanden ins Zuchthaus gebracht hat oder ähnliches.

Wenn einer Opfer ist und dann zum Täter wird, auch aus Selbstschutz, überlagert die Täter- die Opferschaft. Wenn ich jetzt etwas tue, womit ich selbst drangsaliert worden bin, auch wenn ich es tue, um mich zu befreien, dann bin ich nicht besser als die anderen. Auch wenn das manchmal zu verstehen ist, wenn einer so lange von der Staatssicherheit drangsaliert wurde, bis sie ihn am Ende hatten: Als er unterschrieb, wurde er zum Täter.

Neben der Einsicht der Täter bleibt die Notwendigkeit des Entschuldigens. Das haben von den Betroffenen bei uns am Theater nicht alle getan. Einige schon, aber andere gingen einfach ihren Weg weiter.

Ich glaube, die Auseinandersetzung der Opfer und der Täter ist auch für die jungen Menschen wichtig. Damit sie sehen, dass eine Generation über ihr Vorleben spricht. Diese Diskussion muss geführt werden. Man muss das offen halten und junge Leute ermutigen: Beschäftigt euch damit! Versucht euch in die Welt eurer Eltern, eurer Großeltern zu versetzen und zu verstehen! Übersetzt das in eure Welt!

Christian Pöllmann, 1953 geboren in Plauen, beendete seine Arbeit am dortigen Theater nach 35 Jahren mit Unterbrechungen 2009 und machte sich in seiner Geburtsstadt mit einem Kulturunternehmen selbständig.

»Das Klacken des Türspions höre ich heute noch«

oder Wie Mario Röllig seinem früheren Vernehmungs-
offizier aus dem Stasiknast wiederbegegnete
und vergeblich auf eine Entschuldigung hoffte

Bis zu diesem Vormittag im Januar 1999 ging es mir gut. Ich hatte einen Job, der mir Spaß machte, ich hatte Freunde, ich glaubte, psychisch alles gut verarbeitet zu haben. Doch dann stand er plötzlich vor mir, »mein« Verhörer. Mit einem Mal war alles wieder da, alles kam wieder hoch: die Folter, die durchwachten Nächte, die körperliche und seelische Demütigung, die ich zwölf Jahre zuvor im Stasiknast Hohenschönhausen erlitten hatte.

Ich hatte einen Fluchtversuch gestartet und war geschnappt worden. Ich war 19 Jahre alt und saß von Juli bis September 1987 in der Untersuchungshaftanstalt Berlin-Hohenschönhausen. Ich wollte in den Westen, weil ich verliebt war, ich wollte meine Meinung frei sagen können und den großen Rest der Welt sehen, ich wollte Karriere machen. Für einen Jugendlichen die normalsten Dinge der Welt. Das sagte ich auch in den Verhören.

Und ich fragte: »Was wollen Sie eigentlich von mir? Sie müssen mich sowieso freilassen, die DDR hat die Schlussakte von Helsinki unterschrieben, nach der jeder seinen Wohnsitz frei wählen kann. Die DDR hat auch die UN-Menschenrechtscharta unterschrieben.«

Einer der drei Stasioffiziere, die mich wieder und wieder verhörten, saß hinter seinem Schreibtisch, lehnte sich lachend zurück und antwortete: »Sie hört hier niemand.«

Ich wurde drei Monate lang verhört, fünf bis acht Stunden täglich, manchmal auch 22 Stunden hintereinander. Nur am Wochenende ließen sie mich in Ruhe. In den Verhören zählte ich immer das Blättermuster an der Wandtapete, es waren 582 Blätter.

Manchmal ließ sich der Vernehmer mein Lieblingsessen bringen, Kohlroulade. Oder er rauchte meine Zigarettenmarke. Irgendwann wird der schon schwach und sagt was, dachten die wohl. Seitdem rauche ich nicht mehr.

Die Stasi hatte das geschickt gemacht. Die hatte nicht irgendwelche Leute für die Verhöre eingesetzt, sondern ganz gezielt gesucht: Wer passt zu wem? Sie werteten den Gefangenen in seiner Persönlichkeitsstruktur aus. Und auch den Freundeskreis und die Liebesbeziehungen. Einer der Stasioffiziere war sogar ganz nett, mit dem hätte ich viel lieber ein Bier getrunken, als mit ihm in diesem Verhör zu sitzen.

Ich schwieg die meiste Zeit. Irgendwann reichte es auch dem »freundlichen« Stasioffizier, und er sagte: »Jetzt will ich Ihnen mal was sagen. Wir werfen Ihnen Fluchtversuch vor. Damit haben Sie Ihr Vaterland verraten, den Weltfrieden gefährdet und einen Atomkrieg provoziert.« Ich dachte: Das ist ja wie in einem richtig schlechten Film, wie in einem Dreigroschenroman.

Und dann sagte er: »Das macht bei Ihnen zwei, fünf oder acht Jahre, mit vierzehn Mördern auf der Zelle. Für Sie als schwulen Mann ist das bestimmt nicht sehr angenehm.« In diesem Moment brach für mich eine Welt zusammen. Ich dachte: Wie kann das Urteil denn schon feststehen? Es ging nicht mehr darum, ob ich schuldig war oder nicht, sondern nur noch um die Höhe der Strafe. Denn die Stasi sagte: Wir verhaften keine Unschuldigen, und wenn wir jemanden verhaften, dann ist er auch schuldig.

Ich fragte den Vernehmer: »Was kann ich tun?«

Da griff er in die linke Schreibtischschublade und holte

einen dicken Aktenordner heraus. Er las mir Namen von Menschen aus meinem Leben vor, Freunde, alte Mitschüler, Lehrer, Kollegen, Nachbarn, Familienmitglieder, selbst weit entfernte. Ich sollte sie verraten, ich sollte über sie etwas Negatives sagen. In den kommenden drei Monaten drehten sich die Verhöre nur um diese Personen, gar nicht mehr um meine »Straftat«. Das schien erledigt zu sein. Es ging jetzt nur noch um die anderen. Ich war schockiert, was die durch ihr Spitzelnetz herausgefunden hatten. Allein in meinem Umfeld gab es vier Stasispitzel. Diese Typen wurden gesellschaftliche Kräfte genannt und waren oft schlimmer als die Stasileute selber. Um sich Meriten zu erwerben, berichteten sie über mich vollkommen negativ. Es war schockierend, dass die manchmal mehr über mich wussten als ich selbst.

Es gab Tage, da schwiegen der Vernehmer und ich uns stundenlang an. Er las das *Neue Deutschland*, und ich starrte vor mich hin. Es war wie ein Sportwettkampf: Wer zuerst spricht, hat verloren. Wenn so ein Verhör zu Ende war, dachte ich: Gott sei Dank, nichts gesagt. Manchmal klingelte das Telefon, wenn ich rausgeführt wurde. Ich drehte mich um und hörte Gesprächsfetzen, wie er zum Beispiel sagte: »Die Eltern verhaftet? Musste das denn sein?« Und dann legte er auf.

Ich war vollkommen aufgelöst und sagte: »Sie haben meine Eltern verhaftet? Die wissen doch gar nichts von meiner Flucht, das können Sie doch nicht machen.«

Aber er sagte nur: »Das geht Sie gar nichts an. Aber vielleicht sind Sie morgen etwas kooperativer im Verhör … Übrigens Ihre Mutter, die hat Kreislaufprobleme. Ob sie die Untersuchungshaft durchsteht, können wir Ihnen nicht garantieren.«

Einmal sagte er am Ende eines Verhörs, in dem wir uns wieder nur angeschwiegen hatten: »So kommen wir nicht weiter. Hier dreht sich kein Rad mehr, wenn Sie nicht endlich eine Aussage zu den Hintermännern Ihrer Flucht machen. Wir können Ihrer Schwester auch gern nachweisen, dass sie von Ihrem Fluchtversuch wusste. Sie hat ja eine kleine Tochter, das Kind müsste dann ins Heim, wenn wir Ihre Schwester verhaften. Das liegt jetzt ganz bei Ihnen.«

Solchen Druck und solche Demütigungen hatte ich vorher noch nie erlebt. In der Zelle gab es eine Holzpritsche mit Matratze, ein Klo, ein Waschbecken, einen Hocker und einen kleinen Holztisch. Und merkwürdige Regeln. Man durfte sich nicht auf den Tisch stützen und sich auch nicht an die Wand lehnen. Drei Mal wurde man erinnert, dann wurde einem der Hocker weggenommen. Tagsüber durfte man sich nicht auf die Pritsche setzen, erst ab zehn Uhr abends. Ich musste jede Nacht auf dem Rücken liegen, die Hände rechts und links neben mir. Nachts wurde das Neonlicht in der Zelle zwar ausgemacht, aber es ging alle fünf, zehn, zwanzig Minuten an. Außerdem klackte ständig der Türspion, und irgendwelche Augen tauchten im Guckloch auf. Dieses Klacken höre ich heute noch. Manchmal schrecke ich nachts hoch und überprüfe, ob ich auf dem Rücken liege. Bis mir nach ein paar Sekunden einfällt: Mensch, du bist doch gar nicht mehr im Gefängnis, sondern zu Hause in deinem Bett.

Das war Folter, die kriegte jeden klein. Wenn mir heute jemand erzählt, er sei ganz cool und locker gewesen bei den Verhören, glaube ich das nicht. Die Verhöre und der Druck haben bei jedem Spuren hinterlassen. Und irgendwann haben sie jeden drangekriegt, und wenn es mit der Frau war oder mit den Kindern.

Die Einsamkeit in der Zelle war das Schlimmste. Um dagegen anzukämpfen, sagte ich oft Gedichte aus der Schulzeit auf oder sang leise Lieder. Wenn ich laut sang, bekam ich den Gummiknüppel zu spüren. Einmal sang ich, vielleicht ein paar Minuten lang, ganz laut: »Ich war noch nie-

Mario Röllig, Anfang der 90er Jahre

mals in New York, ich war noch niemals auf Hawaii ...«
Damit brachte ich die Wärter zur Weißglut. Aber dann
wurde ich durch einen Schlag mit dem Gummiknüppel
ruhiggestellt.

Nach ungefähr sechs Wochen nahm ich während eines
Verhörs allen Mut zusammen und sagte: »Ich will Literatur,
ich will ein Buch.« Vorher waren alle meine Wünsche abgelehnt worden.

Jetzt sagte der »Nette«: »Was möchten Sie denn lesen?
Wir sind ja keine Unmenschen, wir haben hier eine ganze
Bibliothek.«

Mein Wunsch wurde natürlich nicht erfüllt, und ich
dachte, jetzt kriege ich Marx, Engels oder irgendein Buch
über die DDR oder den Sozialismus. Aber die Stasileute waren noch viel mieser und gaben mir als Ausreisewilligem
Reiseliteratur über Orte, die ich nie sehen würde. Zum Beispiel einen Roman über einen Wanderurlaub in der Schweiz
oder einen Bildband über die Karibik. Ich fühlte mich wie
ein Hungernder, dem man ein Kochbuch geschenkt hatte.

Meine Eltern hielten die ganze Zeit über zu mir. Sie sollten eigentlich so tun, als hätten sie keinen Sohn mehr. Aber das taten sie nicht. Sie sagten: Unser Junge ist uns wichtiger als das System. Dafür mussten sie Schikanen in Kauf nehmen. In ihrer Angst trafen sie sich mit einigen meiner Westberliner Freunde, zu einem Spaziergang am Müggelsee, ohne Spitzel und ohne Wanzen. Maria, eine Freundin, die dabei war, ging am nächsten Tag zu einem sehr bekannten Rechtsanwalt, der meinen Fall an die Bundesregierung weiterleitete. Kurz darauf kam ich auf die Liste von Rechtsanwalt Wolfgang Vogel, dem Vertrauten von Erich Honecker. Einige Wochen später erhielt ich Post von Herrn Vogel, nur zwei Zeilen: »Sehr geehrter Herr Röllig, ich übernehme Ihre Verteidigung, machen Sie sich keine Sorgen.« Ich wusste, das war meine Fahrkarte in den Westen.

Doch es sollte noch eine ganze Weile dauern. Am 7. Oktober 1987 wurden 2000 politische Gefangene durch eine Amnestie zum 38. Jahrestag der DDR entlassen. Erich Honecker machte den ersten Besuch bei Helmut Kohl in Bonn, die 2000 Freigelassenen waren gewissermaßen ein Geschenk für den letzten Milliardenkredit der BRD an die DDR. Aber die meisten von uns politischen Häftlingen wurden in die DDR entlassen. Ich musste mich bei der Polizei melden und einen Abwaschjob am Bahnhof Schöneweide annehmen. Ein paar Tage ging das gut. Dann fuhr ich nach Friedrichsfelde, in die Villa von Herrn Vogel und sagte: »Ich will jetzt sofort ausreisen.«

Er antwortete: »Ich kann Ihnen nicht sagen, wann es klappt. Aber wenn Ihnen die Situation so nicht gefällt, gehen Sie doch zum Generalstaatsanwalt der DDR.«

Das machte ich dann auch, wurde aber vom Pförtner abgewiesen: »Der ist für Sie nicht zu sprechen.«

Daraufhin schrieb ich im Foyer einen kurzen Brief: »Sehr geehrter Herr Generalstaatsanwalt, ich bin jetzt auf dem

Weg zur Grenze, nach Westberlin. Schade, das Sie nicht mit mir sprechen wollen.«

Und dann nahm ich meine Beine in die Hand. Durch diese Aktion hatte ich Grenzalarm ausgelöst, aber das war mir egal. Ich eilte zum Grenzübergang Bahnhof Friedrichstraße, wo ich eigentlich meinen provisorischen Personalausweis abgeben und einfach rübergehen wollte. Das war natürlich völlig illusorisch, ich wäre sofort wieder verhaftet worden. Aber vor dem Grenzübergang standen mein Vater und mein Stasivernehmer.

Der Stasioffizier sagte: »Die Stasi hat auch gute Seiten. Wir besorgen Ihnen eine andere Arbeit.«

Also füllte ich nun Regale in einer Drogerie am S-Bahnhof Alexanderplatz auf und dachte: Solange ich hier arbeite, werde ich wenigstens nicht verhaftet.

Nach der Arbeit ging ich häufig zu Friedensgottesdiensten und zu Konzerten von Oppositionellen wie Stephan Krawczyk und Norbert Bischoff. Vor den Kirchen und den Veranstaltungsräumen standen die Stasimänner mit ihren Ladas. Ich wurde immer mal wieder verhaftet und verhört, mal für ein paar Stunden, mal für eine Nacht. Doch nach Hohenschönhausen kam ich nicht mehr. Ich stellte noch mal einen Ausreiseantrag – irgendwann wurde ich dem Regime offenbar suspekt, weil ich keine Angst mehr hatte. Am 7. März 1988 erhielt ich morgens einen Anruf. Ich sollte sofort meine Papiere holen, und meine Eltern sollten unterschreiben, dass ich keine Schulden bei ihnen habe. Dann sollte ich auf die Bank und zur Post gehen, für eine weitere Unterschrift. Mittags fuhr ich zur Abteilung Inneres ins Rathaus Köpenick und bekam meine Ausbürgerungspapiere. Und dann sollte ich innerhalb von 48 Stunden die DDR verlassen.

An dem Gespräch in der Abteilung Inneres nahmen zwei Stasibeamte teil, die sagten: »Wenn Sie über das, was Sie bei uns im Gefängnis erlebt haben, im Westen reden, dann denken Sie daran, dass Ihre Eltern hier immer noch leben. Wir finden Sie überall, auch in München, in Stuttgart, in Westberlin, und ein Autounfall kann schnell passieren. Und wenn Sie um Mitternacht noch auf unserem Staatsgebiet sind, dann verhaften wir Sie erneut.«

Ich konnte mich noch ganz kurz von meinen Eltern verabschieden und musste vom Bahnhof Schöneweide mit einem Bummelzug nach Köthen fahren. Das liegt in Sachsen-Anhalt zwischen Halle und Leipzig. Ich dachte die ganze Zeit: Hoffentlich hat der Zug keine Verspätung. In Köthen fuhr abends um zehn der letzte Interzonenzug dieses Tages in Richtung Wolfsburg. Um halb zwölf kam der Zug, und ich frohlockte: Jetzt geht es rüber.

Aber plötzlich sagte einer von der Passkontrolle: »Kommen Sie mal mit raus, bei Ihnen fehlt ein Stempel in den Ausreisepapieren.«

Ich musste mich in der Grenzbaracke ausziehen und warten. Vier Minuten vor Mitternacht ließen mich die Grenzer endlich in den Zug zurück. Und so fuhr der Zug am 8. März 1988, Punkt null Uhr, mit mir über die deutsch-deutsche Grenze in die Freiheit. Das war der schönste Moment meines Lebens.

Am Bahnhof Wolfsburg stand eine schwarz gekleidete christliche Schwester, das war die dicke Schwester Hildegard, wie sich später herausstellte. Sie rief meinen Namen, und ich dachte: O Gott, hier kennt mich ja schon jemand. Ich stieg aus und Schwester Hildegard sagte: »Ihre Freunde haben jeden Grenzübergang, an dem Züge ankommen, angerufen, von Hamburg bis Hof. Sie wollen, dass Sie abgeholt werden. Und nun kommen Sie mal mit in die Bahnhofsmission.«

Am nächsten Morgen fuhr ich von Wolfsburg nach Hannover, dorthin hatten Freunde auf ein Konto Geld für mich überwiesen. So musste ich nicht ins Aufnahmelager nach

Gießen. Schwester Hildegard brachte mich noch zum Flughafen Hannover, mit dem Flieger sollte es nach Berlin gehen. Ein Mann vom Bundesgrenzschutz, der meine Daten aufnahm, sagte beim Check-in: »Der Junge da hat viel durchgemacht, gebt ihm einen guten Platz.«

Ich saß Business Class, hielt ein Glas Sekt in der Hand und hatte wahnsinnige Angst, dass wir einen Maschinenschaden haben und in Leipzig, Dresden oder Berlin-Schönefeld landen würden. Genießen konnte ich den Flug nicht. Erst als das Flugzeug in Berlin-Tegel aufsetzte und alle meine Westberliner Freunde da waren, fiel mir ein Stein vom Herzen: Endlich raus, endlich angekommen in der Freiheit. Meine Freunde hatten eine Rolle rotes Krepppapier ausgerollt, gewissermaßen als roten Teppich für mich.

Schon nach drei Wochen hatte ich einen Job als Barmann. Aber ich wollte erst mal raus aus Berlin, ich hatte die Nase voll davon, ständig die Mauer zu sehen. Ich ging nach Stuttgart und arbeitete in einem Kaufhaus. Doch meine Freunde fehlten mir und Anfang 1989 kam ich wieder zurück nach Westberlin. Ich bewarb mich im *Kaufhaus des Westens* und wurde genommen. Schon nach kurzer Zeit wurde ich in den Betriebsrat gewählt. So arbeitete ich die Hälfte der Woche als Betriebsrat und die andere Hälfte in der Feinschmeckeretage im 6. Stock, im Davidoff-Shop verkaufte ich Havanna-Zigarren. Meine Zeit im Stasiknast war weit weg.

Bis zu jenem Vormittag im Januar 1999. Ich hatte meinen Dienst ganz normal begonnen, da stand plötzlich ein Mann im dunklen Anzug vor mir. Er war freundlich und fragte, welche Zigarren ich empfehlen könnte. Ich fragte: »Möchten Sie gerollte Zigarren?« Denn es gibt Zigarren, die aus Abfällen zusammenstopft sind, und es gibt hochwertige, aus Blättern zusammenrollte.

Ich fragte weiter: »Hell oder dunkel? Mild oder würzig?«
Er antwortete: »Welche raucht denn Fidel Castro?«

»Cohiba.«

»Welche ist das?« Ich zeigte sie ihm, er roch daran. Ich sagte: »Ich weiß ja nicht, ob die für Sie sind oder ob Sie die verschenken möchten. Aber die sind sehr stark.«

Daraufhin schaute er mich an, räusperte sich und sagte: »Die Schärfe macht mir nichts aus. Dafür kriege ich ja den großen Duft der Revolution.«

Ich dachte: Das ist doch kein normaler Kunde. Und: Dieses Räuspern kennst du doch. Es ratterte in meinem Kopf: Woher kennst du den bloß? Ist es ein ehemaliger Bekannter, ein früherer Vorgesetzter, ein Prominenter? Und mit einem Mal wurde ich kreidebleich, mir wurde heiß und kalt, ich erkannte den miesesten der drei Stasioffiziere wieder, den »guten« Freund. Mittlerweile war er Mitte vierzig. Der stand da also vor mir und kaufte drei Kisten Zigarren, für 1 500 Mark in bar. Das war mein Monatsgehalt. Ich war ratlos: Was mach ich denn jetzt? Hau ich dem eins in die Schnauze? Stattdessen versuchte ich, mit ihm ins Gespräch zu kommen: »Entschuldigung, wir kennen uns.«

»Ja? Woher denn?«

Ich sagte: »Es war vor zwölf Jahren im Stasigefängnis Hohenschönhausen. Sie waren dort Stasioffizier.«

Er sagte nur: »Ja und?«

»Ich war damals 19 und saß auf der anderen Seite Ihres Schreibtisches. Sie müssen mir jetzt hier nicht um den Hals fallen, aber so einen Handschlag und ein Satz, dass es Ihnen leidtut, das wäre angebracht.«

Da verfinsterte sich seine Miene, und er zischte: »Reue ist was für kleine Kinder. Haben Sie das immer noch nicht begriffen? Sie waren damals nach den Gesetzen der DDR zu Recht im Gefängnis, Sie waren ein Staatsfeind.«

In dem Moment kam alles wieder hoch in mir. Ich wollte über den Ladentisch greifen, ihn packen, aber er trat einen Schritt zurück. Ich brach zusammen, und er ging, ohne auch

Mario Röllig erzählt heute Schülern von seinen Erfahrungen mit der Stasi

nur ein Wort zu sagen. Ich lag am Boden und schrie wie am Spieß, weil alle Verhöre, alle durchwachten Nächte, alle Erlebnisse aus dem Gefängnis wieder in mir hochkamen.

Die Betriebskrankenschwester gab mir eine Beruhigungsspritze, und ich wurde nach Hause geschickt. In den nächsten Wochen war ich sehr krank. Ich hatte Verfolgungsängste, Depressionen und überhaupt keinen Lebensmut. Ich begann eine Therapie, und der Arzt bescheinigte mir eine posttraumatische Belastungsstörung. So etwas haben Folteropfer im Krieg.

Im Jahr 2000 war es so schlimm, dass ich einen Selbstmordversuch unternahm. Ich probierte es mit einer Überdosis Tabletten, doch ein Freund fand mich rechtzeitig. Danach war ich viele Monate in der Psychiatrie.

Freunde, Ärzte und meine Eltern sagten: »Du kannst das nur verarbeiten, wenn du dich der Sache stellst.«

Sie schlugen vor, dass ich in Hohenschönhausen Führungen mache und über meine Erlebnisse dort rede.

1997 hatte ich meine Stasiakte zum ersten Mal gelesen. Ich hatte gedacht, es gäbe vielleicht eine Karteikarte oder höchstens einen dünnen Ordner. Aber auf einmal bekam ich 2 000 Seiten, nur über mich. Die hatten mich vom 16. bis zum 20. Lebensjahr beobachtet. Ich glaube, ich las zwei oder drei Tage hintereinander. Damals saß man in so einem Klassenraum, und es saß immer jemand von der Stasiunterlagenbehörde mit dabei, der aufpasste, dass man verdeckte Seiten nicht öffnete. Das waren Informationen, die nicht die eigene Person betrafen, sondern andere.

Ich musste lachen, wie dumm manche Stasispitzel waren. Die haben zum Beispiel nicht mitbekommen, dass Maria, meine beste Freundin aus Westberlin, mit Spitznamen Allison heißt, dass also Maria und Allison ein und dieselbe Person waren. Die rätselten immer: Wer ist Maria und wer ist Allison?

Aber ich musste auch lesen, dass einige meiner engen Freunde Stasi-Informanten waren. Vier Freunde haben mich verraten.

Manche von ihnen taten ganz erstaunt, als ich sie später danach fragte: »Was? Ich wusste gar nicht, dass ich für die Stasi gearbeitet habe.«

Andere wiegelten ab: »Ich wurde doch nur abgeschöpft.« Manche sollen erpresst worden sein. Sicher, es gab welche, die erpresst wurden. Aber in den Akten kann man ganz genau nachlesen, ob jemand wirklich erpresst worden war oder nur aus Neid oder für eine materielle Vergütung und die Karriere Informationen weitergetragen hatte. Das merkte man an der Sprache, ob etwas in dem Stasibeamtendeutsch geschrieben war oder nicht.

Inzwischen mache ich das mit den Führungen in Hohenschönhausen seit einigen Jahren. Ich bin also oft dort. Da wohnen ja noch immer viele von denen, die im Stasiknast gearbeitet haben. Die schicken manchmal Besucher, die nach der Gedenkstätte fragen, in die falsche Richtung. Oder sie sagen, die sei längst abgerissen. Eine Kollegin wurde mal angespuckt. Als ich einmal abends zur Straßenbahn ging, stand ein Mann hinter seinem Gartenzaun in einer dieser feinen Einfamilienhaussiedlungen.

Er sagte: »Wartet mal, bis wir eines Tages wieder da sind. Dann seid ihr die ersten, die da im Gefängnis landen.«

Ich merkte, wie ich nicht mehr die Fäuste ballte. Solche Leute können mich heute nicht mehr aus der Fassung bringen.

Mario Röllig, geboren 1967 in Berlin, lebt in Berlin mit seinem Mops Daphne. Er macht heute noch Führungen durch den Stasiknast und arbeitet ehrenamtlich in Schulen.

»Die Schnipselmaschine ist mein Lebenswerk«

oder Wie der Saarländer Bertram Nickolay
eine Maschine erfand, die zerrissene Stasiakten
wieder zusammensetzt

Ich sah da diesen Bericht im Fernsehen. In dem saßen Leute in einem Büro und setzten Schnipsel zusammen, Schnipsel aus Stasiakten, um sie wieder lesbar zu machen. Das war 1996. Ich war fassungslos und dachte: Das geht doch nicht, das dauert doch ewig, bis die Seiten wieder zusammengesetzt sind. Dafür muss es doch ein technisches Verfahren geben. Dann erinnerte ich mich, dass mein Freund, der Schriftsteller und DDR-Oppositionelle Jürgen Fuchs, mir auch schon mal von den zerrissenen Akten erzählt hatte. Aber damals hatte mich das nicht so beschäftigt.

Am nächsten Tag rief ich im Fraunhofer-Institut in Berlin mein Forscherteam zusammen und sagte: »Es gibt Arbeit. Es geht darum, Formen, Strukturen und Handschriften zu erkennen. Das ist eine große Herausforderung. Papierschnipsel müssen per Video oder mit einem Scanner erfasst werden, dann müssen die Merkmale berechnet und die Schnipsel elektronisch zusammengesetzt werden.«

Wir sprachen mehrere Stunden darüber, zunächst lehnten die meisten es ab, solch ein System, solch eine Automatik zu entwickeln. Das sei zu gigantisch, sagten sie. Am Ende aber beschlossen wir: Wir versuchen es trotzdem. Jeder sollte in seinem Spezialgebiet ein Konzept schreiben.

Dann rief ich Jürgen Fuchs an, der war begeistert. Er sagte: »Das wäre ja eine wahnsinnige Geschichte, wenn das Fraunhofer-Institut Vorreiter einer solchen Technologie wäre.« Also legten wir los, alles in unserer Freizeit. Wir hatten keinen Auftrag, weder von der Stasiunterlagenbehörde noch vom Fraunhofer-Institut und auch nicht von irgendeiner anderen Institution. Wir machten das vollkommen freiwillig.

Als Erstes erarbeiteten wir Algorithmen, um Papierschnipsel zu digitalisieren und bestimmte Merkmale zu berechnen. Dann besorgten wir uns Behördenpapier aus den siebziger und achtziger Jahren aus der DDR. Das Papier in der DDR wurde anders produziert als im Westen, es hatte eine andere Beschaffenheit. Auch die Schreibmaschinen im Osten waren anders, das mussten wir alles bedenken. Wir zerrissen das DDR-Behördenpapier und versuchten, die Schnipsel zu scannen. Wir wollten herausfinden: Welche Auflösung braucht man? Wie stark hängt die Auflösung von der Verfärbung des Papiers ab? Welche Rolle spielen die Kanten bei diesem alten Papier und welche die Tinte? Welche Merkmale ergeben sich aus kariertem Papier und welche aus liniertem? Im Institut beschäftigten wir uns damals gerade mit Handschriftenidentifizierung. Also versuchten wir auch, aus den alten Papieren Handschriften als Merkmal zu identifizieren.

Im Januar 1997 schrieben wir einen Brief an die Stasiunterlagenbehörde, die damals noch von Joachim Gauck geleitet wurde: Wir seien vom Fach und Experten für visuelle Automatisierung. Wir erläuterten unsere Idee der Schnipselmaschine und betonten, dass die Erfolgschancen gut seien. Wir hatten gehofft, dass die Behörde rasch reagiert, weil es ja eigentlich in ihrem Interesse sein sollte, die Schnipsel so schnell wie möglich wieder zusammenzusetzen. Aber zu unserer Überraschung hörten wir ein Jahr lang gar nichts von der Behörde.

Das Fraunhofer-Institut ist weltweit ein Markenzeichen, viele Länder wünschen sich Fraunhofer-Ableger in ihren

Regionen. Wir beraten die Bundesregierung und viele Behörden. Und jetzt hatten wir einen Supervorschlag, und man ignorierte uns einfach.

Wir fragten mehrfach nach, faxten unseren Brief sogar noch mal dorthin. Aber wir bekamen einfach keine Antwort. Schließlich traten wir an den Behördenbeirat heran, in dem sitzen Abgeordnete, und die sollten sich ja schon dafür interessieren, welche Vorschläge die Fraunhofer-Gesellschaft zur Förderung der angewandten Forschung macht. Interessant war unsere Idee ja nicht nur für die Aufarbeitung der jüngsten Geschichte, sondern auch für die Entwicklung neuer technischer Verfahren.

Wie sich später herausstellte, soll die Antwort auf unser Schreiben an Kollegen von der Fraunhofer-Gesellschaft in Erlangen gegangen sein. Das war schon etwas verwirrend.

Obwohl niemand in der Gauck-Behörde reagierte, arbeiteten wir weiter und hatten nach zwei Jahren eine Lösung für eine Schnipselmaschine, auf einem ganz gewöhnlichen PC. Der war wahnsinnig langsam, und man sah förmlich, wie der rechnete. Es dauerte mehrere Minuten, bis ein Schnipsel wieder zusammengesetzt war. Aber die Wirkung war enorm.

2002 schrieb die Stasiunterlagenbehörde eine Machbarkeitsstudie aus. Das war ein Schritt nach vorn. Wir bewarben uns und mit uns noch viele andere, wie wir später hörten. Uns war von Anfang an klar: Wer diese Ausschreibung gewinnen will, muss in einem Versuch beweisen, dass er bereits über technische Ansätze verfügt.

In die engere Auswahl kamen drei Bewerber. Wir waren den anderen weit überlegen, das wussten wir damals aber noch nicht. Ein paar Vertreter der Stasiunterlagenbehörde besuchten »ihre« Kandidaten und ließen sich vorführen, was die erarbeitet hatten. Wir waren in den Wochen vor der Visite sehr aufgeregt und versuchten, die Technik noch weiter zu optimieren. Das ist ja keine triviale Software, dahinter stecken komplexe Algorithmen. Am Vorabend war ich sehr nervös, ich schlief schlecht und wenig. Nachdem ich den Begrüßungsvortrag gehalten hatte, verschwand ich in meinem Büro. In unserem Besprechungsraum, aus dem man einen weiten Blick auf die Spree hat, hatten wir die Rechner aufgebaut. Die Behördenleute holten aus versiegelten Kuverts Originalschnipsel heraus, und dann ging es ans Eingemachte.

Ich saß in meinem Zimmer, beantwortete Mails, führte ein paar nervöse Anrufe und arbeitete an irgendwelchen Akten. Ab und zu ließ ich mir berichten, was vor sich ging. Es war kaum zum Aushalten.

Irgendwann kam ein Kollege und sagte: »Wo bleibst du denn? Du wirst gebraucht für das Abschlussgespräch.«

Ich fragte: »Wie ist es denn gelaufen?«

Der Kollege antwortete: »Die sind begeistert. Unser Algorithmus hat alles zusammengesetzt.«

In diesem Moment war ich erlöst. Wir hatten immer an unser Projekt geglaubt, wir wussten, dass es funktioniert, und dieser Moment war die Bestätigung dafür.

Zwischendurch sagten immer wieder Leute: »Mensch, Bertram, hör auf, das Projekt ist klinisch tot.« Im Sommer 2003 gab es viele Treffen mit Abgeordneten und Verantwortlichen der Stasiunterlagenbehörde, auch bei uns im Haus, genau in dem Raum, in dem wir das Projekt vorgeführt und den Erfolg erzielt hatten. Aber offensichtlich waren zu dieser Zeit alle verunsichert, ob die Technik wirklich funktioniert. Manche sagten: Wir können uns mit dem Schnipselsystem nicht blamieren, die ganze Welt schaut darauf, das ist vor allem eine politische Frage. Die Medienresonanz war groß damals, zu einer Pressekonferenz waren über 70 Journalisten gekommen, es gab Anfragen aus dem Ausland.

Und dann kam dieser Anruf. Ich war gerade auf einer Geschäftsreise in Wien und mein Kollege sagte, es stünde in der Zeitung, dass das Projekt erst einmal ad acta gelegt worden sei. Mich traf beinahe der Schlag, ich konnte es einfach nicht glauben. Schließlich soll es noch eine Pressemeldung aus dem Innenministerium gegeben haben, dass es eigentlich kein Problem sei, die Akten weiter mit der Hand zusammenzusetzen.

Wie das funktioniert und wie lange das dauert, hatte ich ja gesehen. Ich war einmal in Zirndorf bei Nürnberg, wo die Schnipsel manuell zusammengesetzt werden. Ich schaute mir das an, weil ich wissen wollte, wie es funktioniert. Die Leute greifen ganz gezielt in die Säcke, in denen die Schnipsel aufbewahrt werden. Sie fühlen mit der Hand, ob beispielsweise eine Heftklammer dabei ist und möglicherweise noch mehr dranhängt als nur ein Schnipsel. Als ich das sah, war mir klar, dass es keinen Sinn machen würde, Roboter zu automatisieren. Ein Roboter kann nicht fühlen, was zusammengehört. Das Zusammensetzen der Schnipsel ist wie ein Riesenpuzzle für ein Kind, nur weitaus mühsamer.

Idealerweise wurde eine Seite in sechs oder acht Teile zerrissen. Es gibt aber auch Seiten, die in dreißig oder vierzig Stücke geteilt sind. In solch einem Fall besteht kaum die Chance, die Seite mit der Hand zusammenzusetzen. Das versicherten auch die Kollegen in Zirndorf. Aber unsere Technologie würde das können, das wusste ich, die erkennt auch Handschriftenmerkmale und Stempelabdrücke.

Ich fragte die Leute in Zirndorf, wie lange sie brauchen, bis ein Sack leer ist, und rechnete dann aus, wie lange es dauern würde, bis alle Säcke leer sind. Ich kam auf 400 bis 500 Jahre. Wir hatten sieben Jahre an unserem Projekt gearbeitet. Und jetzt sollte das alles für die Katz sein? Mittlerweile war es in der ganzen Welt bekannt. Ich sagte mir: Egal, was kommt, ich bleibe dran. Als ich zurück in Berlin war, schrieb ich an zahlreiche Abgeordnete verschiedener Parteien, die an den Planungsrunden teilgenommen hatten, eine Mail. Manche sagten: »Herr Nickolay, machen Sie mal langsam. Es gibt doch auch andere schöne Forschungsprojekte. Warum muss es denn gerade dieses sein?« Und ein parlamentarischer Staatssekretär sagte, das Ganze sei an der Finanzierung gescheitert, zurzeit sei einfach kein Geld da. Aber er werde trotzdem versuchen, die Tür zum Forschungsministerium aufzustoßen.

Ende März 2007 ging es schließlich doch los. Genau zehn Jahre nach unserem ersten Brief, startete die Pilotphase. Aus unserem Laborgerät wurde eine professionelle Anlage, die in der Lage ist, Massen von Papier perfekt und schnell zu verarbeiten. Das klingt zwar einfach, ist aber eine absolute Neuentwicklung, und zwar weltweit.

Wenn die Anlage richtig läuft, muss man sich das so vorstellen: In einem Raum werden die Säcke mit den Schnipseln angeliefert. Die Mitarbeiter der Stasiunterlagenbehörde öffnen die Säcke, holen das Material aus den Säcken und legen es in Kartons. Ein Sack wird also nicht ausgeschüttet, sondern schichtweise abgetragen. Die Schnipsel kommen dann in einen Scanner, der prüft, welche Schnipsel zusammengehören und wie sie zusammengehören. Es werden gleichseitig Vorder- und Rückseite gescannt, so etwas können normale Scangeräte nicht. Manche Schnipsel sind verbogen oder geknickt, die werden gebügelt. Das heißt, von jedem Schnipsel werden viele Merkmale berechnet: Form und Farbe, ob eine Handschrift drauf ist oder ein Stempel.

Danach setzt der Computer die Schnipsel zusammen. Wenn eine Seite komplett zusammengesetzt ist, wird sie ins Archiv der Stasiunterlagenbehörde übertragen. Manchmal passiert es, dass eine Seite unvollständig bleibt. Auch das erkennt die Maschine und weist sie zurück. Als ich die erste

Seite sah, die unser System zusammengesetzt hatte, war die Freude riesengroß.

Das Projekt wurde zunehmend zu einer Art Lebenswerk von mir. Nicht nur aus Forschersicht, sondern auch aus politischer, kultureller und privater Ambition. Ich bin mit vielen Menschen befreundet, die in der DDR aus politischen Gründen im Gefängnis saßen. Die Opfer haben ein Recht darauf zu erfahren, was über sie geschrieben worden ist.

Eine Institution wie die Fraunhofer-Gesellschaft zur Förderung der angewandten Forschung ist gefordert, sich mit solchen Fragen zu beschäftigen. Und im Fall Jürgen Fuchs wird meine Verbundenheit mit dem Projekt sehr konkret: Jürgen und ich waren befreundet, er war mein Trauzeuge. Als er im Mai 1999 starb, waren wir alle schockiert. Wir hatten geglaubt, er schafft es, er besiegt seine Krankheit. Am Tag seiner Beerdigung regnete es, Wolf Biermann hielt eine Rede und sang, Joachim Gauck hielt eine Rede. Jürgen hatte immer großes Interesse an unserem Projekt, an der Schnipselmaschine gehabt.

Schon jetzt haben wir Anfragen aus Osteuropa und Ländern, die Gewaltregime hatten und die wollen, dass ihre geschredderten Akten wieder zusammengesetzt werden. Es gab auch eine Anfrage aus der Ukraine. Dort lagern wichtige Sammlungen mit jiddischen Schriften, Liedersammlungen, Noten, Forschungsarbeiten. Die Archive drohten zu verfallen. Bald erscheint eine weltweit einzigartige Anthologie mit jiddischer Musik, die ich initiiert habe und deren Herausgeber ich bin.

Auch philosophisch-kulturell ist unsere Maschine interessant. Eine meiner Lieblingserzählungen von Thomas Pynchon – »Entropy« – beschäftigt sich damit, wie eine Gesellschaft zerfällt. Je mehr ich mich mit den Anfragen aus aller Welt beschäftige, umso interessanter finde ich es, wenn es gelingt, etwas zu rekonstruieren und Dingen wieder eine

Identität zu geben. Interessenten aus Lateinamerika sagten zu mir: »Die Maschine hilft, verschollenen Opfern ihr Gesicht zurückzugeben.«

Bertram Nickolay, geboren 1953 in Wadern, ist Leiter der Abteilung für Sicherheitstechnik am Fraunhofer-Institut für Produktionsanlagen und Konstruktionstechnik in Berlin.

VII. Go West

Von den 17 Millionen Menschen, die 1989 in der DDR leben, verlassen laut Statistischem Bundesamt in den folgenden zwanzig Jahren fast drei Millionen ihre Heimat. Vor allem junge, gut ausgebildete Frauen zieht es in den Westen. Aber schon bald gibt es auch eine Rückkehrerwelle: Von den über eine Million Menschen, die seit 1990 als Zuwanderer in den neuen Ländern gezählt wurden, ist nahezu die Hälfte in Wirklichkeit ursprünglich aus dem Osten. Die meisten von ihnen kehren zu ihren Wurzeln zurück, weil sie in der neuen Heimat etwas vermissen: das Gefühl, wirklich dorthin zu gehören.

Monique Lampe ist eine solche Rückkehrerin. Die Magdeburgerin findet zu Hause keine Arbeit, die ihrer Qualifikation entspricht, deshalb geht sie nach Gütersloh. Fortan pendelt sie zwischen Ost und West. Nach sechs Jahren jedoch beschließt sie, dass es reicht, und kehrt ganz zurück nach Sachsen-Anhalt.

Für die Erzieherin Simona Pöse hingegen ist Mainz zur neuen Heimat geworden. Unmittelbar nach der Wende zieht die alleinerziehende Mutter von Erfurt nach Rheinland-Pfalz. Eigentlich sollen es nur zwei Jahre für eine Fortbildung werden. Aber Simona Pöse bleibt, weil sie in Erfurt keinen Job mehr findet. Nicht nur einmal muss sie sich sagen lassen, dass sie als Ostdeutsche weniger kann als ihre westdeutschen Kolleginnen. Aber sie ist widerständig und bezeichnet sich heute weder als Ost- noch als Westdeutsche.

Im Wolfratshausener Stadtrat regt Georg Meier mit der Einführung des grünen Pfeils einen kleinen Ostimport in Bayern an. Eigentlich ist das Verkehrszeichen sehr praktisch – man muss es nur verstehen. Und das scheint gar nicht so einfach zu sein.

»Ich lass mir nie wieder sagen, dass ich keine richtige Erzieherin bin«

oder Wie die Erfurter Kindergärtnerin Simona Pöse in Mainz eine Zusatzausbildung machen wollte und noch einmal ganz von vorn anfangen musste

Im Sommer 1991 ging ich von Erfurt nach Mainz. Ich wollte dort eine Ausbildung zur Montessori-Kindergärtnerin machen. Das war eine berufsbegleitende Ausbildung, deshalb musste ich mit meiner zweijährigen Tochter dorthin ziehen. Ich war alleinerziehend, doch es klappte alles ganz gut: Ich fand schnell einen Krippenplatz für meine Tochter. Aber schon der erste Tag in der Krippe war irritierend. Als ich meine Tochter der Erzieherin vorstellte, sagte diese: »Wo sind denn die Windeln?«

»Windeln?«, erwiderte ich: »Meine Tochter ist zweieinhalb, die braucht doch keine Windeln mehr, die ist sauber.«

»Typisch DDR-gedrillt«, sagte die Erzieherin.

Ich war sprachlos.

Ohnehin glich mein Einstieg in Mainz ein wenig der Geschichte des Hauptmanns von Köpenick. Die Montessori-Ausbildung wurde in Wiesbaden angeboten. Klingt gut, dachte ich, dann bewerbe ich mich in Wiesbaden als Erzieherin und mache nebenher die Zusatzausbildung. Ich schickte meine Bewerbungsunterlagen an die Stadtverwaltung Wiesbaden und bekam rasch eine Antwort: Die Stadt freue sich sehr, dass ich mich für eine Stelle dort interessiere. Aber meine Unterlagen könnten nicht bearbeitet werden, weil meine Zeugnisse aus der DDR noch nicht anerkannt seien. Die möge ich doch bitte an die Bezirksregierung Hessen schicken, damit meine DDR-Ausbildung als Kinder-

gärtnerin anerkannt würde. Ich schickte meine Papiere dorthin, aber die Bezirksregierung Hessen schrieb zurück, sie
könne meine Zeugnisanerkennung nur bearbeiten, wenn ich
einen Arbeitsplatz in Hessen hätte. Das teilte ich meinem
zukünftigen Arbeitgeber mit, der mir abermals sagte, er
könne meine Bewerbung nur berücksichtigen, wenn ich
diese Zeugnisanerkennung hätte …

In dieser Zeit erschien in einer Erfurter Tageszeitung eine
große Annonce der Stadt Mainz, dass dort Erzieherinnen
gesucht würden. Dann eben Mainz, dachte ich, bewarb mich
und erhielt ein Schreiben, ich müsste noch meine Zeugnisse anerkennen lassen, und zwar bei der Bezirksregierung
Rheinland-Pfalz. Das tat ich dann auch, und die rheinland-
pfälzische Bezirksregierung erkannte meine Papiere erstaunlicherweise an. So konnte die Stadt Mainz meine Bewerbung
bearbeiten. Vier Monate später hatte ich einen Job. Aber zunächst nur als Erziehungshelferin. 1991 wurde der Abschluss
einer Kindergärtnerin aus der DDR nicht mit dem Abschluss einer Erzieherin aus dem Westen gleichgesetzt, die
DDR-Ausbildung wurde nicht anerkannt. Um die Anerken-
nung und eine vollständige Gleichbehandlung zu erreichen,
musste man noch einmal zur Schule gehen.

Vorgeschrieben waren rund 200 Schulstunden an einer
berufsbildenden Schule. Außerdem musste man ein Anerkennungsjahr machen. Ich wurde behandelt wie eine Auszu-
bildende. Dabei war ich nicht nur ausgebildete Kindergärtnerin, sondern auch Diplomphilosophin. Nach meinem
Fachschulstudium zur Kindergärtnerin in Erfurt 1982 hatte
ich zwei Jahre in diesem Beruf gearbeitet. Das machte mir
sehr viel Spaß, aber ich spürte, dass ich noch etwas anderes
sein wollte als ausschließlich Kindergärtnerin. 1984 ging ich
nach Leipzig und studierte dort Philosophie.

Doch ich kam gar nicht mehr dazu, als Philosophin zu arbeiten. Als die ersten Montagsdemonstrationen im Septem-

Simona Pöse, damals Kindergärtnerin

ber 1989 das Land in Aufregung versetzten, geriet auch mein Leben in Aufruhr. 1990 beendete ich mein Studium. Als ich mein Diplomzeugnis in den Händen hielt, wusste ich, dass ich als Philosophin vermutlich keine Arbeit finden würde. Und so erinnerte ich mich daran, dass ich ja noch einen anderen, wunderbaren Beruf hatte. Ich fragte kurzerhand bei der Stadt Erfurt nach, ob sie mich wieder als Kindergärtnerin einstellen würde. Und siehe da, es klappte. Ich wurde Leiterin einer sogenannten Kinderkombination, Kinderkrippe und Kindergarten in einem Haus. Bei uns waren das zehn Kindergarten- und sechs Krippengruppen.

Ich fragte mich damals, was wir fortan anders machen sollten, jetzt nach der Wende, was jetzt wichtig werden würde und wie in einer Bildungsinstitution der Umgang zwischen Erwachsenen und Kindern gestaltet werden sollte. Es gab viele Fragen, auf die ich damals keine Antwort hatte. Zufällig traf ich die Leiterin einer Kindertagesstätte in Wiesbaden. Wir lernten uns auf einem Fest kennen, und sie erzählte mir von dem Bildungskonzept ihrer Kita, die nach den Lehren von Maria Montessori arbeitete. Den reform-pädagogischen Montessori-Ansatz kannte ich damals nicht, aber das klang sehr gut und aufregend. Ich wollte alles wissen.

Und plötzlich sagte die Frau: »Wenn du Lust hast, fahren wir einfach in unseren Kindergarten.«

Wir verließen die Feier, und sie zeigte mir ihre Kita, an einem späten Samstagabend. Die Einrichtung faszinierte mich, die Spiel- und Lernmaterialien lagen in Regalen, die auf die Größe der Kinder ausgerichtet waren, die Kinder konnten sich alles selber nehmen. Das kannte ich nicht. Sylvia, so hieß die Frau, erklärte mir, dass die Selbständigkeit der Kinder genau der Sinn dieser Pädagogik ist.

Wir waren zwei Stunden in der Montessori-Kita und gingen von Raum zu Raum. Im Eingangsbereich gab es eine riesige Bibliothek, zwei Wände voller Bücher, Belletristik und Sachbücher, allesamt für Kinder. Die Bücher waren so angeordnet, dass die Kinder die Cover sehen konnten. Das ist ja wunderbar, dachte ich, die Kinder wissen sofort, was sie von diesem Buch zu erwarten haben.

Ich fand das toll, aber ich zweifelte daran, ob das auch im Alltag so funktionierte, wie Sylvia es mir weismachen wollte. Ich konnte mir nicht vorstellen, dass die Kinder mit all den Materialien diszipliniert und ordentlich umgingen. Ich sagte: »Das muss ich mal mit Kindern sehen.«

Im November 1991 fuhr ich erneut nach Wiesbaden und schaute mir fünf Tage lang an, wie das in der Kita dort gemacht wurde. Ich setzte mich in die Gruppenräume und schaute einfach zu. Ich beobachtete, wie die Kinder agierten und wie die Erzieherinnen mit ihnen umgingen. Ich war erstaunt: Die Kinder wussten, wo die Spiel- und Lernsachen lagen. Und sie legten sie auch wieder dorthin zurück, wenn sie sie nicht mehr brauchten. Im Unterschied zur Pädagogik in der DDR, nach der die Erwachsenen vorgaben, was gut ist für die Kinder, wurde den Kindern hier sehr viel Vertrauen geschenkt. Ich dachte: Das ist die Pädagogik, die zu mir passt. Das wollte ich auch lernen.

Als ich anfing in Mainz zu arbeiten, wurde ich mit vielen Vorurteilen konfrontiert. Vor allem, wenn ich über Erziehungsmaßnahmen sprach.

Ich hörte öfter den Satz: »Na ja, du kommst halt aus der DDR, da mussten alle zur selben Zeit das Gleiche machen.« Das stimmte natürlich nicht. Am Anfang war ich wie vor den Kopf gestoßen. Ich fühlte mich zwar nicht persönlich getroffen, aber ich fühlte mich fremd. Mit der Zeit begriff ich, dass das Erziehungskonzept, das ich in Mainz erlebte, symptomatisch war für die gesamte Bundesrepublik.

Es machte mir nichts aus, zurückgestuft zu werden, erst von der Uniabsolventin zur Kitaleiterin, von der Kitaleiterin zur Kitahelferin, weil ich ja nur so lange in Mainz bleiben wollte, bis ich die Montessori-Ausbildung in Wiesbaden zu Ende gebracht hatte. Danach wollte ich nach Erfurt zurückgehen und ein Montessori-Kinderhaus aufmachen.

Wesentlich schlimmer fand ich die Missverständnisse mit meinen neuen Kolleginnen. Da war zum Beispiel die Sache mit dem Händedruck. Ich war es gewohnt, wenn ich in Erfurt morgens in den Kindergarten kam, allen Mitarbeiterinnen und Mitarbeitern die Hand zu geben. Ich ging von Gruppenraum zu Gruppenraum und begrüßte alle persönlich. In Mainz sagte man nur »Hallo«, und das war's. Die Hand gab man sich nur an Geburtstagen, oder wenn es etwas zu feiern gab. Ich hatte das Gefühl, gar nicht mehr zu wissen, wie ich mich benehmen sollte. Ich glaubte, fremd zu sein im eigenen Land.

Oder eine andere Situation: Wir hatten beschlossen, den Personalraum aufzuräumen. Ich tat das und erntete dafür großes Unverständnis. Ich hatte das so gemacht, wie ich es für richtig hielt. Ich hatte die Dinge in den Regalen so angeordnet, dass man sie alle gut sah und sofort greifen konnte, wie in einem Materiallager. Das war nicht schön, aber praktisch. Die Kolleginnen wollten es aber schön haben und waren sehr irritiert, als sie sahen, was ich gemacht hatte.

Dann die Sache mit dem Wochenplan. Mich wunderte, dass es in der Kita und in der Beschäftigung mit den Kindern keinen Unterschied gab zwischen der Ferienzeit und dem Rest des Jahres. In der DDR war es so, dass während der Schulzeit auch die Kindergärten so etwas wie Lernpläne hatten. Das gab es in Mainz nicht, das wollte ich ändern. Ich setzte mich zu Hause hin und erarbeitete Wochenpläne: Montags wollte ich mit den Kindern Musik machen und ihnen Musik erklären, dienstags mit ihnen lesen. Mittwochs wollte ich ihnen zeigen, wie man Dinge bauen und konstruieren kann, donnerstags sollte es zum Turnen gehen und freitags gab es auch irgendwas. Die Pläne hängte ich an die Elternpinnwand. Die Eltern sollten ja wissen, was ich mit ihren Kindern unternahm.

Außerdem hatte ich noch einen Elternbrief geschrieben, in dem ich den Eltern mitteilte, was ich vorhatte.

Aber dann kam die Kitaleiterin zu mir und sagte: »So geht das nicht. Sie können doch nicht einfach einen Wochenplan aushängen und die Arbeit hier komplett verändern.«

Das müsste ich vorher mit ihr absprechen. Ich war total erstaunt und dachte: Wieso das denn? Die Eltern fragen doch mich, wie ich mit den Kindern arbeite, sie fragen doch nicht die Leiterin. Die hat doch ganz andere Aufgaben.

Die Leiterin glaubte, ich mache das so, wie ich es in der DDR gelernt hatte.

Sie sagte: »Da hattet ihr einen Plan, und nach dem Plan musste alles funktionieren.«

Ich versuchte ihr zu erklären, dass meine Methode nichts mit den alten Bildungs- und Erziehungsplänen zu tun hatte, sondern mit meiner Idee, wie man am besten mit Kindern arbeitet. Kinder brauchen eine Orientierung, und zwar eine ganz konkrete. Sie lernen mehr, wenn sie auf Lernangebote vorbereitet sind, wenn sie wissen, was sie erwartet. Das hatte ich tatsächlich so in der DDR gelernt, aber in der Praxis hatte es sich als gut erwiesen. Wenn man sich nämlich einfach nur in die Gruppe setzt und sagt, so jetzt singen wir mal ein Lied, dann wird das nichts. Es ist doch besser, wenn man sich vorher überlegt, welches Lied man mit den Kindern singen möchte, und ihnen dann erklärt, warum man ausgerechnet dieses Lied mit ihnen singt und mit welchen Instrumenten man den Gesang begleiten könnte.

Am Ende musste ich den Plan wieder abnehmen, durfte aber nach meinem Wochenrhythmus arbeiten. Damit hatte ich großen Erfolg, nicht nur bei den Kindern, sondern auch bei den Eltern. Alle wussten nun, was an welchen Tagen stattfand.

Ein gewisses Unverständnis blieb trotzdem. Einmal rief eine Mutter an und sagte, ihr Kind sei krank. Ich fragte, was das Kind denn hätte.

Sie antwortete: »Keuchhusten.«

»Keuchhusten«, sagte ich: »Das kann gar nicht sein. Keuchhusten gibt es gar nicht mehr als Kinderkrankheit.«

Da war wiederum die Mutter erstaunt und sagte: »Natürlich gibt es Keuchhusten.«

Sie zählte ein paar Namen von Kindern auf, die alle Keuchhusten gehabt hätten. Ich war sehr verwundert und fragte eine Kollegin, wie das sein könnte. Und die sagte, dass diese Kinder eben nicht gegen diese Krankheit geimpft seinen.

»Gibt es denn keine Impfpflicht«, fragte ich.

»Nein«, sagte sie: »Das entscheiden die Eltern.«

Ich dachte: Was ist das? Wo bin ich denn hier?

Ähnlich verhielt es sich mit Arbeitsmaterialien. Es gab viele Bücher, aber wenig Rechen- und Buchstabenmaterial.

Rechnen und Lesen gehörten in die Schule, wurde mir gesagt, damit hat die Kita nichts zu tun. Das war in der DDR anders, damals gehörte zum Beispiel einfaches Zählen zu den Lernzielen in der Kita.

In den ersten Wochen in Mainz hatte ich großes Heimweh, nach meinen Eltern, nach meinen Freunden, nach meinem gewohnten Leben in Erfurt. Ich brauchte mehrere Wochen, bis ich in Mainz den Weg durch die Stadt sicher kannte. Einmal wollte ich mir ein paar Schuhe kaufen und suchte ein ganz bestimmtes Geschäft. Aber ich fand den Laden nicht, ging wutentbrannt nach Hause und weinte. Ich war verzweifelt: Ob ich das hier hinbekomme? Worauf hast du dich hier bloß eingelassen?

Und dann diese unglaubliche Fülle an Lebensmitteln. Manchmal ging ich durch den Supermarkt und fühlte mich wie erschlagen von dem Angebot. Wenn ich mich nicht entscheiden konnte, was ich kaufen sollte, verließ ich den Supermarkt so, wie ich ihn betreten hatte: mit leeren Taschen. Damals entstand das Gefühl, das ich in den folgenden Jahren immer mal wieder hatte: Ausländerin zu sein in einem Land, das meines sein sollte. In solchen Momenten wünschte ich mir, eine andere Sprache zu sprechen. Oder wenigstens ein bisschen anders auszusehen, ein bisschen dunkler zu sein. Der einzige Trost war, dass meine Tochter gut zurechtkam. Sie war ja erst zweieinhalb, sie fand sich in ihre Krippengruppe gut ein. Sie hatte keine Probleme.

Nach zwei Jahren war die Montessori-Ausbildung beendet, und ich wollte nach Erfurt zurückgehen. Ich rief beim Jugendamt in Erfurt an und fragte, ob sie mich wieder als Kitaleiterin einstellen würden. Das war ja mein Plan. Aber die Antwort war ernüchternd: Viele Einrichtungen seien geschlossen worden, und es gäbe wahnsinnig viele Bewerbungen. Man könne mich nicht 80 anderen Bewerberinnen vorziehen. Ich war schockiert. Ich hatte absolut keine

Chance. Was sollte ich jetzt machen? Ich hatte ja keine Wohnung mehr in Erfurt und keinen Kitaplatz für meine Tochter. Und ich wäre arbeitslos gewesen. Also blieb ich in Mainz.

Wenn schon Mainz, dachte ich, dann richtig. Dann will ich auch wieder als Kitaleiterin arbeiten. Ich erkundigte mich nach Fortbildungsprogrammen, fand eines und schrieb einen Antrag. Eines Morgens, ich war gerade zwei Stunden in meiner Kindergruppe, erhielt ich einen Anruf vom Fachberater für die Organisation von Fortbildungen.

Er sagte: »Frau Pöse, wie kommen Sie eigentlich dazu, sich für eine Fortbildung zur Leiterin bewerben? Sie sind ja noch nicht mal Erzieherin.«

Das traf mich wie ein Schlag. Ich sagte: »Aber ich bin Diplomphilosophin.«

»Das spielt keine Rolle«, sagte er. »Solange Sie keine Erzieherin sind, können Sie sich auch nicht zur Leiterin qualifizieren.«

Ich war maßlos wütend. In dem Moment beschloss ich, eine Erzieherinnenausbildung zu machen. Meine Leiterin, die während des Telefonats neben mir stand, unterstützte mich in meinem Fortkommen. So bekam ich schon zum Herbst meinen Ausbildungsplatz an der berufsbildenden Schule, um dieses Anerkennungsjahr zur Erzieherin machen zu können.

An den ersten Tag in der Schule erinnere ich mich noch ganz genau. Der Raum, in dem die Ausbildung stattfand, sah aus wie der Klassenraum einer Schule, mit Bänken und Stühlen. Ich dachte: Was suche ich eigentlich hier? Wieso bin ich jetzt wieder Schülerin? Ich bin dreißig Jahre alt, ich habe eine abgeschlossene Berufsausbildung und ein abgeschlossenes Universitätsstudium. Und jetzt sitze ich hier als kleine Schülerin. Das war kein gutes Gefühl. Genau aus diesem Grund hatte ich ja vorher dieses Anerkennungsjahr nicht machen wollen, ich wollte nicht mehr in eine solche

Situation kommen. Auf der anderen Seite war es meine einzige Chance. Und dann war da dieser Trotz: Das mache ich jetzt. Ich lass mir nicht noch einmal sagen, dass ich nicht mal eine richtige Erzieherin bin.

Mit mir absolvierten viele andere Frauen diese Ausbildung, manche kamen aus Bulgarien, andere aus der ehemaligen Sowjetunion. Einige waren schon fünfzig. Ich fand es damals schade, dass man das Wissen und Können, das wir mitbrachten, nicht haben wollte. Niemand fragte uns: Was könnt ihr? Wie habt ihr gearbeitet? Es herrschte die Haltung vor: Was wisst ihr denn schon! Und: Wir wissen es besser. In solchen Momenten spürte ich deutlich den Unterschied zwischen Ossis und Wessis und wie die Ossis abgewertet wurden.

Das ist heute alles vorbei. Ich fühle mich heute nicht als Westdeutsche, aber auch nicht mehr als Ostdeutsche. Ich bin ein Weder-Noch, ich bin so etwas wie eine Heimatlose. Das Land, aus dem ich komme, gibt es nicht mehr. Aber ich fühle mich nicht heimatlos. Meine Heimat ist hier in Mainz und in Wiesbaden. Ich bin vier Mal umgezogen, immer in diesem Umkreis. Ich wollte meiner Tochter keinen Schulwechsel zumuten und ich fühle mich in meinem Viertel wohl. Hier wohnen Menschen vieler Nationalitäten. Das mag ich, zu ihnen habe ich engen Kontakt. Ich fühle mich angekommen.

Simona Pöse, geboren 1963 in Erfurt, arbeitet heute als pädagogische Fachkraft in der Bilingualen Montessori-Schule in Heidesheim.

»Ich brauche das zum Glücklichsein«

oder Wie Monique Lampe nach sechs Jahren Pendeln zwischen ihrer Geburtsstadt und ihrem Arbeitsplatz entschied, dass ihr Heimat wichtiger ist als Karriere

Ich habe in Magdeburg Gesundheitsmanagement studiert. Als ich 2002 fertig wurde, schaute ich mich in der Umgebung nach Stellen um, die auf mein Profil passten, und stieß auf ein interessantes Angebot in Bad Kösen. Es ging um die gesundheitspädagogische Leitung einer Rehaklinik. Beim Vorstellungsgespräch beschrieb mir der Chefarzt meine Aufgaben und zeigte mir, wo mein Büro wäre. Als wir über Vergütungen sprachen, breitete er ein Blatt vor sich aus und sagte: »Okay, sie sind jetzt 22, hmm… und wir sind hier in den neuen Bundesländern …«

Ich konnte sehen, wie er mit seinem Finger auf diesem Blatt immer weiter in die linke untere Ecke wanderte – das bedeutete immer weniger Geld. Als der Finger sein Ziel erreicht hatte, dachte ich, es sei sicherlich wertvoll, überhaupt eine Chance zu bekommen, aber das war mir dann doch etwas zu wenig Geld zum Leben.

Es war mir nicht egal, wo ich arbeiten würde. Ich wollte gern in Magdeburg bleiben. Aber es hatte für mich oberste Priorität, nach dem perfekt passenden Profil für meinen Berufseinstieg zu suchen. Schon während des Studiums hatte ich ein Praktikum bei der Bertelsmann Stiftung in Gütersloh gemacht und Signale bekommen, dass man mich gern einstellen würde. Also ging ich nach Gütersloh. Ich war dort Projektmanagerin für das »Internationale Netzwerk Unternehmenskultur«. Ich begleitete und koordinierte die Treffen und den Austausch zwischen Großunternehmen. Es war sehr spannend, wir waren immer wieder in den Headquartern von Unternehmen wie Lufthansa oder BMW. Da habe ich jede Menge gelernt.

Komischerweise ist mein Zuhause immer Magdeburg geblieben. Ich steckte viel Energie und Kraft in meine Wohnung in Magdeburg, in Gütersloh hatte ich bloß ein möbliertes Zimmer. Dort schlief ich. Sogar zum Essen war ich meistens in der Firma.

Meine Kollegen sagten immer: »Monique, du bist zwar hier, aber so richtig angekommen bist du nicht.«

Damit hatten sie recht. Aber das war auch in Ordnung so für mich. Ich wusste, dass ich nur vorübergehend in Gütersloh sein würde. Das Gefühl, dass ich nach Magdeburg gehöre, dass das meine Heimat ist, blieb. Ich bin ja nicht umsonst sechs Jahre lang jedes Wochenende gependelt.

In den ersten anderthalb Jahren pendelte ich mit dem Zug. Da hatte ich noch kein Auto. Jedes Wochenende spielten sich am Bahnhof die gleichen Szenen ab. Alle wurden von ihren Lieben zum Zug gebracht oder wieder abgeholt. Meistens war es so, dass bei der Fahrt von der Heimat zur Arbeit in den Westen die Leute alle eher in sich gekehrt waren, einige sinnierten, andere schliefen. Freitags auf der Rückfahrt waren alle ganz euphorisch. Die Leute nahmen ihre Handys und riefen zu Hause an, ob sie jemand am Bahnhof abholen würde, oder sagten: Setz schon mal den Kaffee auf, ich bin gleich da. Da merkte man, wie alle sich freuten, ins Wochenende und nach Hause zu kommen. Das war ein schönes Gefühl, auch bei mir. Eine Zeitlang pendelte ich immer mit dem gleichen Pulk hin und her. Da entstand so ein Gemeinschaftsgefühl, man fühlte sich nicht allein. Es gab viele Leute, die gerade ganz ähnliches erlebten. Man lebte im Osten, in den neuen Ländern, und arbeitete im Westen, um dann wieder im Osten zu leben.

Später, als ich mit dem Auto fuhr, dauerte es zwei bis drei Stunden, je nachdem wie es auf der Autobahn aussah. Ich fuhr sonntags immer so spät wie möglich. Als ich in Gütersloh etablierter war, machte ich es sogar so, dass ich zu meiner Sekretärin sagte: »Halt mir den Montagvormittag frei, dann komm ich erst am Montag zurück.«

Wenn ich von Gütersloh zurück nach Magdeburg fuhr, gab es immer zwei besondere Punkte. Zum einen die Stelle, an der ich die ehemalige innerdeutsche Grenze passierte. Da standen noch die Wachtürme und ein paar Reliquien aus alten Zeiten. Jedesmal dachte ich, wow, du fährst hier einfach so rüber, und so viele Jahre war es absolut unmöglich, sich diesem Grenzstreifen überhaupt zu nähern. Und der zweite Punkt ist ein Hügel kurz vor Magdeburg. Von dort aus sieht man die Stadt schön im Tal liegen. Jedes Mal wieder dachte ich: Da unten befindet sich alles, was dir wichtig ist. Du kommst zurück nach Hause.

In meinem Zimmer in Gütersloh hatte ich eine Wand voller Fotos von meiner Familie und von meinen Freunden. Es passierte, dass ich davorstand, mir die Bilder ansah und dann den einen oder anderen anrief: Hey, ich sehe hier gerade dein Foto und wollte mal fragen, wie es dir geht. Ich bekam in Gütersloh ja nicht viel Besuch von zu Hause, weil ich die Wochenenden sowieso dort verbrachte.

Ich hätte die Wohnung in Magdeburg auch aufgeben können – aber das ging nicht. Magdeburg ist ein Teil von mir. Es zog mich immer wieder hierher, ich brauchte das. Ich sah an den Wochenenden meine Familie, meine Freunde. Es war mir wichtig, ihre Geschichte mitzuverfolgen, zu wissen, wie es ihnen ging, wie sie sich entwickelten. Wir hatten eine Menge Spaß zusammen.

Die Wochenenden waren straff durchorganisiert. Eigentlich immer. Ich versuchte, freitags früh herauszukommen aus der Firma. Mal ging das, mal nicht. Es kam oft vor, dass ich erst gegen Mitternacht in Magdeburg war. Aber immerhin, da hatte ich ja noch zwei Tage. In dieser Zeit wollte ich meine Familie sehen und besuchte mit meinem Partner dessen Familie. Und ich traf Freunde. Ich versuchte, das in Zwei-Stunden-Slots einzuteilen. Wenn sich der erste von vier Terminen verschob, musste ich drei Leute anrufen und sagen, es wird später.

Ich fand's toll, dass die Leute sich die Zeit nahmen, und mir war es auch wichtig, mir die Zeit zu nehmen. Manchmal hätte ich Erholung von diesen Wochenenden gebraucht, weil sie so stark durchgetaktet waren. Zugleich hatte ich aber auch das Gefühl, dass meine Akkus am Sonntagabend voll waren. Wenn ich wieder in Richtung Gütersloh fuhr, zehrte ich von den Gesprächen und Erinnerungen des Wochenendes.

Ich suchte auch Kontakt in Gütersloh und in Bielefeld, wohin ich nach einiger Zeit zum Jazz und Modern-Dance-Training fuhr. Ich fand dort ziemlich schnell Freunde. In einer Tanzgruppe hatte ich den Spitznamen »Zonenmädchen«. Das war okay, das war liebevoll gemeint, nicht abwertend. Ich war einfach die Einzige aus den neuen Ländern. Ich fühlte mich schon als Ostdeutsche in Westdeutschland, aber im positiven Sinne. Ich hatte eine Geschichte zu erzählen, eine andere Vergangenheit.

Dieses Pendeln zwischen den Welten hat sich für mich an vielen Dingen festgemacht. Ich bin in einem klassischen Plattenbau aufgewachsen, so wie viele ostdeutsche Kinder in den 80er Jahren. Meine Eltern wohnen immer noch in so einem Plattenbau. Nicht mehr in dem gleichen, aber sie haben sich wieder für eine Platte entschieden. In Gütersloh hatte ich nur mit Kollegen zu tun, die ein Eigenheim besaßen oder auf jeden Fall wesentlich mehr Platz zur Verfügung hatten. Es war eine gutbürgerliche Gesellschaftsschicht.

Monique Lampe zieht von Magdeburg nach Gütersloh – und wieder zurück

Ich nahm auch häufiger an Geschäftsessen teil, die in sehr gediegenem Ambiente stattfanden. Bis hin zu Veranstaltungen, bei denen jeder Gast quasi seinen eigenen Kellner hatte. Das war für mich eine völlig neue Situation, da bekam ich eine Armada von Besteck hingelegt und musste einfach gucken, was die anderen machten, und machte das nach.

Ich wusste zum Teil gar nicht, was ich auf dem Teller hatte. Das war so kunstvoll angerichtet, in so kleinen Portionen. Es wurde diese große silberne Glocke vom Teller weggenommen und dann dachte ich, wo ist meine Lupe, was habe ich da denn jetzt auf dem Teller. Doch dann schaute ich einfach nur, was die anderen Leute machten, und sagte mir, ruhig Blut, du kriegst das hin. Es gab klassische Musik im Hintergrund, und es wurden geschäftliche Gespräche geführt. Wenn ich mich ein bisschen in die Diskussion einbrachte, wurde ich danach gefragt, was meine Eltern studiert hätten. Und ich antwortete: »Meine Eltern haben nicht studiert.«

Ich spürte, dass viele Leute dort bestimmte Dinge voraussetzten. Man ging einfach davon aus, dass meine Eltern studiert hatten, jetzt vielleicht hohe Ämter bekleideten, schon das Geld zurückgelegt hatten, um ihrer Tochter, also mir, ein Häuschen zu kaufen. Jemand vermutete auch mal, ich hätte bestimmt mit dem Bankhaus Lampe in Bielefeld zu tun.

Da schmunzelte ich und sagte: »Nein, hätte ich vielleicht gern, aber das ist nicht der Fall.«

Die Leute bewegten sich in anderen Kreisen. Das war für mich sehr spannend.

Mir war es immer wichtig, dass mir meine Freunde in Magdeburg erhalten bleiben. Ich wollte nicht, dass das abreißt. Viele waren ja auch weggegangen, nach Hamburg, Hannover, Berlin, München, Stuttgart. Von meinen Kommilitonen sind es sicher 70 Prozent. Und wenn man sich am Wochenende in Magdeburg traf, tauschte man sich aus: Wie läuft's bei dir, was macht das Leben? Meistens traf ich mich mit meinen Freunden einzeln, selten mal in größerer Runde, etwa wenn ein Geburtstag war. Ich wollte diese Zweier-Gespräche, weil man intensiver einsteigen und Fragen klären konnte. Wir hatten ja oft vergleichbare Probleme. Etwa dass die Mentalität der Kollegen im Westen eine ganz andere war oder dass man Schwierigkeiten hatte, sich in manche Dinge einzufügen oder an manche Sachen zu gewöhnen. Und wenn es nur ein fremder Dialekt war. Der Mensch sucht ja immer nach Orientierung, und wenn man keinen Anker hat, ist es schwierig. Wir unterstützten uns gegenseitig und gaben uns Tipps, mit der Situation umzugehen. Ich fand diesen Austausch immer sehr bereichernd.

Man kann zum Beispiel versuchen, an den Bräuchen der anderen teilzunehmen. Wenn es dort etwas gibt, das man noch nicht kennt, und man wird eingeladen, sagt man nicht gleich, nein danke, das kenne ich nicht. Sondern man schaut sich das mal an. So lernt man auch ein Stück der anderen Kultur besser kennen. Das funktioniert meist gut, wenn man sich auf etwas einlässt, sich öffnet. Allerdings war das für mich nicht so einfach, weil viele kulturelle Ereignisse am Wochenende stattfanden, wenn ich nicht in Gütersloh war.

An eine lustige Begebenheit kann ich mich erinnern: Am Morgen meines 25. Geburtstags kam ich aus meinem Zimmer die Treppe runter, um ins Büro zu gehen. Ich wollte schnell aus dem Haus huschen, da kam mir meine Vermieterin entgegen, gratulierte mir und drückte mir eine Pappschachtel in die Hand, nicht eingepackt, nicht bemalt, gar nichts. Ich bedankte mich, wusste aber gar nicht richtig, wofür.

Da sagte meine Vermieterin: »Das ist bei uns hier so Brauch, wenn eine Frau 25 Jahre alt wird und noch nicht verheiratet ist, dann bekommt sie eine alte Schachtel geschenkt. Also, du gehörst jetzt zu den alten Schachteln.« Von diesem Brauch hatte ich noch nie etwas gehört.

So weit, dass ich das Gefühl hatte, ich sei in einem anderen Land, ging es bei mir aber nicht. Es waren immer noch genug Ankerpunkte für mich da, irgendetwas war immer auch vertraut. Nach ein paar Wochen hatte ich Routine, ich wusste, wo es in der Stadt welche Sachen zu kaufen gab. Als ich in Gütersloh zum ersten Mal unterwegs war, fragte ich einen Mann danach, wo die nächste Kaufhalle sei. Und er wollte wissen, was ich kaufen wolle. Ich sagte Lebensmittel.

Er erwiderte: »Dann sagen Sie doch Supermarkt. Was ist denn 'ne Kaufhalle bitte?«

Ich hatte einfach diese Begrifflichkeiten noch so im Kopf.

Innerlich habe ich immer darauf hingearbeitet, nach Magdeburg zurückkehren zu können. Der Moment, in dem für mich feststand, dass ich zurückgehen würde, kam, als ich mir Anfang 2007 die Jahresplanung ansah. Ich dachte, okay, das ist jetzt das letzte Jahr für dein Projekt, es wird Ende

2007 seinen Abschluss finden, und das ist dann der ideale Zeitpunkt, um auszusteigen. Als ich bekanntgab, dass ich ganz zurück nach Magdeburg gehen würde, gab es durchaus Irritationen. Unverständnis nicht, weil die Leute mitbekommen hatten, dass ich ein besonderes Faible hatte und jedes Wochenende nach Hause fuhr. Aber irritiert waren schon einige, die sagten: »Mensch, Monique, du bist doch wahnsinnig, du hast hier einen guten Job, du wirst hier aufgebaut, dir stehen hier alle Türen offen, und du wirfst das jetzt einfach so weg.«

Es gab auch Stimmen aus dem Osten, die sagten, dass ich doch einen Superjob hätte und lieber in Gütersloh bleiben sollte. Aber ich dachte: Jeder ist seines eigenen Glückes Schmied, also werde ich das schon irgendwie packen. Ich weiß jetzt, was ich kann, ich hab jetzt meine Erfahrung, ich hab meine Ausbildung, sechs Jahre sind eine Zeit, die man als Referenz gut verwenden kann, und jetzt fühle ich mich reif, jetzt möchte ich gern wieder zurück. Ich will das jetzt so. Ich brauche das zum Glücklichsein.

Es gibt auch in Magdeburg gute Jobs, aber sie sind schwer zu finden. Ich hatte ein Vorstellungsgespräch, da ging es um eine gute Stelle am Fraunhofer-Institut, aber die passte nicht genau auf mein Profil. Letztlich habe ich mich für die Freiberuflichkeit entschieden. Und damit geht es mir sehr gut. Ich mache Unternehmensberatung im Bereich Unternehmenskultur und Führungsethik. Das wird besonders vor dem Hintergrund der Wirtschafts- und Vertrauenskrise immer bedeutsamer. Und wer meint, dass die Unternehmen in der Krise gerade daran sparen, der irrt. Mein zweites Standbein ist Gesundheitsmanagement, das, was ich studiert habe.

Es ist ja nicht wegzudiskutieren, dass viele Akademikerinnen die neuen Bundesländer verlassen. Es ist nur wichtig, dass man auch auf die schaut, die zurückkommen. Es wird immer so getan, als wolle niemand zurück und die Leute flöhen in Scharen aus dem schlimmen Osten. So ist es aber nicht. Ich selber bin zurückgekommen und kenne viele andere, die sehr gern wieder zurückgehen möchten oder schon dabei sind, das vorzubereiten. Und ich glaube, ein bisschen kann man auch Mut machen und zeigen, dass es funktioniert.

Als ich von Gütersloh nach Magdeburg zurückkam, musste ich natürlich auch jede Menge Behördengänge absolvieren. Eine Schlüsselszene war der Termin bei der Kfz-Anmeldestelle. Ich hatte ein neues Kennzeichen pressen lassen, mit MD vorne und nicht mehr GT. In den Jahren zuvor hatte ich manchmal das Problem, dass ich Autofahrer mit Magdeburger Kennzeichen wie verrückt grüßte, so mit Lichthupe, und dann erst fiel mir ein, ach Mensch, du fährst ja mit Gütersloher Kennzeichen, die wissen gar nicht, dass du auch aus Magdeburg bist.

Ich ging also zur Anmeldestelle und gab meine GT-Kennzeichen ab und war wirklich so richtig stolz mit meinen MD-Kennzeichen in der Hand. So nach dem Motto: Jetzt steht auch endlich draußen drauf, was drinnen ist, nämlich eine Magdeburgerin.

Die neuen Kennzeichen leuchteten schön. Ich fand es total klasse, an diesem verregneten grauen Tag mit leuchtenden neuen Kennzeichen rumzufahren. Ich war in meinem Revier, und man sah es auch an meinem Auto. Ich war wieder da, wo ich hingehöre.

Monique Lampe, geboren 1980 in Magdeburg, arbeitet als freie Unternehmensberaterin in ihrer Geburtsstadt.

»Plötzlich wusste keiner mehr, was er tun sollte«

oder Wie Georg Meier für die Einführung eines
grünen Pfeils im bayrischen Wolfratshausen sorgte

Als diese Neuerung 1994 in die Straßenverkehrsordnung
aufgenommen wurde, war ich skeptisch. Ich dachte: Was
soll das mit diesem Grünpfeil-Schild? Wie kann man das
Rotlicht einer Ampel aufweichen? Damit kann ja kein
Mensch umgehen! Dann wurde ich neugierig und fragte
mich, wie das denn eigentlich drüben, im Osten gewesen ist.
Als Fahrlehrer in Wolfratshausen konnte ich mit Fahrschü-
lern sprechen, die aus den neuen Bundesländern zugezogen
waren. Die sagten nicht Grünpfeil, sondern grüner Pfeil, so
hatte das in der DDR geheißen.

Also: »Ach, grüner Pfeil, tolle Sache, da kannst du bei Rot
rechts abbiegen.«

Und ich: »Bei Rot rechts abbiegen? Wie geht das denn?«

Und die Antwort war: »Schauen und durch!«

Bei uns in Wolfratshausen gibt es keine richtige Umge-
hungsstraße, dafür ist kein Geld da, und es ist auch vom
Landschaftsschutz her schlecht machbar. Zur Rushhour ist
die Hölle los. Und es gibt eine Kreuzung, bei der ich immer
dachte, der Umbau zum Kreisverkehr könne eine Lösung
sein. Aber das kostet. Im November 1999 schlug ich als
Mitglied des Stadtrats in einer Sitzung vor, über die Möglichkeit nachzudenken, an der Stelle ein Grünpfeil-Schild
anzubringen. Ich war gar kein Freund des Grünpfeils, aber
ein Bekannter hatte mich darauf angesprochen, und da
dachte ich, ich kann es ja mal einbringen. In der Sitzung ar-

gumentierte ich, dass man durch dieses Schild den Rückstau, der hauptsächlich auf die Rechtsabbieger zurükkzuführen ist, abbauen und so eine Entlastung für die anwohnenden Bürger schaffen könnte.

Der Vorschlag wurde angenommen und an die nächste Verwaltungsbehörde, das Landratsamt in Bad Tölz, weitergeleitet. Nach einem halben Jahr kam die Anordnung, das Grünpfeil-Schild an der Stelle anzubringen. Es sollte einen Probelauf von drei Monaten geben, bei negativen Auswirkungen sollte das Schild sofort wieder abgebaut werden. Das war im Juli 2000. Es ist mit Sicherheit nicht die beste Lösung, aber es ist eine mögliche Lösung, um günstig und schnell Verkehrsentlastungen zu schaffen. Es ist ja auch wichtig, dass etwas finanzierbar ist. Solche Provisorien halten sich ja oft sehr lange.

Als das Schild eingeführt wurde, saß ich als Fahrlehrer in der Zwickmühle. Man bringt den Schülern bei: Du musst bei Rot stehenbleiben und auf das nächste Zeichen warten. Und jetzt musste ich vermitteln, dass man manchmal doch über Rot fahren darf. Als ich nach dem Aufbau des Schildes mit einem Fahrschüler an die Ampel kam, reagierte der wie gewohnt: Rot – Stopp!

Und ich fragte: »Was ist los?«

Und er: »Was? Rot!«

Da sagte ich: »Schau doch mal da rauf!«

»Oh! Was ist denn das?«

Sagte ich: »Das ist was Neues! Das haben wir von drüben gekriegt. Das ist das, was die mitgebracht haben. Sozusagen die Mitgift aus der DDR. Schau dir diesen Pfeil genau an! Da darfst du jetzt bei Rot rechts abbiegen.«

Sagte er: »Du willst mich doch verarschen?«

Und ich: »Ehrlich!«

Und er: »Ehrlich?« Wir brauchten so lange, bis die Ampel auf Grün umschaltete.

Georg Meier an seinem 40. Geburtstag, 1996

Es wurde auch nicht nur das Grünpfeil-Schild allein angebracht. In der Anordnung stand, dass zusätzlich eine Erklärung dieses Verkehrszeichens anzubringen ist. So in etwa: Der Grünpfeil erlaubt das Abbiegen nach rechts, aber vorher: Stopp! Da sahen die Leute oft nur das Stopp! und dachten, sie müssten stehenbleiben. Was das genau bedeutete, lasen viele gar nicht.

In anderen Orten, habe ich gesehen, stand auf dem Erklärschild: Stoppe, gucke, fahre! Das ist es in drei Worten, das hat auch was. Da wird ganz genau gesagt, wie ich mich verhalten muss. Bei uns hing das Erklärschild vielleicht drei Jahre, dann wurde es abgebaut. Und plötzlich wusste keiner mehr, was er tun sollte.

Gibt es ein anderes Verkehrszeichen, wo man mal ein Schild dazustellt, um es zu erklären? Das ist doch schon sehr ungewöhnlich. Normalerweise wird das einfach eingeführt, und dann ist es gut.

Es gab auch viele Autofahrer, die das Grünpfeil-Schild überhaupt nicht gesehen haben. Die blieben einfach stehen und wunderten sich, warum hinter ihnen gehupt wurde. Insgesamt aber, auch damals in der Probezeit, war die Reaktion positiv. Einfach weil dadurch der Stau in dieser Straße abgebaut wurde. In Bayern sind viele der Grünpfeile in der Probephase wieder abgebaut worden. Auch bei uns gab es Proteste. Aber es ist explizit nichts passiert, obwohl es ein Schulweg ist. Offensichtlich handelten die Autofahrer von Anfang an so, dass keine Unfälle passierten. Und deswegen ist der Grünpfeil bei uns geblieben bis zum heutigen Tag. Aber diese Huperei gibt es auch noch.

Georg Meier, geboren 1956 in München, arbeitet als Fahrlehrer in Wolfratshausen.

VIII. Die gute alte Zeit

Nicht lange nach Wende und Wiedervereinigung ist für viele Menschen der Traum von einem besseren Leben bereits ausgeträumt. Sie ahnen, dass es so bald keine blühenden Landschaften geben wird, wie das Wendekanzler Helmut Kohl versprochen hatte. Während Betriebe und Institutionen abgewickelt werden, beginnen manche Menschen, sich zurückzusehnen: Hatte das Leben in der DDR nicht doch auch Vorteile? Vielfach schwingt in diesen Erinnerungen eine Verklärung von Umständen mit, die vorher verteufelt worden waren.

In diesem Kapitel berichten zwei Menschen, wie die Wende sie aus ihrem systemkonformen Leben katapultierte. Die Pionierleiterin Heidrun Kruse liebte die Pionierrepublik, schon als Kind war sie mehrmals dort gewesen. Doch nach dem Mauerfall muss sie ihren Traum von der Gemeinschaft des organisierten Nachwuchses begraben. Auch Joachim Herrmann, einst Oberleutnant der Landesstreitkräfte, muss nach der Wende sein Lebenswerk abwickeln. Das wirft ihn aus der Bahn, er fühlt sich nicht mehr geachtet von der Gesellschaft. Er wird arbeitslos und beginnt, sich ehrenamtlich zu engagieren. Herrmann ersinnt eine Strategie, wie Hartz-IV-Empfänger, deren Wohnung laut Gesetz zu groß ist, trotzdem nicht umziehen müssen.

Ralf Heckel ist alles andere als ein rückwärtsgewandter Mensch. Aber als er 1994 mit einer Nostalgiepartie in einer

Diskothek für ein neues Privatradio wirbt, erkennt er, wie viele Menschen Sehnsucht nach einem Leben und seinen Ritualen haben, von denen sie in der Wendezeit so überstürzt Abschied nehmen mussten. Und so erfindet Heckel die Ostalgieparty.

»Ich hatte nur noch Angst«

oder Wie sich die ehemalige Pionierleiterin
Heidrun Kruse von ihrem Lebenstraum verabschieden
und im Westen komplett neu anfangen musste

Am 4. Januar 1990 legte ich mein Parteibuch auf den Tisch meines Direktors und dachte: So, jetzt brauche ich sie nicht mehr, die Partei.

Der 4. Januar war ein Montag, es war kalt und feucht. Ich hatte meine beiden Töchter früh aus dem Bett geholt und im Kinderwagen durch die Dunkelheit geschoben. Ich wollte sie um halb sechs in die Krippe bringen und dann zur Parteiversammlung in der Pionierrepublik gehen. Zu jener Zeit arbeitete ich knapp vier Jahre in der Pionierrepublik »Wilhelm Pieck« am Werbellinsee im heutigen Brandenburg, ich wohnte nur drei Fußminuten davon entfernt. Ich wollte wissen, wie es weitergeht mit mir und mit der kleinen Republik in der großen. Die Pionierrepublik war das zentrale Pionierlager der Pionierorganisation »Ernst Thälmann«. Am Ende hatte sie eine Fläche von einem Quadratkilometer, mit Schule, Kinderkrippe, Kino, Turnhallen, Kasino und Zeltlager. Im Dezember und im November 1989 waren schon viel weniger Kinder gekommen als sonst, und wir Mitarbeiter fragten uns: Was machen wir hier eigentlich noch? Wo sind unsere Perspektiven?

Als ich Michail Gorbatschow 1986 im Fernsehen gesehen hatte, hatte ich gehofft, dass da was rüberschwappt zu uns aus der Sowjetunion. Und in der Parteiversammlung am 4. Januar 1990 erwartete ich, dass der Parteisekretär irgendetwas in dieser Richtung sagt oder dass die Perestroika jetzt auch bei uns Einzug hält. Das hätte mir gefallen, das hätte zu meinem Bild von der DDR gepasst: Der Sozialismus ist unumkehrbar, wir bleiben das, was wir sind, ein sozialistisches Land. Nur machen wir es jetzt anders. Wir machen uns nichts mehr vor, und wir schlampen nicht mehr herum. Aber all das sagte der damalige Direktor nicht an diesem Tag. Stattdessen sagte er, er wisse nicht, ob es die Pionierrepublik noch lange geben wird.

Ich war ein Kind der DDR, so wie es sich gehörte. Mich hat man genauso hingekriegt, wie man es damals haben wollte. Ich habe nicht nachgedacht über das System und darüber, was in der DDR passierte. Ich hatte eine rosarote Brille auf. Ich hatte ja auch alles, mir fehlte es an nichts. Ich war zufrieden, ich hatte keine Angst und das Gefühl, dass aus meinen Kindern etwas wird. Ich war in der SED und ich wollte unbedingt in der Pionierrepublik arbeiten. Ich war als Kind selbst zwei Mal dort gewesen, und es hatte mir jedes Mal außerordentlich gut gefallen.

Im Sommer kamen viele ausländische Kinder in die Pionierrepublik, auch aus westlichen Ländern, das waren Kinder sozialistischer und kommunistischer Jugendorganisationen.

Für Kinder aus der DDR war es eine Auszeichnung, in die Pionierrepublik zu fahren. In der Regel durfte immer nur ein Schüler aus jeder Schule für sechs Wochen an den Werbellinsee. Wenn es voll war, waren bis zu 1000 Kinder gleichzeitig da.

Nach dem Mauerfall wurden die Gruppen nicht mehr – wie früher – als Auszeichnungsreisen für besonders gute Kinder zusammengestellt, sondern irgendwie, Hauptsache, der Laden war voll. Plötzlich kamen ganze Schulklassen. Und wir boten andere Beschäftigungen an, für die Mädchen beispielsweise den Kurs: Wie schminke ich mich richtig. Wir Pionierleiter wurden immer weniger gebraucht. Früher wa-

Heidrun Kruse, damals Pionierleiterin

ren wir für alles verantwortlich gewesen, für die pädagogische Arbeit und das Programm. Jetzt wurden die Klassen von ihren Lehrern begleitet, und die brachten ihr eigenes Programm mit. In dieser Zeit habe ich viel Kaffee getrunken.

Die Kinder waren auch nicht mehr so lange da wie früher, es konnten gar keine engeren Bindungen entstehen zwischen uns und ihnen. Die wollten ohnehin nur wissen, wo es Cola gibt und wie sie zum Kiosk kommen. Ich fühlte mich überflüssig.

Ich wollte und brauchte Orientierung. Und die erwartete ich »von oben«, aber von dort kam nichts. Ich rannte wie irre durch die Gegend, ich wusste überhaupt nicht mehr, was los war. Die Leitung in der Pionierrepublik sagte: »Wenn ihr etwas Neues findet, macht es.«

Ich bewarb mich in Potsdam in einer ganz normalen Schule. Ich wollte Deutsch und Musik unterrichten, die Lehrbefähigung dafür hatte ich durch mein Fachschulstudium. Aber ich bekam den Job nicht.

247

Und dann machte ich etwas, von dem ich damals nicht so recht wusste, ob es richtig war oder nicht. Am 2. Juli 1990, einen Tag nach der Währungsunion, ging ich zur Lagerleitung und sagte: »Ich möchte gehen, und zwar sofort.« Schon mittags saß ich wieder zu Hause am Küchentisch. Als mein Mann am Nachmittag von der Arbeit kam, war ich müde und kaputt.

Ich sagte zu ihm: »Ich habe einfach aufgegeben.«

Ich machte mir nicht mal Gedanken darüber, wie ich jetzt mein Geld verdienen würde.

Ein paar Tage später kam meine Nachbarin und sagte, sie und ihr Mann hätten gerade einen Getränkehandel aufgemacht und suchten noch jemanden fürs Büro.

»Ja«, sagte ich, »Büro könnte mir liegen.«

Der Mann der Nachbarin hatte bis vor kurzem das Kasino in der Pionierrepublik betrieben, er kannte sich aus mit Gastronomie. Ich stieg da ein, und es machte mir Spaß. Doch ich merkte bald, dass mir der Job nicht reichte, dass ich, ohne etwas zu lernen, nicht leben kann.

Kurz zuvor hatte ich alles weggeschmissen, was ich noch aus der DDR hatte: meine FDJ-Bluse, meine Auszeichnungen, meine Medaillen. Am 13. Dezember 1989, am Pioniergeburtstag, war ich noch einmal für meine guten pädagogischen Leistungen ausgezeichnet worden. Ich tauchte zu der Veranstaltung natürlich in FDJ-Bluse und mit rotem Pionierhalstuch auf, das war unsere Kluft damals. Ich erhielt die Pioniermedaille in Bronze – eine Auszeichnung, die man nicht so leicht bekam. Außerdem erhielt ich eine Reise geschenkt, es sollte nach Zánka gehen, das war die Pionierrepublik in Ungarn. Aber daraus wurde nichts mehr.

Als ich zu Hause am Küchentisch saß, nach meiner Kündigung und ohne Zukunft, war ich total leer. Ich fragte mich: Was hast du gelernt? Was willst du nun tun? Hast du deine Kinder angelogen? Ich hatte keine Antworten, ich hatte nur noch Angst. Ich gehörte nirgendwo mehr hin. Ich fragte meinen Mann, ob er mir einen Rat geben könne. Nee, sagte der, kann er nicht. Das war tragisch für unsere Ehe. Mein Mann war Maler, und er konnte Maler bleiben. Aber ich? Nach dem 3. Oktober 1990, dem Tag der Wiedervereinigung, gab es meinen Beruf als Freundschaftspionierleiterin nicht mehr. Ich war jetzt also berufslos, so als hätte ich nie etwas gelernt.

Wie sollte es nun weitergehen? Ich hätte gern unterrichtet. Aber ich wusste, dass ich als ehemalige Pionierleiterin absolut verbrannt war, wie man so schön sagt. Ich hatte keine Zukunft. Ich hatte nur eine Chance: etwas ganz anderes machen, noch einmal ganz von vorn anfangen. Und das hieß: wieder auf die Schulbank. Mit Menschen wollte ich schon zu tun haben, aber es sollte eine Arbeit sein, bei der man nicht zu viel nach der eigenen Meinung gefragt wird. Es sollte etwas sein, das klar und eindeutig ist, so wie Mathematik. Da kann man nicht viel falsch machen: Eins plus eins bleibt immer zwei. Das jetzt im Leben zu finden, das war gar nicht so leicht.

Aber ich fand etwas. Jetzt bin ich Rechtsanwaltsfachangestellte. Die Umschulung bekam ich übers Arbeitsamt. Ich dachte: In dem Beruf kannst du dich wohlfühlen, Gesetze bleiben Gesetze. Ich war noch nicht überzeugt davon, dass die gut sind, aber wir haben sie nun mal, und es geht darum, sie einzuhalten. Als ich anfing mit der Umschulung, wusste ich viel zu wenig über die Gesetze. Ich bilde mich heute noch immer weiter, 2007 wurde ich Rechtsfachwirtin. Jetzt mache ich noch einen Abschluss als Notarfachwirtin. Ich denke, damit bin ich gut gerüstet für die nächsten zwanzig Jahre in diesem Beruf.

Seit vierzehn Jahren lebe ich im Westen, in Schleswig-Holstein. Dort verlor ich meine Angst vor den Wessis. Ich hatte einen prima Chef, der akzeptierte mich als allein-

Heute arbeitet Heidrun Kruse als Rechtsanwaltsfachangestellte

erziehende Mutter. Ich ging allein in den Westen, mein Mann und ich trennten uns irgendwann. Mein neuer Chef gab mir manchmal fünfzig Mark Spritgeld, wenn Ferien waren und er wusste, dass ich in den Osten fahre, um Freunde und Verwandte zu besuchen. Und wenn die Kinder mal krank waren, bot er mir an, zu Hause zu arbeiten. Das überraschte mich, ich war es gewohnt, im neuen System einfach nur eine Nummer zu sein. Meine Tochter war fast sechs Wochen krank, ich kaufte mir einen Computer und lernte, damit umzugehen. Auch als meine Töchter eingeschult wurden, bekam ich frei.

Heute lebe ich gern im Westen. An ein Erlebnis erinnere ich mich sogar schmunzelnd. Im Februar oder März 1990 machte ich im Westen eine Ferienfahrschule. Wir fuhren oft abends im Dunkeln und über die Landstraßen. Das konnte ich gut. Aber sobald wir in die Stadt kamen, hatte ich meinen Fuß nur noch auf der Bremse. Überall das rote Licht. Ich war Werbung ja nicht gewöhnt und kannte nur ein Rot, das Rot der roten Ampeln. Mit den vielen Leuchtreklamen konnte ich nicht umgehen. Die Apotheke hatte ein rotes »A« und viele Geschäfte hatten eine rote Schrift.

Der Fahrlehrer sagte immer: »Sie müssen doch fahren.« Aber ich bremste.

Man hätte in den Städten die Straßenlaternen ausschalten können, es wäre trotzdem noch hell gewesen. Das gab es im Osten nicht. Der Osten war trist und grau und dunkel. Das hätte ich damals nie so gesagt, ich habe es auch nie so empfunden. Das fiel mir erst auf, als ich das Gegenteil davon im Westen sah. Aber ich bin froh, wenn ich jetzt mal von Schleswig-Holstein zum Beispiel nach Leipzig fahre und eine Ecke entdecke, die noch nicht saniert ist. Dann freue ich mich über das alte Mauerwerk .

Heidrun Kruse, geboren 1963 in Greifswald, ist heute Rechtsanwaltsfachangestellte.

»Wir schließen einfach ein Zimmer zu«

oder Wie der Exoberleutnant Joachim Herrmann
Hartz-IV-Empfänger davor bewahrte, aus zu großen
Wohnungen in kleinere umziehen zu müssen

Plötzlich standen die Leute Schlange vor dem Bürgerbüro des Arbeitslosenkreisverbandes, in dem ich seit vielen Jahren ehrenamtlich tätig bin. Manchmal kamen fünfzig Leute an einem Tag. Manche schmissen ihre Bescheide auf den Tisch, in denen stand, dass ihre Wohnung zu groß sei. Oder besser gesagt, dass die Kosten für die Wohnung, die das Amt übernimmt, zu hoch seien. Das war im Juli 2005, am 1. Januar 2005 war die Hartz-IV-Regelung in Kraft getreten. Und die schrieb unter anderem vor, wie viel Quadratmeter einem Hartz-IV-Empfänger zustehen und wie teuer die sein dürfen.

Ich erkläre das mal am Beispiel meiner Wohnung. Ich war von der neuen Regelung ja auch betroffen. Seit 1994 bezog ich Arbeitslosenhilfe und ab 1. Januar 2005 Hartz IV. Die Wohnung, die ich mit meiner Frau bewohne, hat 67 Quadratmeter und kostet 447 Euro. Nach den Hartz-IV-Regeln darf sie aber für die sogenannte Zweierbedarfsgemeinschaft, die meine Frau und ich bilden, nur 60 Quadratmeter haben und auch nur 375 Euro kosten. Jedenfalls übernimmt das Amt nur diese Summe. Die Wohnung ist also sieben Quadratmeter zu groß und rund 70 Euro zu teuer.

So ähnlich ging es den meisten Leuten, die im Sommer 2005 ins Bürgerbüro kamen. Sie wussten nicht, woher sie das Geld nehmen sollten. Langzeitarbeitslose haben in der Regel keine finanziellen Reserven. Manche waren damals schon bis zu 15 Jahre arbeitslos. Die waren sauer, einige waren sehr aggressiv. Ich habe es ein paar Mal erlebt, dass die Leute kamen, den Bescheid auf den Tisch knallten und zu heulen begannen.

Die Leute waren verzweifelt. Ich kenne das Gefühl gut. Ich musste die Offiziershochschule, an der ich viele Jahre gearbeitet hatte, zum 31. Dezember 1991 abwickeln. Alles, was wir vorher mühsam aufgebaut hatten, sollten wir wieder »rückbauen«, wie sich das jetzt so schön nannte. Bücher wanderten auf den Müll, nagelneue Schränke schmissen wir aus dem Fenster. Unten im Hof stand ein Schredder, der hat das Mobiliar in kleine Stücke gehäckselt. LKWs von der Bundeswehr holten Material ab, das noch zu verwenden war, vom Papier bis zum Polylux. Über 600 Panzer wurden unbrauchbar gemacht und Waffen ins Ausland verkauft. Das war ein absoluter Bruch für mich, eine persönliche Katastrophe. Ich fühlte mich ausgegrenzt und schlecht und von dieser neuen Gesellschaft nicht mehr wahrgenommen. Das ist das Schlimmste, was einem Menschen passieren kann.

So ähnlich ging es den Leuten, die ins Bürgerbüro kamen. Welche Möglichkeiten hatten die denn schon, wenigstens ein Stück ihres alten Lebens zu retten und in ihrer Wohnung zu bleiben? Den Vermieter bitten, mit der Miete runterzu-gehen? Macht doch kein Vermieter mit. Untervermieten? Wer will schon in einer Plattenwohnung in das freigewor-dene Kinderzimmer ziehen? Bliebe nur noch umziehen. So hatte das Amt das ja auch gefordert: Jeder sollte sich ange-messenen Wohnraum suchen. Aber das war schwierig. Und so ein Umzug hat ja auch Konsequenzen.

Wer zehn, zwanzig oder sogar dreißig Jahre in einer Woh-nung gelebt hat, verliert mit einem Umzug sein gesamtes soziales Umfeld. Außerdem haben viele in ihre Wohnungen investiert, das fängt bei den Gardinen an und hört beim Fußbodenbelag auf. Es hätte einem auch passieren können, dass man in eine nicht modernisierte Wohnung hätte ziehen müssen, in der einen dann wiederum höhere Heizkosten erwarteten, weil die Häuser nicht isoliert waren. Ein Teufelskreis. Da muss es doch auch andere Lösungen geben, dachte ich. Und dann fiel mir ein Fall aus dem Jahr 2001 ein, bei dem ich als Bürgerbetreuer für einen Behinderten in Löbau eine Wohnung gesucht hatte.

Es gab nur große Wohnungen, die kleinen waren alle vermietet. Eine Vierzimmerwohnung war aber unangemessen, weil der Behinderte von Sozialhilfe lebte und das Amt eine große Wohnung nicht bezahlt hätte. Gemeinsam mit der Wohnungsbaugenossenschaft Löbau überlegten wir also, was wir tun könnten. Die Wohnungsbaugenossenschaft hatte schon viel Leerstand, viele Familien waren nach der Wende weggezogen. Der Behinderte brauchte aber eine Wohnung. So kamen wir auf die Idee, eine große Wohnung zu verkleinern. Wir schlossen in der Vierzimmerwohnung einfach ein Zimmer ab. Das war eine Win-Win-Situation, wie man heute so schön sagt: Die Wohnungsbaugenossenschaft vermietete und bekam das Geld. Und das Sozialamt war auch zufrieden, weil der gesetzliche Standard eingehalten war.

Diese Geschichte fiel mir im Sommer 2005 wieder ein. Und ich sagte zu den Leuten: »Doch, es gibt eine Lösung für euer Problem: Wir schließen einfach ein Zimmer zu.«

In Halle gab es Vermieter, die gingen mit der Miete runter, wenn jemand sehr lange in ihrem Haus gewohnt hatte. Die konnten keine anderen Wohnungen anbieten und hätten, wenn die Mieter ausgezogen wären, Leerstand gehabt. Solche Vermieter hätte ich mir in Löbau auch gewünscht, aber die gab es hier nicht. Deshalb war die Idee mit dem Zuschließen genau richtig. Fast ein Drittel aller Haushalte in Löbau sind inzwischen Singlehaushalte. Einem alleinstehenden Hartz-IV-Empfänger stehen 45 Quadratmeter zu.

Ich schlug dem Chef der Wohnungsbaugenossenschaft

Joachim Herrmann, damals bei der Nationalen Volksarmee

die Idee mit dem Zuschließen der Zimmer vor. Der sagte: »Ja, wenn die Mieter das so möchten und wir eine vernünftige Vertragsgestaltung hinbekommen, dann bin ich der Letzte, der was dagegen hat.«

Und so haben wir das in der Bürgerberatung den Betroffenen vorgeschlagen. Uns war schon klar, dass wir damit in das Privatleben der Leute eingriffen. Aber sie mussten das ja nicht so machen, sie hätten auch ablehnen können. Wir machten keine Rechtsberatung, sondern nur eine Bürgerberatung. Kümmern mussten sich die Leute dann selber.

Das Ergebnis sah dann oft so aus: Eine Zweierbedarfsgemeinschaft schloss in einer Vierzimmerwohnung einfach das eine von zwei Kinderzimmern zu und hatte nun eine Dreizimmerwohnung mit Küche, Korridor und Bad.

Viele fanden diese Lösung gut. Aber es gab auch Genossen aus meiner Partei, der Linken, die sagten: »Wie kannst du nur so beraten? Das ist doch menschenunwürdig.«

Dann sagte ich: »Ich habe die Gesetze der Bundesregierung nicht gemacht. Aber wenn die Gesetzgebung nun mal so ist, wie sie ist, müssen wir im Interesse der Bürger alles herausholen, was möglich ist.«

In Löbau sind über 100 solcher Verträge zustande gekommen. Das ist viel für eine Stadt mit knapp 17000 Einwohnern. Es gab auch Verträge, in denen der Vermieter sogar zugestimmt hat, dass noch Möbel in dem Zimmer stehen bleiben durften. Die Mieter hingegen waren verpflichtet, das Zimmer regelmäßig zu lüften und zu beheizen.

Ich finde, das ist eine erträgliche Lösung. Es kann ja auch sein, dass jemand nach einer Weile wieder einen Job findet und nicht mehr Hartz IV bezieht. Dann kann er seine Wohnung wieder voll nutzen und musste nicht umziehen. Andererseits könnte man sagen, dass es traurig ist, wenn man so weit gehen muss wie mit der Zimmeridee. Es geht ein Stück Menschenwürde verloren, es ist ein Eingriff in die persönlichen Lebensumstände. Aber so ist nun mal das Gesetz.

Ich weiß nicht, warum andere Kommunen das Modell nicht übernehmen. Manche der Betroffenen haben sich später bei mir bedankt, mit Blumen oder mit einem Päckchen Kaffee. Eine Frau hat mich nach der Beratung umarmt. Andere, die völlig verzweifelt in die Beratung gekommen waren, haben sie freudestrahlend verlassen. Das ist doch das schönste Geschenk, das einem gemacht werden kann.

Joachim Herrmann, geboren 1946 in Boxdorf bei Dresden, studierte an der Offiziershochschule Löbau und an der Technischen Universität Karl-Marx-Stadt. Heute engagiert er sich als Bürgerberater und ist ehrenamtlicher Betreuer von Behinderten.

»Das ist nicht nur Klamauk«

oder Wie Ralf Heckel Werbung für einen Radiosender machen wollte und damit die Ostalgiepartys erfand

Ich hatte 1988 eher zufällig meinen Schein als staatlich geprüfter Schallplattenunterhalter gemacht. Als dann ein Jahr später die Grenze aufging, kündigte ich sofort meine Arbeit als Instandhaltungsmechaniker. Der große Traum, professionell als DJ zu arbeiten, ließ sich auf einmal verwirklichen. Aber nach zwei Jahren hatte ich genug davon und gründete eine Veranstaltungsagentur. Von 1991 an managte ich den Musiker MC Dirty Dan, bis zu seinem Tod im September 1993.

Danach war Schluss mit dem ganzen Jet-Set-Leben und ich besuchte meine alte Heimat, Nordhausen in Thüringen. Bei meinen ehemaligen Klassenkameraden erlebte ich viel Resignation, die ich nicht verstand. Es war ein regelrechtes Jammertal. Meine Situation war auch nicht anders in dem Moment, aber das war meine Sache, die hatte ich fabriziert. Und dann fiel mir ein, Mensch, es war doch immer dein Traum, mal Rundfunkmoderator zu werden. Ich stellte mich bei Radiosendern vor. Zwar bekam ich nirgends einen Job, aber ein Radiomacher in Berlin gab mir den Tipp, dass in Thüringen eine Rundfunklizenz ausgeschrieben würde. Das passierte dann auch Anfang 1994.

Ich entwickelte Konzepte für so eine Rundfunkgesellschaft, trieb Geld auf und kreierte ein Programm: Heckel und die Radiomacher. Ich musste mich, weil ich selbst kein Geld hatte, mit meiner Person so weit einbringen, dass ich unersetzlich war. Ich holte ein paar Künstler zusammen, wir fuhren durch die Diskotheken, wo ich zuvor mit MC Dirty Dan aufgetreten war, um die Radio-Idee zu bewerben.

Der Radiomacher aus Berlin hatte mir einen Spruch mit auf den Weg gegeben, den ich mir zu Herzen nahm: Frage die Menschen, was sie wollen. Wir verteilten einen Fragebogen, um zu erfahren, was für ein Radio sich die Leute wünschten, und fragten auch nach Vorschlägen für einen Namen. Oft war die Antwort »Sternradio«.

Der VEB Sternradio hatte in der DDR die Rundfunkgeräte hergestellt. Und im Feld hinter der Frage »Was wünscht ihr euch noch?« stand vielfach Sandmännchen. Da war ich völlig erschüttert. Das war doch Geschichte, das war doch vorbei! Und nun schrieben das aber nicht nur ältere Menschen, die wir auf Marktplätzen befragten, sondern auch junge Leute in Diskotheken.

Irgendwann sprach mich einer der Diskothekenbetreiber an: »Mensch, du, damals die Pfingsttreffen der FDJ, da war doch was los!« Ich musste mich erst wieder zurückversetzen, weil das für mich abgeschlossen war. Aber am Ende unseres Gespräches waren wir uns einig, ein FDJ-Pfingsttreffen auszurichten, so mit einem Augenzwinkern. Da waren die Begriffe Ossiparty oder Ostalgieparty noch nicht geboren.

Ich war Anfang 20. Ich hatte mit dem Honecker-Prozess und den Mauerschützenprozessen nichts am Hut. Ich hatte nicht geschossen, ich war noch nicht mal in der Armee gewesen. Ich hatte ein FDJ-Hemd getragen, ich war durchaus auch stolz darauf gewesen, ich hatte keine Berührungsängste. Wir hatten als Jugendliche auf den Pfingsttreffen zwei, drei Lieder gesungen, die da hingehörten, aber dann auch »Eisgekühlter Bommerlunder« und so etwas. Wenn die Kameras und die Offiziellen weg waren, ging es erst richtig los. Man darf das nicht assoziieren mit Strammstehen und Marschieren und Fackeltragen.

Am nächsten Morgen verkündete ich meinen Mitarbeitern im Büro, dass wir eine Promotion-Veranstaltung in einer Diskothek machen würden und der Betreiber das gern wie ein Pfingsttreffen der FDJ gestalten wollte. Ich bat sie, zu Hause nachzusehen, ob sie noch irgendwo ein FDJ-Hemd, eine Fahne, ein Singebuch hätten, oder was sonst noch dazugehörte. Da waren sie zwar erstaunt, aber: Wenn's der Chef sagt, wird's gemacht. Ich kann einen Wessi verstehen, der sagt: »Diese Zonenbrote!«

Ein paar Stunden später schon war in der Redaktion ein Gekicher, so was hatte ich vorher noch nicht gehört. Die Leute hatten ihre Sachen von zu Hause geholt und probierten die jetzt an. Die Erinnerungen kamen wieder, das, was die letzten drei Jahre tabu gewesen war.

Ich denke, es war dieselbe Situation, wie wenn man zu Ostzeiten im privaten Rahmen einen politisch anrüchigen Witz erzählte. Man war unter sich. Wir strickten ein kurzes Programm zusammen. Dann bot ein Techniker noch einen alten Lkw an, eine umgebaute Feuerwehr, blau, mit Pionierabzeichen drauf. Ich setzte mich drei Stunden ans Telefon, um ein Honecker-Double aufzutreiben. Und dann fuhren wir frivol, frisch, frei in diese Diskothek nach Schwallungen.

Das Honecker-Double hatte schon Erfahrungen im Umgang mit Gästen. Der stellte sich mit den Mädels in FDJ-Hemdchen an die Straße und winkte die Leute in ihren Autos auf den Parkplatz. Alle folgten seinen Anweisungen ganz brav. Niemand sagte ein böses Wort. Es war klar, dass es nicht der echte Honecker war, sondern ein alter Mann, der ihm ähnlich sah. Und der wurde in die Arme genommen und begrüßt und geküsst links und rechts und links. Ich war völlig begeistert.

Und so ging das abends weiter. Es gab so viele Veranstaltungen in dieser Zeit, Ölparty, Schlammparty, Wildwest-Party. Das war jetzt einfach mal was anderes. Und dann pas-

Ralf Heckel, Erfinder der Ostalgie-Party

sierte es, dass der Honecker ein Auto hineinwinkte, in dem zwei Journalisten saßen, die sollten das schöne grüne Land Thüringen fotografieren für eine Reportage im *Stern*. Die waren sprachlos.

Ich sagte: »Setzt euch da rein, ihr seid meine Gäste. Fühlt euch wohl!«

Ich weiß nicht, ob die sich an diesem Abend wohlfühlten. Die saßen da und guckten zu und schossen Fotos. Aber soweit ich mich erinnere, führten sie mit niemandem ein Interview.

Es verging ein dreiviertel Jahr. Ich fuhr viel in der Weltgeschichte herum, denn das Sternradio-Projekt hatte sich aufgelöst, wir bekamen die Lizenz nicht. Weihnachten 1994 landete ich wieder bei meinen Eltern zu Hause. Ich saß gerade am Computer und versuchte, ein Layout zu machen für eine Zeitung, da klingelte das Telefon. Ich hob ab.

»Bist du der Sternradio-Heckel?«

»Ja.«

»Endlich! Ich hab dich in der ganzen Republik gesucht!«

Das war der Diskothekenbetreiber, mit dem ich das Pfingsttreffen gemacht hatte. Folgendes war passiert: Der *Stern* hatte irgendwann zwei Fotoseiten gebracht. Da stand nur Schwallungen, Diskothek Oase, am Soundsovielten; kein weiterer Kommentar, die Bilder sollten für sich sprechen.

Und weil die Diskothek genannt wurde und nicht mein Name, klingelte dort nun ständig das Telefon, alle möglichen Redaktionen, Radio- und Fernsehsender drängten den Betreiber, noch mal so eine Veranstaltung zu machen. Der wusste gar nicht, wie ihm geschah. Ich beruhigte ihn und sagte, bis Pfingsten sei ja noch Zeit, da fiele uns schon noch was ein. Aber er hatte versprochen, im Januar eine Party zu machen, das waren nur drei Wochen Vorbereitungszeit. Ich schimpfte, wie er so etwas hatte zusagen können. Aber mich lockte auch die Herausforderung.

Ich telefonierte herum und bekam auch wieder ein paar Künstler zusammen. Schwer war es zu dieser Zeit, ein Modeteam zusammenzustellen, das die alte Ostkleidung trug. Die Mädels wollten Dior oder was auch immer tragen, aber um Gottes willen kein FDJ-Hemd. Ein weiteres Problem waren die Requisiten. Beim ersten Mal hatten meine Mitarbeiter sie von zu Hause mitgebracht. Die Sachen waren nicht mehr greifbar, ebenso wenig der große Lkw.

Zwischen Weihnachten und Silvester erzählte mir meine Mutter, die früher Lehrerin gewesen ist, dass ein ehemaliger Kollege von ihr jetzt Hausmeister im Rathaus sei. Der hatte zu ihr gesagt, ich solle zu einer bestimmten Zeit mit einem Transporter vorbeikommen. Ganz geheimnisvoll. Ich fuhr also mit einem gemieteten Bully hin, der Hausmeister erwartete mich an der Hintertür. Ich sollte schnell reinkommen, damit uns keiner sieht. Dann gingen wir auf den Dachboden – und da sah es aus! Da lagen Tausende Fahnen, Stangenfahnen mit Hammer und Sichel, mit Hammer und

Zirkel, Spruchbänder, Banner, Ehrenbanner mit Lametta und so weiter.

Ich fragte, wo das alles her sei. Und er sagte, das seien Sachen, die früher zum Tag der Republik an die Straßen gehängt worden seien. Der ganze Kram sollte in der kommenden Woche abgeholt und zerschreddert werden. Nichts durfte verkauft oder verschenkt werden.

Und dann sagte der Mann: »Na ja, die da unten, die wollen auch nur ihre Vergangenheit wegputzen. Also ... Ich geh mal Kaffee trinken.«

Er trank dann sehr lange Kaffee, und ich lief wie ein Wilder die Treppen hoch und runter und packte den Bully voll bis unters Dach. Als das Auto voll war, sah es auf dem Dachboden immer noch aus wie vorher, so viel lag da rum. Unglaublich!

Bei diesem ersten Pfingsttreffen in Schwallungen war bei mir der Groschen noch nicht gefallen. Das war eine Promotion-Veranstaltung gewesen mit dem Ziel, eine Lizenz für das Sternradio zu bekommen. Diese zweite Veranstaltung lief nun unter einem anderen Aspekt. Es war unheimlich viel Fernsehen da. Ich glaube, drei oder vier Teams. Ich dachte schon: Mein Gott, das wird jetzt keine Veranstaltung fürs Volk, sondern für die Medien. So etwas mag ich eigentlich nicht, es wirkt kühl und steril.

Aber der Diskothekenbetreiber hatte ohne darüber nachzudenken allen zugesagt. Wir legten also los. Das Honecker-Double redete, es wurde gejohlt, ich improvisierte am Mikrofon, um alles zu einem Programm zu verknüpfen, obwohl ich selbst nicht wusste, in welche Richtung die Veranstaltung laufen würde: Welches Publikum kommt? Wie sind die Leute gestimmt? Was greift bei denen am besten? Als ehemaliger DJ wusste ich nur, dass ich auf die Leute reagieren muss.

Die Schau mit der FDJ-Mode und den ganzen DDR-Klamotten bekamen die Mädels ganz gut hin, recht erotisch. Das kommt immer an. Dann legte der Diskothekenbetreiber auf – einen Osttitel nach dem anderen. Karat. Puhdys. Ich dachte bei mir: Der hat Mut! Aber das Publikum tanzte und jubelte und sang mit. Das war für mich eine völlig neue Erfahrung. Ich kannte die Lieder zwar von der Ausbildung, aber ich hatte sie mir selber kaum angehört. Und nun sang der ganze Saal »Uns hilft kein Gott, diese Welt zu erhalten« aus »Der blaue Planet« von Karat. Ich bekam Gänsehaut. Und jede Strophe, die laut vom Publikum mitgesungen wurde, ließ sich auf die aktuelle Situation anwenden. Ich stand am Rande und sah zu.

Die Kameraleute guckten erschrocken: Was ist denn hier los? Die etwas älteren Besucher, die an den Tischen saßen mit einem Bierglas in der Hand, schluchzten vor sich hin. Ich war auch ganz ergriffen. Und das jubelnde Partyvolk in der Mitte war in Ekstase. Da dachte ich: Mein Gott, hier steckt mehr dahinter. Das ist nicht nur Klamauk.

Ich wollte ausloten, wo die Grenze war. Deshalb ging ich auf die Bühne, nahm das Mikrofon und sang: »Ich trage eine Fahne.« Und der ganze Saal stimmte ein: »Und diese Fahne ist rot.« Dann die nächste Strophe – ich wusste gar nicht, dass ich den Text überhaupt noch parat hatte. Dem Publikum ging es nicht anders. Als das Lied zu Ende war, guckten sich alle an und lachten sich tot: »Das gibt's ja gar nicht! Das kennst du alles noch! Ja, du auch?«

Es ging nicht darum, die DDR zurückzuholen, es ging darum zu sagen: Wir sind hier auf die Straße gegangen, um eine Einheit Deutschlands zu haben und nicht eine Einverleibung. Und zu einer Einheit Deutschlands gehört, dass beide Seiten sich in einer bunten Kulturwelt äußern dürfen.

An diesem Abend in Schwallungen entstand ein Zusammengehörigkeitsgefühl. Dieses Wir-Gefühl hatte viele Jahre gefehlt, und mit einem Mal war es wieder da. Ich wollte eigentlich nur das eine Lied ansingen, aber nun wollten die Leute mehr. Also sang ich »Unsere Heimat, das sind nicht nur die Städte und Dörfer«. Das passte auch wieder genau auf die Situation. Sie war weg, die Heimat. Und nun war sie in Form eines Liedes wieder da. Indem wir immer weiter sangen, brachen wir das Tabu, uns an unser früheres Leben zu erinnern. Und ich begriff: Das, was du hier tust, das stimmt. Keiner prügelt dich von der Bühne. Die machen alle mit. Das kann nicht falsch sein. Es waren Menschen von der Straße da, die einfach Spaß hatten. Niemand hatte denen vorher gesagt: Wir machen eine Ossiparty.

In der folgenden Nacht, in der ich aufgewühlt und schlaflos war, dachte der Manager in mir: Was du hier fabriziert hast, ist von drei Kameras gefilmt worden, das wird gesehen, das wird nachgemacht. Und wehe, wenn das in falsche Hände kommt! Also war für mich klar: Heckel, hier hast du Verantwortung, hier musst du ein Programm schnüren, so schnell wie möglich und damit auf den Markt.

Ich merkte, dass die Zeit reif war, dass die Menschen das Bedürfnis hatten zu sagen: »Ich bin Ossi, na und?« Das so zu bekennen war bis dahin schwer gewesen. Der Begriff Ossi war ja Anfang, Mitte der 90er Jahre ein Schimpfwort. Und nun dachte ich: Diesen Begriff nimmst du dir jetzt vor, und wandelst ihn in etwas, das Stolz in sich hat.

Für mich war klar, dass ich das mit den Partys eine Zeitlang weitermachen würde. Ich fuhr herum und suchte eine Brauerei, die mir Vita-Cola herstellte. Ich sagte, ich bräuchte 80 Kästen für eine Veranstaltung, eine Ossiparty. Die produzierten Vita-Cola seit Jahren nicht mehr, aber ich beharrte darauf: Ich bin Kunde, ich bin König, ich will's haben! Etiketten und Flaschen hatten die noch, die Abfüllanlage und das Rezept auch. So wurden die ersten 80 Kisten Vita-Cola produziert. Die waren in einer Nacht ausgetrunken. Der Direktor der Brauerei konnte es nicht glauben, er sah mich mit großen Augen an. Und so wurde Schritt für Schritt ein bisschen Identität aus dem Osten zurückgeholt. Das war wie eine 50er-Jahre-Party, die jagt ja auch niemand zum Teufel. Es gibt so viele Retro-Kulte, warum nicht so einen?

Die Ostalgiepartys machte ich von Januar 1995 bis zum 2. Oktober 1999. Dann sagte ich mir, ich muss jetzt im Leben weiter. Am 2. Oktober setzte ich in Berlin in der Arena in Treptow einen Schlussstrich. 6000 Gäste kamen.

Es waren insgesamt über 100 Veranstaltungen. In so eine Diskothek gingen zwischen 1000 und 2000 Leute rein. Das macht insgesamt etwa 150000 Leute. 135 Leute hatte ich mal maximal auf der Bühne und drumherum, um die Veranstaltung zu organisieren. Es gab 500 Erwähnungen im Fernsehen weltweit, in Global TV Brasilian, NHK Japan, ABC Broadcast Australien, France 2 und so weiter. Es ist eine ganz dicke Pressemappe zusammengekommen mit mehreren tausend Artikeln. Und ich stelle heute fest, dass egal wo man hinschaut – im Internet, bei Ebay, auf Trödelmärkten, auch in Kaufhausketten: das O, das ist da. In welcher Form auch immer, Ost, Ostalgie, Ostimist. Es wird damit geworben, dass etwas hier aus dem Osten kommt. Ich sollte damals Journalisten immer sagen, warum die Leute zu diesen Partys gehen. Ich antwortete: »Ich weiß es nicht, geh hin, guck's dir an!«

Ich wollte durch diese Partys erreichen, dass die Leute über ihre Geschichte reden. Sie sollten das Tabu brechen und sagen, ich hab' so ein FDJ-Hemd getragen, ich war in der Partei, das gehörte zum Leben. Sie sollten sagen können, dass sie Ostdeutsche sind, ohne rot zu werden. Man fühlte sich als Ossi immer gekränkt oder benachteiligt, wie ein Mensch zweiter Klasse. Es gab bis zur Jahrtausendwende ein massives Ungleichgewicht, da hing der Osten runter und der Westen hoch. Es ging mir darum, ein Gleichgewicht herzustellen. Unser Alltag in dieser Zeit war voll von Dingen, die aus dem Westen kamen. Ich weiß nicht, wie es Münchnern ergehen würde, wenn ihr Leben auf einmal zu drei Vierteln nur noch aus Ostprodukten bestünde. Die würden sich sicher dagegen sträuben. Das sollten sie auch. Regionale Identität gehört dazu.

Ich glaube, das war richtig mit den Partys, und ich bin stolz, das gemacht zu haben. Aber die Ostalgiepartys wären auch ohne mein Zutun entstanden. Man kann eine Initialzündung geben, aber das Volk setzt sie um.

Ralf Heckel, geboren 1969 in Nordhausen/Thüringen, lebt heute in Leipzig. Er ist Leiter eines internationalen Institutes für Berufsorientierung in der Luft- und Raumfahrt.

ANHANG

Zeittafel

25. Februar 1986	XXVII. Parteitag der KPdSU: Michael Gorbatschow fordert unter dem Motto »Glasnost« eine Lockerung der Rede-, Presse- und Meinungsfreiheit und leitet damit eine neue Ära in der Sowjetunion ein.
2. Mai 1989	Ungarn beginnt mit der Öffnung seiner Grenze zum Westen.
9./10. September 1989	Gründung »Neues Forum«: Es ist die erste landesweite Oppositionsbewegung in der DDR außerhalb der evangelischen Kirche. Die Bürgerbewegung will eine politische Plattform für einen einzuführenden »demokratischen Dialog« sein.
11. September 1989	Ungarn öffnet vollständig seine Grenze zu Österreich.
9. Oktober 1989	Montagsdemonstration in Leipzig: Am Abend des 9. Oktober demonstrieren über 70000 Menschen auf dem Leipziger Ring gegen das SED-Regime, trotz Angst vor bewaffneten Auseinandersetzungen.
18. Oktober 1989	Rücktritt des DDR-Partei- und Staatschefs Erich Honecker. Egon Krenz wird neuer SED-Generalsekretär.
4. November 1989	Großdemonstration Alexanderplatz: Die erste offiziell genehmigte Demonstration in der DDR.
9. November 1989	Pressekonferenz des ZK-Mitglieds Günter Schabowski zu Privatreisen ins Ausland, Öffnung der Berliner Mauer.

28. November 1989	Bundeskanzler Helmut Kohl präsentiert in einer Rede vor dem deutschen Bundestag sein »Zehn-Punkte-Programm zur Überwindung der Teilung Deutschlands und Europas«.
3. Dezember 1989	Rücktritt Politbüro und Zentralkomitee der SED.
9. Dezember 1989	Gregor Gysi wird Vorsitzender der SED, eine Woche später Umbenennung in SED-PDS.
19. Dezember 1989	Besuch Helmut Kohls in Dresden: 20 000 Menschen feiern begeistert seine Rede.
15. Januar 1990	Sturm auf die Stasizentrale in Berlin.
13. Februar 1990	Der letzte SED-Ministerpräsident Hans Modrow reist in Begleitung von 17 Ministern zu einem zweitägigen Besuch nach Bonn. Mit Bundeskanzler Kohl bespricht er die Bildung einer Expertenkommission zur Vorbereitung einer Währungsunion und Wirtschaftsgemeinschaft.
1. März 1990	Gründung der Treuhandanstalt.
18. März 1990	Erste freie und gleichzeitig letzte Volkskammerwahl der DDR, die demokratischen Wahlgrundsätzen entspricht – Ergebnisse: CDU 40,8% SPD 21,9% PDS 16,4% DSU 6,3% Wahlbeteiligung: 93,38%.
5 .Mai 1990	Beginn der Zwei-plus-Vier- Gespräche: Die Außenminister der vier Siegermächte des Zweiten Weltkrieges beraten mit den Vertretern der beiden deutschen Staaten über deren Wiedervereinigung. Es werden vor allem außenpolitische Aspekte wie Grenzfragen, Bündniszugehörigkeit und Truppenstärke besprochen. Die Gespräche enden mit dem Zwei-plus-Vier-Vertrag (auch Vertrag über die abschließende Regelung in Bezug auf Deutschland genannt). Er wird am 12. September 1990

	von den sechs Außenministern in Moskau unterzeichnet und tritt am 15. März 1991 in Kraft.
1. Juli 1990	Währungsunion: Löhne, Gehälter, Renten, Mieten und andere »wiederkehrende Zahlungen« werden 1:1 umgestellt. Bargeld und Bankguthaben werden bis zu einer Obergrenze von 6000 Mark 1:1 getauscht. Darüber hinausgehende Beträge werden im Verhältnis 2:1 umgestellt.
8. Juli 1990	Fußball-Weltmeisterschafts-Finale: die Bundesrepublik Deutschland wird in Rom mit einem 1:0-Sieg über Argentinien zum dritten Mal nach 1954 und 1974 Fußball-Weltmeister. Die DDR hatte sich nicht für die WM qualifiziert. Das letzte Länderspiel einer DDR-Auswahl findet am 12. September in Brüssel statt.
22. Juli 1990	Die Volkskammer verabschiedet das Ländereinführungsgesetz: Aus den 14 Bezirken (ohne Ostberlin) sollen die fünf neuen Bundesländer gebildet werden.
20. August 1990	Detlev Karsten Rohwedder wird Präsident der Treuhandanstalt.
31. August 1990	Deutsch-deutscher Einigungsvertrag wird unterschrieben: Er regelt den Beitritt der Deutschen Demokratischen Republik nach Art. 23 zum Geltungsbereich des deutschen Grundgesetzes.
1./2. Oktober 1990	Vereinigung der Ost-CDU mit der Schwesterpartei West-CDU: Lothar de Maizière wird erster stellvertretender CDU-Vorsitzender.
3. Oktober 1990	Wiedervereinigung: Am Tag der Deutschen Einheit werden auch die fünf neuen Bundesländer gegründet. Auf Vorschlag Helmut Kohls wird der 3. Oktober zum Nationalfeiertag erklärt.
2. Dezember 1990	Erste gesamtdeutsche Wahl seit 1932: Hel-

mut Kohl und die CDU gehen mit 43,8% der Stimmen als Sieger aus dieser Wahl hervor. Die SPD ist mit 33,5% weit abgeschlagen. Die Einteilung in zwei separate Wahlgebiete ermöglicht dem Wahlbündnis Bündnis 90/Grüne sowie der PDS im Osten den Einzug ins Parlament. Angela Merkel wird Ministerin für Frauen und Jugend.

15. Februar 1991 Der erste VW läuft in Zwickau vom Band.

1. April 1991 Ermordung Detlev Rohwedders: Gegen 23.30 Uhr wird Rohwedder am Fenster im ersten Stock seines Düsseldorfer Wohnhauses durch den ersten von drei Gewehrschüssen getötet.

30. April 1991 Der letzte Trabant rollt in Zwickau vom Band der Sachsenring Automobilwerke direkt ins Automobilmuseum der Stadt.

10. Mai 1991 Der Eierwurf auf Helmut Kohl in Halle markiert einen Wendepunkt im Verhältnis zwischen Bundeskanzler Helmut Kohl und den Ostdeutschen.

20. Juni 1991 Abstimmung im Bundestag über die Hauptstadtfrage: Mit 338 gegen 320 Stimmen entscheiden sich die deutschen Abgeordneten für Berlin als künftigen Regierungssitz.

1. Juli 1991 Solidaritätszuschlag wird erhoben: Die Steuererhöhungen zur Finanzierung der deutschen Einheit treten in Kraft. Zu ihnen zählt ein 7,5-prozentiger Solidaritätszuschlag zur Lohn-, Einkommen- und Körperschaftssteuer in Ost und West.

2. September 1991 Beginn des ersten Mauerschützenprozesses in Berlin: Vier ehemalige DDR-Grenzsoldaten werden vor dem Berliner Landgericht angeklagt, Chris Gueffroy im Februar 1989 bei einem Fluchtversuch erschossen und einen weiteren Flüchtling verletzt zu haben.

21. September 1991	Gründung der Partei Bündnis 90.
14. November 1991	Bundestag verabschiedet Stasi-Unterlagen-gesetz: Das zentrale Anliegen dieses Gesetzes ist die vollständige Öffnung der Akten des ehemaligen Staatssicherheitsdienstes, insbesondere der Zugang der Betroffenen zu den Informationen, die der Staatssicherheitsdienst über sie gespeichert hat.
1. Januar 1992	Ende des DDR-Fernsehens: Während Mecklenburg-Vorpommern dem Norddeutschen Rundfunk beitritt, übernehmen die im Vorjahr neugegründeten Anstalten MDR für die Länder Sachsen, Sachsen-Anhalt und Thüringen, und ORB für Brandenburg den Betrieb. Der ORB fusioniert 2003 mit dem Sender Freies Berlin zum rbb.
2. Januar 1992	Öffnung der Stasi-Unterlagenbehörde für die Öffentlichkeit.
10. Februar 1992	Im Landgericht Berlin wird der Prozess gegen den ehemaligen Chef der Staatssicherheit Erich Mielke eröffnet. Die Anklage wirft Mielke vor, im Jahr 1931 zwei Polizisten ermordet zu haben. Am 26. Oktober 1993 wird Erich Mielke zu einer Haftstrafe von sechs Jahren verurteilt.
29. Juli 1992	Erich Honecker trifft nach einem fast achtmonatigen Aufenthalt in der Moskauer Botschaft Chiles in Berlin ein. Der 80-jährige ehemalige Staatschef der DDR wird bei seiner Ankunft verhaftet und ins Gefängnis Moabit gebracht. In dem Prozess, der nun beginnt, werden er und fünf weitere Spitzenfunktionäre wegen Totschlags angeklagt. Erich Honecker wird vorgeworfen, für 13 Tote an der Mauer persönlich verantwortlich zu sein. Weil der Gesundheitszustand von Erich Honecker sich zusehends verschlechtert, stellt das Berliner

	Verfassungsgericht den Prozess gegen ihn am 12. Januar 1993 ein.
22. August 1992	Rostock-Lichtenhagen: Rechtsextremisten randalieren vor dem zentralen Aufnahmelager für Asylbewerber in Rostock-Lichtenhagen. Es ist der Beginn von fünftägigen ausländerfeindlichen Krawallen. Am Abend des 24. August zünden die Randalierer das benachbarte Vietnamesen-Wohnheim an. 100 Bewohner und ein Kamerateam geraten in Lebensgefahr.
14. Mai 1993	Zusammenschluss von Bündnis 90/Die Grünen.
1. Juli 1993	Zwölf Kumpel der von der Schließung bedrohten Kaligrube »Thomas Müntzer« in Bischofferode beginnen einen Hungerstreik. Schon seit April halten sie die Grube besetzt. Sie wollen damit die Fusionierung der ostdeutschen Kali AG mit der westdeutschen Kali & Salz verhindern, weil sie durch die Fusion ihre Arbeitsplätze bedroht sehen.
6. Dezember 1993	Das Oberlandesgericht Düsseldorf verurteilt den früheren DDR-Spionagechef Markus Wolf wegen Landesverrats und Bestechung zu sechs Jahren Haft.
8. Februar 1994	Erstmals seit Bestehen der Bundesrepublik hat die Arbeitslosenzahl die Vier-Millionen-Grenze überschritten. 4,029 Millionen Menschen waren im Januar 1994 ohne Arbeit.
31. August 1994	Mit einem Festakt, dem auch der russische Präsident Boris Jelzin beiwohnt, werden die letzten russischen Truppen in Berlin verabschiedet.
16. Oktober 1994	Bundestagswahl: Helmut Kohl bleibt Kanzler der schwarz-gelben Regierung. Ergebnis: CDU/CSU 41,5 %, SPD 36,4 %, Grüne 7,3 %, FDP 6,9 %, PDS 4,4 %.

31. Dezember 1994	Die Treuhandanstalt beendet ihre Arbeit. In einem symbolischen Akt schraubt die Chefin Birgit Breuel das Schild von der Wand. Am Ende hat die Treuhand rund 95 % der Volkseigenen Betriebe der DDR privatisiert. Von ursprünglich 4 Millionen Arbeitsplätzen blieben 1,5 Millionen übrig. Als die Treuhand ihre Arbeit beendet, hat sie 200 Milliarden D-Mark Schulden.
5. Mai 1996	Volksabstimmung über ein gemeinsames Bundesland Berlin-Brandenburg scheitert an der Ablehnung durch die Brandenburger.
26. April 1997	Berliner Rede von Bundespräsident Roman Herzog: Er fordert, durch Deutschland müsse ein »Ruck« gehen.
25. August 1997	Der letzte DDR-Staats- und Parteichef Egon Krenz wird wegen Totschlags an DDR-Flüchtlingen zu sechseinhalb Jahren Haft verurteilt und noch im Gerichtssaal verhaftet. Mit ihm werden die Politbüromitglieder Günther Kleiber und Günter Schabowski zu jeweils drei Jahren Haft verurteilt. Im Urteil heißt es, dass sie eher den Tod eines DDR-Bürgers hingenommen haben als seine Flucht. Schabowski und Kleiber werden schon nach einem Jahr, Krenz nach vier Jahren vorzeitig aus der Haft entlassen.
23. April 1998	Abstimmung im Bundestag über Einführung des Euro: Am 1. Januar 1999 tritt die Währungsunion für Deutschland und zehn weitere europäische Länder in Kraft. Im Bargeldverkehr löst der Euro erst 2002 die D-Mark ab.
16. August 1998	Abschlussbericht zum DDR-Vermögen: Nach drei Jahren Arbeit legt der Bundestags-Untersuchungsausschuss »DDR-Ver-

mögen« den Abschlussbericht über Vereinigungskriminalität beim Umbau der DDR-Wirtschaft vor. Demnach wurden bei der Privatisierung der DDR-Wirtschaft drei bis zehn Milliarden Mark veruntreut.

27. September 1998   Bei der Bundestagswahl erringen die SPD mit ihrem Spitzenkandidaten Gerhard Schröder und Bündnis 90/Die Grünen zusammen die Mehrheit und bilden eine Koalition. Die Union erzielt ihr schlechtestes Ergebnis seit 1949.

19. April 1999   Das deutsche Parlament kehrt acht Jahre nach dem historischen Umzugsbeschluss des Bundestags vom Juni 1991 offiziell von Bonn in den Berliner Reichstag zurück.

30. November 1999   CDU-Spendenaffäre: Alt-Bundeskanzler Kohl räumt die Führung verdeckter Partei-Konten ein.

26. November 2001   Tod von Regine Hildebrandt: Die 1941 in Berlin geborene Politikerin wurde von ihren Anhängern liebevoll »Mutter Courage des Ostens« genannt. Wie keine andere hat sich die damalige brandenburgische Ministerin für Arbeit, Soziales, Gesundheit und Frauen für die Belange der Ostdeutschen stark gemacht.

9. Februar 2003   »Good Bye Lenin«-Premiere auf der Berlinale. Die nationale und internationale Filmwelt ist begeistert und verleiht dem Film zahlreiche Preise, darunter den Deutschen Filmpreis, den Bambi, den Europäischen Filmpreis Felix und den César.
»Sonnenallee«, »NVA«, »Der rote Kakadu«, »Das Leben der Anderen« sind weitere bekannte Beispiele der filmischen Auseinandersetzung mit dem untergegangenen Staat DDR.

8. Juli 2003	Die Rosenholz-Akten werden zum ersten Mal der Öffentlichkeit präsentiert. Die Dateien enthalten auf fast 400 Datenträgern Angaben über Mitarbeiter der ehemaligen Hauptverwaltung Aufklärung (HVA) des Auslandsnachrichtendienstes der DDR. Darunter sind auch Klarnamen von Agenten zu finden, die auf westdeutschem Gebiet für die DDR-Auslandsspionage tätig waren. Mitarbeitern des deutschen Verfassungsschutzes gelang es im Jahr 2003, die Akten von der CIA zurückzubekommen. Wie die Dateien in die Hände der CIA gerieten, ist bis heute nicht eindeutig geklärt.
26. Juli 2004	In Magdeburg beginnen die Montagsdemos gegen Hartz IV.
8. September 2004	Laut forsa-Umfrage wünschen sich 21 % der Deutschen die Mauer zurück (Ostdeutsche 12 %, Westdeutsche 24 %). 57 % der Ostdeutschen sind dennoch der Meinung, dass es ihnen im Vergleich zur Zeit vor der Wende heute persönlich besser geht.
30. Oktober 2005	Wiedereröffnung der Frauenkirche in Dresden.
22. November 2005	Angela Merkel wird Kanzlerin einer großen Koalition aus CDU/CSU und SPD. Sie ist die erste Frau und erste Ostdeutsche an der Spitze einer Bundesregierung.
17. Januar 2006	Beginn Abriss des Palastes der Republik: Der Abriss ist heiß umstritten, denn der Palast war ein Symbol des nun untergegangenen Arbeiter-und-Bauern-Staates.
26. Februar 2007	»Das Leben der Anderen« bekommt einen Oscar.
16. Juni 2007	Gründung der Partei »Die Linke«. Sie entsteht aus der westdeutschen Partei WASG »Arbeit & soziale Gerechtigkeit – Die Wahlalternative«, eine Vereinigung linker

SPD-kritischer Kräfte und der ostdeutschen PDS, die 1990 aus der Staatspartei SED hervorging. Parteivorsitzende werden der ehemalige SPD-Politiker Oskar Lafontaine und Lothar Bisky von Seiten der PDS.

Bibliographie

Andrasch, W., Rothe, F., Simon: J., Das Buch der Unterschiede. Warum die Einheit keine ist, Berlin 2000

Bahrmann, Hannes/Links, Christoph: Chronik der Wende. Die Ereignisse in der DDR zwischen 7. Oktober 1989 und 18. März 1990, Berlin 1999

Behnke, Klaus/Fuchs, Jürgen: Zersetzung der Seele. Psychologie und Psychiatrie im Dienste der Stasi, Hamburg 1995

Bender, Peter: Deutschlands Wiederkehr: Eine ungeteilte Nachkriegsgeschichte 1945–1990, Stuttgart 2007

Bickerich, Wolfram: Die D-Mark. Eine Biographie, Hamburg 1999

Boeger, Wilhelm: Der Leihbeamte kehrt zurück, Halle 1999

Boers, K., Gutsche, G., Sessar, K. (Hrsg.): Sozialer Umbruch und Kriminalität in Deutschland, Opladen 1997

Busch, Ulrich: Am Tropf, Berlin 2002

Christ, Peter/Neubauer, Ralf: Kolonie im eigenen Land. Die Treuhand, Bonn und die Wirtschaftskatastrophe der fünf neuen Länder, Berlin 1991

Dauerstädt, Manfred: Das Geld des Ostens, Querfurt 2007

Dennis, Mike: Social and economic modernization in eastern Germany from Honecker to Kohl, London 1993

Dennis, M./Kolinsky, E.: United and divided, New York 2004

Drechsler, Maja: Beichtstuhl Bild, München 2004

Dreke, Claudia: Der fremde Osten. Formen der Verarbeitung von Fremdheit in der West-Ost-Migration nach 1990 am Beispiel von Verwaltungsangestellten, Berlin 2003

Florath, Bernd/Mitter, Armin/Wolle, Stefan: Die Ohnmacht der Allmächtigen. Geheimdienste und politische Polizei in der modernen Gesellschaft, Berlin 1992

Funder, Anna: Stasiland, Frankfurt/Main 2006

Genscher, Hans-Dietrich: Unterwegs zur Einheit – Reden und Dokumente aus bewegter Zeit, Berlin 1991

Gieseke, Jens: Der Mielke-Konzern. Die Geschichte der Stasi 1945–1990, München 2006

Gross, Renate: Endlich im Westen. Geschichten aus dem Neuen Deutschland, Halle 2002

Herlyn, U./Hunger, B.: Ostdeutsche Wohnmilieus im Wandel, Basel 1994

Hertle, Hans-Hermann: Der Fall der Mauer Die unbeabsichtigte Selbstauflösung des SED-Staates, Opladen 1996

Hinck, Gunnar: Eliten in Ostdeutschland. Warum den Managern der Aufbruch nicht gelingt, Berlin 2007

Huhn, K. , Panitz, E.: Mein Chef ist ein Wessi, Berlin 1992

Judt, Matthias: DDR-Geschichte in Dokumenten, Bonn 1998

Jürgs, Michael: Die Treuhändler. Wie Helden und Halunken die DDR verkauften, München 1997

Kampe, Dieter: Wer uns kennenlernt, gewinnt uns lieb, Berlin 1993

Kettenburg, Stefan: Der deutsche Vereinigungsprozess und die innere Einheit, Hamburg 2004

Kil, Wolfgang: Neue Landschaft Sachsen, Dresden 2001

Klein, Olaf Georg: Plötzlich war alles ganz anders. Deutsche Lebenswege im Umbruch, Köln 1994

Hubertus Knabe: Die Täter sind unter uns. Über das Schönreden der SED-Diktatur, Berlin 2007

Kotthoff, Hermann: Vom Kombinat zum Kleinbetrieb, Berlin 1999

Kukutz, Irena/Havemann, Katja: Geschützte Quelle. Gespräche mit Monika H. alias Karin Lenz, Berlin 1990

Lindner, Bernd: Die demokratische Revolution in der DDR 1989/90, Bundeszentrale für politische Bildung 1998

Marxen, Klaus/Werle, Gerhard: Die strafrechtliche Aufarbeitung von DDR-Unrecht Eine Bilanz, Berlin 1999

Misselwitz, Hans in: Elke Bruck/Peter M. Wagner: Wege zum 2+4-Vertrag Die äußeren Aspekte der deutschen Einheit, Schriftenreihe der Forschungsgruppe Deutschland, Band 6, München 1996

Müller, Uwe: Supergau Deutsche Einheit, Hamburg 2006

Pfeiffer, Christian: Kriminalität junger Menschen im vereinigten Deutschland, Hannover 1995

Ragnitz, J., Steinmann, G., Stille, F.: Transferleistungen, Wirtschaftsstruktur und Wachstum in den neuen Bundesländern, Institut für Wirtschaftsforschung, Halle 1996

Richter, Jenny: Stalinstadt – Eisenhüttenstadt, Marburg 1997

Rohnstock, Katrin: Lust und Frust der Verführung, Berlin 1996

Schneider, Jürgen: Bekenntnisse eines Baulöwen, Berlin 2001

Schröder, Richard: Die wichtigsten Irrtümer über die Deutsche Einheit, Freiburg 2007

Seibel, Wolfgang: Verwaltete Illusionen – Die Privatisierung der DDR-Wirtschaft durch die Treuhand und ihre Nachfolger 1990 – 2000, Frankfurt/Main 2005

Simon, Annette: Versuch, mir und anderen die ostdeutsche Moral zu erklären, Gießen 1995

Schroeder, Klaus: Die veränderte Republik, Bayrische Landeszentrale für politische Bildung, München 2006

Skin, Gerlinde: Kaltstart, München 1993

Stamer, Sabine: Cohn-Bendit. Die Biographie, Hamburg 2001

Suplie, Frank/Plikat, Ari (Hrsg.): Sogar die Hunde bellen anders. 30 deutsch-deutsche Geschichten, Braunschweig 2000

Thiel, Rainer: Das vergessene Volk, Görlitz 2005

Thies, Heinrich: Weit ist der Weg nach Zicherie. Die Geschichte eines Dorfes an der deutsch-deutschen Grenze, Bergisch Gladbach 2005

Timmermann, Heiner: Agenda DDR-Forschung Ergebnisse, Probleme, Kontroversen, Europäische Akademie Otzenhausen, Münster 2005

Welzel, Christian: Von der SED zur PDS, Frankfurt/Main 1992

Wo geht's denn hier zum Aufschwung?, Berlin 2006

JÖRG HILDEBRANDT
Regine Hildebrandt. Erinnern tut gut
Ein Familienalbum
Herausgegeben von Jörg Hildebrandt
Mit 289 Abbildungen
224 Seiten. Gebunden
ISBN 978-3-351-02666-0

»Gäbe es mehr wie sie, wäre mir weniger bange.« VICCO VON BÜLOW

Dieser private Bildband zeigt eine Frau, die sich immer in den Dienst der Familie ebenso wie der Allgemeinheit stellte. Mit zahlreichen unveröffentlichten Fotos, Briefen und Dokumenten aus dem Familienarchiv, herausgegeben von ihrem Ehemann Jörg Hildebrandt. Regine Hildebrandt (1941–2001), die Unermüdliche, Rastlose, schrieb nie Tagebuch, notierte aber alle Unternehmungen seit ihrer Kindheit in kleinen Kalendern. Und sie fotografierte für ihr Leben gern. Die zahlreichen hier erstmals veröffentlichten Dokumente zeigen ein Bild der privaten Regine Hildebrandt, deren Leben verwoben war mit der deutschen Geschichte: ihre Jugend in der Bernauer Straße, wo später Mauer und Todesstreifen verliefen, Protestbriefe, die das Ehepaar Hildebrandt an das ZK der SED schrieb, das mitunter mühevolle Leben in der DDR, aber auch das Glück, das mit der großen Familie, den Weggefährten aus Beruf und Kirche gegen Restriktionen dennoch möglich war, bis hin zur Wende, der politischen Tätigkeit Hildebrandts von 1990 bis 1999 und ihrem Krebstod im Jahr 2001, der eine gewaltige Welle der Anteilnahme im ganzen Land auslöste.

Mehr Informationen erhalten Sie unter www.aufbau-verlag.de
oder in Ihrer Buchhandlung

LANDOLF SCHERZER
Der Grenz-Gänger
397 Seiten
ISBN 978-3-7466-7059-1

»Meister der literarischen Reportage« NEUE PRESSE

Jedes Buch Landolf Scherzers beruht auf einem Abenteuer. Diesmal wanderte er in 15 Etappen auf dem ehemaligen innerdeutschen Grenzstreifen zwischen Thüringen, Bayern und Hessen, mehr als 440 Kilometer. Er erzählt von Einzelschicksalen wie von Problemen der Region, die stellvertretend für die des ganzen Landes stehen. Eine aufschlußreiche Langzeitbeobachtung – aktuell und kontrovers.

»Ein wertvolles Zeitdokument: voller Geschichten aus Ost und West, und mitten aus unserem Land.« STERN

Mehr von Landolf Scherzer (Auswahl):
Die Fremden. atb 8115-3
Fänger & Gefangene. atb 1470-0
Immer geradeaus. AV 02715-5

Mehr Informationen erhalten Sie unter www.aufbau-verlag.de oder in Ihrer Buchhandlung

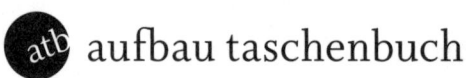

BERND-LUTZ LANGE
Ratloser Übergang
In meinem neuen Deutschland
235 Seiten
ISBN 978-3-7466-2419-8

»Lange begeistert als Beobachter der Zeitgeschichte.« DRESDNER NEUESTE NACHRICHTEN

Zwei Jahrzehnte sind seit der Maueröffnung vergangen. Jahrzehnte, in denen Weniges nahtlos und Vieles ratlos verlief. Als wacher Chronist hat der Bestsellerautor und populäre Kabarettist Bernd-Lutz Lange den Übergang von einem geteilten zu einem vereinigten Land verfolgt. Auf seine unnachahmliche Art erzählt er die jüngste deutsche Geschichte neu: persönlich, heiter, nachdenklich.

»Allmählich verbreitete sich das Gerücht, der Grenzübergang Bornholmer Straße sei geöffnet – das schönste Gerücht seit dem 13. August 1961.«
BERND-LUTZ LANGE

Mehr von Bernd-Lutz Lange im Taschenbuch (Auswahl):
Dämmerschoppen. atb 1386-4
Magermilch und lange Strümpfe. atb 1524-0
Mauer, Jeans und Prager Frühling. atb 2268-2

**Mehr Informationen erhalten Sie unter www.aufbau-verlag.de
oder in Ihrer Buchhandlung**

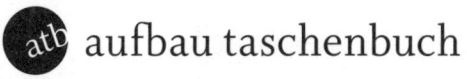

JUTTA VOIGT
Westbesuch
Vom Leben in den Zeiten der Sehnsucht
240 Seiten
ISBN 978-3-7466-7081-2

Kein Ort Drüben

Westbesuch – ein Wort, das Erinnerung in sich trägt, an Willkommen und Abschied, Umarmung und Entfremdung. In ihrem brillant geschriebenen, ironischen und hellsichtigen Text stellt Jutta Voigt fest: Ost- und Westdeutsche kannten sich viel besser, als nach 1989 gemutmaßt wurde – und sie profitierten voneinander. Die einen freuten sich auf schöne Geschenke, die anderen genossen die Bewunderung ihres dicken Audis, ihres Lebensstandards, vor allem aber die Dankbarkeit für die mitmenschlichen Dienste an den Brüdern und Schwestern. Zwanzig Jahre nach dem Mauerfall ist die Besuchszeit vorbei. Dennoch fühlen sich viele Ostdeutsche immer noch zu Besuch im Westen und viele Westdeutsche als generöse Gastgeber. Das Glück ist nicht mehr da, wo wir nicht sind. Es hat da zu sein, wo wir sind.

Mehr von Jutta Voigt im Taschenbuch:
Der Geschmack des Ostens. atb 8156-6

Mehr Informationen erhalten Sie unter www.aufbau-verlag.de
oder in Ihrer Buchhandlung

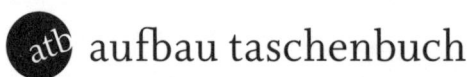